Dispositives Kollisionsrecht im prozessualen Kontext

Studien zum vergleichenden und internationalen Recht -
Comparative and International Law Studies

Herausgeber: Bernd von Hoffmann, Erik Jayme
und Heinz-Peter Mansel

Band 115

PETER LANG
Frankfurt am Main · Berlin · Bern · Bruxelles · New York · Oxford · Wien

Stephan Lesage-Mathieu

Dispositives Kollisionsrecht im prozessualen Kontext

PETER LANG
Europäischer Verlag der Wissenschaften

Bibliografische Information Der Deutschen Bibliothek
Die Deutsche Bibliothek verzeichnet diese Publikation in der Deutschen Nationalbibliografie; detaillierte bibliografische Daten sind im Internet über <http://dnb.ddb.de> abrufbar.

Zugl.: Heidelberg, Univ., Diss., 2004

D 16
ISSN 0930-4746
ISBN 3-631-54469-3

www.peterlang.de

« Les lois ne font pas les nations, elles sont l'expression de leur caractère »

Prosper MÉRIMÉE
Lettres, à Mme de La Rochejaquelin
3 août 1857

Mit aufrichtigem Dank an alle, die mich bei dieser Dissertation unterstützt haben

Der Dank gilt insbesondere meinem Doktorvater,
Herrn Prof. Dr. Burkhard HESS,
der mein Thema befürwortet und die Arbeit stets mit Interesse betreut hat

Un grand merci à
Madame le Professeur Horatia MUIR WATT
pour sa disponibilité et son soutien de tous les instants

Besonderen Dank möchte ich
Herrn Prof. Dr. Dr. h.c.mult. Erik JAYME
für das Zweitgutachten und die großzügige Unterstützung aussprechen

Einen herzlichen Dank schulde ich dem Team des
MAX-PLANCK-INSTITUTs
für ausländisches und internationales Privatrecht in Hamburg
für einen unvergesslichen Forschungsaufenthalt

Von ganzem Herzen bedanke ich mich bei
meinen Eltern und meiner Familie
für deren großzügige Hilfe und tatkräftige Unterstützung

Inhaltsverzeichnis

Einleitung

Fakultatives Kollisionsrecht ist in manchen europäischen Ländern ein abstrakter Begriff, in anderen gerichtliche Praxis oder sogar ein gesetzlich vorgesehener Vorgang. Im weiteren Sinne wird damit die in einem Gerichtsverfahren[1] nichtzwingende Anwendung der relevanten Kollisionsnorm beschrieben, die von einer bestimmten Verhaltensweise der Parteien oder des Richters abhängt.

Die vorliegende Arbeit beruht auf folgender Überzeugung: Das internationale Privatrecht dient an erster Stelle der sachgerechten Behandlung von Privatinteressen und nicht (mehr) der Abgrenzung gesetzgeberischer Zuständigkeiten[2]. Die Unumgänglichkeit der Kollisionsnormen in Sachverhalten mit einer Verbindung zum Ausland ist nicht zweckmäßig. Die Praxis relativiert zu Recht die Reminiszenzen einer heute überholten Dogmatik. Eine Kollisionsnorm ist weder unfehlbar, noch wird sie jeder Konstellation gerecht. Die Lokalisierung der Rechtsbeziehungen[3], womit *Savigny* in der Mitte des 19. Jahrhunderts das Abkehren von der völkerrechtlich geprägten Statuten-Theorie initiierte, wird natürlich weiterhin als wesentlicher Punkt des internationalen Privatrechts betrachtet. Was in Kritik gestellt wird, ist die Methode dieser Lokalisierung. Die Abstraktion der möglichst neutralen Verweisung nach Anknüpfungsmomenten ohne verfahrensbezogene Anpassungsmöglichkeiten entspricht nicht den Praxisanforderungen der modernen Justiz.

Ziel der Arbeit ist es vor allem darzulegen, dass in den meisten Fällen, die Auslandsberührungen aufweisen, Kollisionsrecht nur gelten sollte, solange die Parteien nichts anderes vereinbaren. In diesem Sinne wird von dispositivem Kollisionsrecht die Rede sein. Eine dispositive Norm ist eine nachgiebige, durch

1 *Mayer*, L'office du juge dans le règlement des conflits de lois, Trav. Com. fr. de DIP 1975-1977, S. 233: „Le droit des conflits de lois est essentiellement envisagé sous l'angle judiciaire".

2 Vgl. *Fauvarque-Cosson*, Libre disponibilité des droits et conflits de lois, S. 6; *Bureau*, L'accord procédural à l'épreuve, Rev. Crit. 1996, 605.

3 *Savigny*, System des heutigen römischen Rechts, Bd. VIII, § 344, S. 3: „Die meisten Schriftsteller über diesen Gegenstand gehen aus von dem Begriff der Kollisionen, und behandeln die Entscheidung derselben als ihre wahre und einzige Aufgabe; gewiss zum Nachteil eines befriedigenden Erfolgs. Die natürliche Folge der Gedanken ist vielmehr folgende. Für die Rechtsregeln wird gefragt: Über welche Rechtsverhältnisse sollen sie herrschen? Für die Rechtsverhältnisse: Welchen Rechtsregeln sind sie unterworfen, oder angehörig?".

die Rechtssubjekte abänderliche Norm. Letztlich wird die Befugnis, von den Kollisionsnormen abzusehen, den Parteien vorbehalten; insofern könnte man auch von „parteifakultativem“ Kollisionsrecht sprechen. Die Bezeichnung „dispositiv“ hat im Vergleich hierzu einen entscheidenden Vorteil: Sie setzt das Vorhandensein einer gesetzlich vorgesehenen Alternative voraus, einer Ermächtigungsnorm, die das Ausschalten des Kollisionsrechts rechtfertigt. Der Begriff „Parteifakultativität“ bringt diese klare Weichenstellung nicht zum Ausdruck und weist eher auf eine gewisse Willkür hin. Fakultativität suggeriert, dass man baut, wo nichts war; Dispositivität, dass man wegräumt, wo schon etwas stand. Wenn daher im Folgenden der Ausdruck fakultatives Kollisionsrecht verwendet wird, dann nur in Bezug auf eine vom hier vertretenen System abweichende Theorie.

In die Arbeit wird mit der Feststellung eingeführt, dass im internationalen Privatrecht ein Trend zur *lex fori* nicht zu übersehen ist (1. Teil). Danach werden Gedanken über die Ursachen dieser Tendenz angeführt, um zu erkennen, wie und vor welchem Hintergrund die Fragestellung erörtert werden sollte. Der nächste Schritt besteht darin, auf der Basis der analysierten Praxis eine Neukonzeption zu entwerfen (2. Teil). Sodann wird *de lege lata* eine Grundlage gesucht, worin man das neue System gesetzlich verankern könnte (3. Teil). Die gesamte Überlegung stützt sich auf rechtsvergleichende Analysen des deutschen und des französischen Rechts.

1. Teil: Beobachtung

Die Beobachtung erfolgt von einer deutsch-französischen Perspektive. Nach einer kurzen Begriffsabgrenzung (I) werden beginnend mit den beiden rheinischen Nachbarländern die Unterschiede in der europäischen Praxis des Kollisionsrechts dargestellt (II) und die dahinter stehenden Gründe untersucht (III). Diese Gründe führen dazu, Mechanismen des Prozessrechts zu hinterfragen (IV), woraus eine andere Sichtweise im Kollisionsrecht entstehen kann (V).

I. Begriffsabgrenzung im Verhältnis zum französischen Recht

Sichtbares Ergebnis des internationalen Privatrecht (IPR) ist die Verweisung auf eine bestimmte Rechtsordnung. Rein verfahrenstechnisch gesehen könnte man also von „Verweisungsrecht" oder „Rechtsanwendungsrecht" sprechen[4]. Um dieser Aufgabe gerecht zu werden, subsumiert das IPR einen Sachverhalt unter einer bestimmten Kategorie, nachdem es die Substanz daraus abstrahiert hat. Zu jeder Kategorie sieht das IPR ein Anknüpfungsmoment vor, anhand dessen letztendlich die anwendbare Rechtsordnung bestimmt wird. So wird beispielsweise der Kauf eines Autos der Kategorie Vertrag zugeordnet, deren Anknüpfungsmoment die Parteiautonomie ist, über die sich wiederum das anwendbare Recht bestimmt.

Die gesamte Vorgehensweise ist für jede Kategorie in einer sogenannten Kollisionsnorm enthalten. Im Wesentlichen besteht das IPR aus der Summe dieser Kollisionsnormen. Daher wird die Bezeichnung „Kollisionsrecht" als Synonym für das IPR verwendet. Diese Begriffauswahl ist misslungen, da ausländisches und inländisches Privatrecht im Ergebnis überwiegend nicht „kollidieren", sondern übereinstimmen. Dennoch ist das Wort „Kollisionsnorm" im heutigen Fachsprachgebrauch so fest verankert, dass sich eine andere Bezeichnung kaum durchsetzen würde.

Dem französischen internationalen Privatrechtler bereiten die Begriffe „Kollisionsrecht" und „Kollisionsnormen" allerdings einige Schwierigkeiten. In der französischen Fachsprache unterscheidet man zwischen *règles de conflit de lois* und *règles de conflit de juridictions*. Beide Begriffe sind neben drei anderen,

4 *Kropholler*, Internationales Privatrecht, § 1, S. 1.

nämlich *droit international de procédure, nationalité* und *condition des étrangers*, Bestandteile des *Droit International Privé*[5], ein Begriff, unter den also auch öffentlich-rechtliche Fragen fallen. Anders als in Frankreich ist internationales Zivilverfahrensrecht (IZVR) in Deutschland traditionsgemäß vom IPR zu trennen[6].

Somit bleibt festzustellen, dass das *Droit International Privé* und das IPR überhaupt nicht deckungsgleich sind; das *Droit International Privé* ist eine viel weiter ausgedehnte Materie als das IPR[7], wobei eine wortwörtliche Übersetzung eher für eine Äquivalenz sprechen würde. Folglich ist das Kollisionsrecht vom *Droit International Privé* zu unterscheiden. Hinzu kommt, dass Bestimmungen über gerichtliche Zuständigkeiten, auch Zuständigkeitsvorschriften (im französischen *règles de conflit de juridictions*) genannt, dem IZVR zuzuordnen sind, und dass die *règles de conflit de juridictions* daher keine *Kollisions*normen sind...

Dies erscheint verwirrend. Diese Unterschiede sind für die vorliegende Arbeit jedoch von Bedeutung, da diese sich nur mit den Kollisionsnormen, d. h. den *règles de conflit de lois* auseinandersetzt und gerade nicht mit den *règles de conflit de juridiction.*

II. Praxis der Länder

Die Praxis im internationalen Privatrecht zeigt, dass ein entscheidendes Gericht immer dazu neigt, sein eigenes Recht anzuwenden. Dieses „Heimwärtsstreben" der Gerichte ist allenthalben zu beobachten[8]. In einem Vortrag zum fakultativen Kollisionsrecht hatte *de Boer* sogar behauptet, dass die *lex fori* bisher in 90 Prozent aller Fälle mit internationalem Bezug angewendet wird[9]. Kommt man vor ein *Forum*, das sein eigenes Rechtsverständnis hat, sollte man sich darauf einstellen können, dass es seine *lex fori* anwenden könnte[10]. Die Begünstigung der *lex fori* ist nicht unbedingt von Nachteil: Die Tatsache, dass ein Gericht international zuständig ist, bedeutet in der Regel immerhin, dass ein Bezug besteht zwischen der Rechtssache und dem betroffenen Land. Oft werden gerichtliche

5 *Gaudemet-Tallon*, Quel droit international privé pour l'Union Européenne? in International Conflicts of Laws for the Third Millennium, S. 321, Fn. 3.

6 Siehe *Lagarde*, Livres, Rev. Crit. 2001, 591.

7 Vgl. *Hübner/Constantinesco*, Einführung in das französische Recht, S. 266.

8 *Boschiero*, Riv. dir. int. 1993, 542.

9 *De Boer*, 66. Session der Haager Akademie für Internationales Recht, ZEuP 1997, 928.

10 *De Boer*, Facultative Choice of Law, 257 Recueil des Cours (1996), S. 297.

Zuständigkeit und anwendbares Recht in einem Gleichlauf nach dem selben Kriterium bestimmt.

In einigen Rechtssystemen hängt die Anwendung ausländischen Rechts von einem entsprechenden Willen der Parteien ab. Dabei zeigt sich ein Zusammenhang zwischen prozessualem Parteihandeln und Anwendung von fremdem Recht, der im Verhältnis zum inländischen Recht nicht besteht. Ausländisches Recht wird in solchen Systemen anders behandelt als das inländische Recht.

Diesbezüglich ist eine geographische Abstufung von Osten nach Westen zu erkennen: Während inländisches und ausländisches Recht in Deutschland außer bezüglich der Revisibilität gleich behandelt werden, ist die Sonderstellung fremden Rechts in England von entscheidender Bedeutung[11]. Zwischen diesen beiden entgegengesetzten Sichtweisen geht Frankreich einen Mittelweg. Österreich, Italien, die Schweiz, Finnland und Ungarn bieten weitere Nuancen in der Behandlung ausländischen Rechts in Europa.

1. Deutschland

Im deutschen Recht gilt der Grundsatz „*iura novit curia*“: Das Gericht muss das inländische Recht kennen oder jedenfalls sich die Kenntnis davon von Amts wegen beschaffen, auslegen und anwenden, ohne dass es dafür eines entsprechenden Parteibegehrens bedürfe[12].

Da das IPR zum inländischen Recht gehört, ist die herrschende Meinung der Ansicht, der Richter müsse die Kollisionsnormen des EGBGB auch ohne einen entsprechenden Hinweis der Parteien von Amts wegen anwenden[13]. Das IPR sei am universalistischen Ideal der Gleichheit sämtlicher Privatrechtsordnungen orientiert, welches nicht im Verfahrensrecht verloren gehen dürfe[14].

Dieser Gedanke ist schwer nachzuvollziehen. Denn der Grundsatz *iura novit curia* besagt lediglich[15], dass der Inhalt der inländischen Rechtsordnung keines

---

11 *Ost*, EVÜ und *fact doctrine*, S. 58 ff.

12 MünchKomm/*Sonnenberger*, Einl. IPR, RdNr. 564.

13 *Franck* in Les problèmes actuels posés par l'application des lois étrangères S. 86, 88 ff.; Palandt-*Heldrich*, Bürgerliches Gesetzbuch, Einl. v. Art. 3 EGBGB RdNr. 1; *Kegel/Schurig*, Internationales Privatrecht, § 15 II, S. 439.

14 *Schack*, Rechtswahl im Prozess?, NJW 1984, 2736.

15 Die Auslegung dieser drei einfachen Worte führt zu spektakulären Unterschieden in den verschiedenen Rechtsordnungen; siehe dazu *Jessurun d'Oliveira* in Law and Reality, Essays in Honour of C.C.A. Voskuil, S. 121: „Each legal order wrestles with these simple three words and their enormous ambiguity“.

Beweises bedarf[16], nicht aber auch, dass die Rechtsnorm selbst gegen den Willen der Parteien angewandt werden muss[17]. Es ist unersichtlich, weshalb die Zugehörigkeit des Kollisionsrechts zur innerstaatlichen Rechtsordnung implizieren sollte, dass das Gericht die Kollisionsnormen tatsächlich immer anwenden muss. Ist die Kollisionsnorm etwa eine *ordre public* Vorschrift?

Nichtsdestotrotz zeigt sich auch vor deutschen Gerichten weiterhin die Präferenz für die vertraute *lex fori*: In den unteren Instanzen ist sie daran zu bemerken, dass der Richter die IPR-Frage oft einfach ignoriert, solange sie nicht von einer Partei aufgeworfen wurde. Der BGH umgeht die Anwendung von ausländischem Recht, indem er den erstinstanzlichen Streit, in dem sich die Parteien nur auf deutsche Rechtsnormen berufen, als nachträgliche stillschweigende Rechtswahlvereinbarung zugunsten der *lex fori* qualifiziert[18]. Die Lösung des BGH wird zu Recht kritisiert: Das erkennende Gericht versuche nicht einmal die Elemente einer Willenserklärung nachzuweisen und es fehle regelmäßig das für die Annahme einer Vereinbarung erforderliche Erklärungsbewusstsein. Obwohl die Schwächen derartiger Lösungen in der Literatur immer wieder herausgestellt werden[19], zeigt sich die Judikatur davon unbeeindruckt.

Diese Praxis verstößt jedenfalls gegen Art. 3 Abs. 1 S. 2 EVÜ, der für die Feststellung einer Rechtswahl „hinreichende Sicherheit" verlangt[20].

Man könnte jedoch, anders als die deutsche Lehre, die Meinung vertreten, dass es in den hier interessierenden Fällen nicht um eine kollisionsrechtliche Rechtswahl geht, sondern vielmehr um eine prozessuale Disposition über das anzuwendende Recht. Dies ist der Weg, den die französische *doctrine* geht. Anders als die deutsche Rechtsprechung, die fast ausschließlich dem kollisionsrechtlichen Ansatz folgt, arbeitet die französische hauptsächlich im Rahmen des Prozessrechts.

---

16 *Baur*, Vereinbarungen der Parteien über präjudizielle Rechtsverhältnisse im Zivilprozess, S. 4.

17 *Wagner*, ZEuP 1999, 19.

18 So etwa BGH NJW 1991, 1292; BGH JZ 1991, 720; BGH NJW 1988, 1592; BGH IPRax 1986, 292 f. = *Schack*, Keine stillschweigende Rechtswahl im Prozess!, IPRax 1986, 272 ff.; BGHZ 40, 323 f.

19 *Schack*, Rechtswahl im Prozeß?, NJW 1984, 2736; *Koerner*, Fakultatives Kollisionsrecht in Frankreich und Deutschland, 1995, S. 94; *Hartenstein*, Neues vom fakultativen Kollisionsrecht in Frankreich, IPRax 2001, 481 und Die Privatautonomie im IPR als Störung des europäischen Entscheidungseinklangs, S. 119.

20 Römisches EWG-Übereinkommen über das auf vertragliche Schuldverhältnisse anzuwendende Recht vom 19. Juni 1980 (BGBl. 1986 II, S. 810) idF des 3. Beitrittsübereinkommen vom 29. November 1996, BGBl. 1999 II, S. 7.

2. *Frankreich*

In Frankreich treibt die Rechtsprechung eine bemerkenswerte Umgestaltung der Sichtweise im IPR voran. Das französische Kollisionsrecht ist noch überwiegend Richterrecht[21]. Das Heranziehen des ausländischen Rechts verliert seinen systematischen Charakter, das heißt die Anwendung von Kollisionsnormen tendiert dazu, fakultativ zu werden. Das Beispiel Frankreich zeigt, dass es nach kontinentaler Rechtstradition keineswegs ausgeschlossen ist, die Anwendung ausländischen Rechts vom Willen einer Partei abhängig zu machen.

Zunächst ein Beispiel aus der neuesten Rechtsprechung der Cour de cassation. Ein russisches Unternehmen will den Bau eines Schiffes finanzieren und nimmt bei einer deutschen Bank ein Darlehen auf. Um die von der Bank geforderte und vom russischen Recht nicht bekannte Schiffshypothek aufnehmen zu können, gründet das Unternehmen eine zypriotische Tochtergesellschaft. Das Schiff wird auch unter zypriotische Flagge fahren. Einige Tage später wird es in Papeete (Tahiti) von einem anderen Gläubiger beschlagnahmt und versteigert. Die Cour de cassation hat zu entscheiden, ob die Bank wegen der Hypothek gegenüber den anderen Gläubigern bevorzugt werden soll. Diese Gläubiger berufen sich auf die Nichtigkeit der Hypothek, da sie von einer fiktiven Gesellschaft gewährt worden sei[22]. In diesem Fall fand französisches Recht Anwendung.

Dieser überraschende Rückgriff auf die *lex fori* ist auch in Frankreich nicht ohne weiteres nachvollziehbar. Denn nach französischem Recht richtet sich die Existenz einer Gesellschaft wie in Deutschland nach der Sitztheorie bzw. nach der *lex societatis*[23]. In den Tatsacheninstanzen war ständig die Rede von einer *société de droit chypriote*; der Kläger ging sogar in der Revision davon aus. Es ist demnach nicht ersichtlich, warum die Cour de cassation den Tatrichtern in der Nichtanwendung des zypriotischen Rechts zugestimmt hat, es sei denn, sie hat die Gesellschaftsgründung als Vertrag angesehen und sodann an ihre Überzeugung angeknüpft, wonach die Kollisionsnorm im Vertragsrecht nicht zwingend sei. Hier sind jedenfalls Belege für die Fakultativitätsthese zu erkennen.

---

21 *Batiffol/Lagarde*, Traité de DIP, Nr. 20, S. 32; *Loussouarn/Bourel*, Droit international privé, RdNr. 29 S. 19.

22 Cass. com. 22.1.1999 *Sté Kreditanstalt für Wiederaufbau c/ Sté Interpac holding Ltd*, JCP 2000 Nr. 10, 417 ff., Anm. *Menjucq*.

23 Für das Gesellschaftskollisionsrecht im europäischen Binnenmarkt ist auf das *Überseering*-Urteil des EuGH vom 5.11.2000 Rs. C-208/00 hinzuweisen: Aufgrund der Niederlassungsfreiheit hat der Mitgliedstaat, in den der Sitz einer in einem Mitgliedstaat gegründete Gesellschaft verlegt wird, diese Gesellschaft als nach dem Recht ihres Gründungsstaates errichtete Gesellschaft anzuerkennen; siehe DB 2002, 2425; dazu *Paefgen*, DB 2003, 487 ff. mit weiterem Nachweis.

Im Gegensatz zur Sichtweise in den *common law* Staaten, nähert sich der französische Ansatz deutschen Vorstellungen an. Denn die Rechtsprechung lehnt es ab, ausländisches Recht als *factum* (Tatsache) zu bezeichnen; die Cour de cassation hat 1993 den Rechtscharakter ausländischer Normen bejaht[24]. Darüber hinaus steht die französische Rechtsprechung stets vor der Aufgabe, die Fakultativität aus dem geltenden Recht herzuleiten, während in Deutschland die Richtigkeit der Fakultativitätsthese Gegenstand einer wissenschaftlichen Auseinandersetzung ist und daher mit hochabstrakten Argumenten diskutiert wird.

Die Erkenntnisse der einschlägigen französischen Literatur werden sich für die folgende Analyse als besonders hilfreich erweisen. Deswegen wird auf den französischen Ansatz im Nachhinein noch ausführlicher eingegangen.

Aus der Rechtsvergleichung schließt *De Boer*, dass sich die Ergebnisse der Fakultativitätsthese auf zwei verschiedenen Wegen erreichen lassen, nämlich erstens durch entsprechende Ausgestaltung des prozessualen Status des Kollisionsrechts (französisches Modell), oder zweitens durch die Qualifikation ausländischen Rechts als Tatsache, so dass die interessierte Partei dessen Inhalt gegebenenfalls vortragen und beweisen muss[25]. Letzteres ist das angelsächsische Modell.

3. England

Obwohl der Begriff der Fakultativität als solcher in den Rechtsordnungen des *common law* nicht bekannt ist, überzeugen die sachlichen Ergebnisse der Fakultativitätsthese, wonach die kollisionsrechtliche Verweisung nicht immer zwingend einzuhalten ist, die angelsächsischen Juristen nach wie vor.

Die Frage, ob einer Kollisionsnorm zwingende Geltung anerkannt wird, hängt im englischen Recht alleine von ihrer Formulierung und ihrem Zweck ab[26]. In England gilt das ausländische Recht nicht als Recht, sondern als Tatsache[27]. Folglich muss die Partei, die das fremde Recht, auf das die einheimische Kollisionsnorm verweist, für sich in Anspruch nehmen will, dessen Inhalt darlegen und – bei Bestreiten der Gegenseite – beweisen[28]. Sonst wird der Fall nach

24 Cass. com. 13.1.1993 *Coucke*, Rev. Crit. 1994, 78, Anm. *Ancel.*

25 *De Boer*, Facultative Choice of Law, 257 Recueil des Cours (1996), S. 413.

26 *Fentiman*, Foreign law in English courts, S. 84, 295 f.

27 *Cheshire/North/Fawcett*, Private International Law, S. 107 ff.; *Ost*, EVÜ und *fact doctrine*, S. 65 ff.

28 *Cheshire/North/Fawcett*, Private International Law, S. 107 ff.; Genauso in Québec, siehe *Kélada*, Code civil du Québec, texte annoté, Art. 2809 Abs. 2: „Lorsque ce droit

inländischem Recht beurteilt, weil eine widerlegliche Vermutung besteht, dass das unbekannte ausländische Recht dem inländischen inhaltlich entspricht[29]. In einem solchen System ist nicht nur das Heimwärtsstreben („*homeward trend*") des Richters[30], sondern auch die Aufwertung der Parteiinteressen deutlich zu erkennen. Im *common law* geht es um die Fakultativität für die Parteien: Das Gericht soll nur dann zur Anwendung des durch die Kollisionsnorm berufenen Auslandsrechts berechtigt, aber auch verpflichtet sein, wenn letzteres von den Parteien geltend gemacht wird[31].

Die englische Praxis ist vor allem deshalb interessant, weil sie sich nicht auf dogmatische Erwägungen stützt, sondern vielmehr auf Pragmatismus[32]. Selbst das Prinzip, ausländisches Recht wie Tatsachen zu behandeln, wird nicht allzu streng gehandhabt, damit in einfachen *straightforward* Fällen die Alternativmittel, die dem Richter für die Ermittlung ausländischen Rechts zur Verfügung stehen wie *construction* (Auslegung), *judicial notice* (Gerichtskenntnis) und *court advisers* (Gerichtsberater), auch eingesetzt werden können[33]. Dies mag in erster Linie daran liegen, dass die Prozesskosten fast vollständig von den Parteien getragen werden.

4. Österreich, Italien, Schweiz, Finnland und Ungarn

In Österreich muss das ausländische Recht von Amts wegen ermittelt und angewandt werden. Darüber hinaus müssen nach § 2 des IPR-Gesetzes die für die Anwendung der Kollisionsnormen relevanten Tatsachen *ex officio* festgestellt werden[34]. Der Gesetzgeber hat darauf abgestellt, dass „es die Parteien sonst in der Hand hätten, durch entsprechende Außerstreitstellungen das vom Gericht anzuwendende Recht auch dort selbst zu bestimmen, wo ihnen der Gesetzgeber die Möglichkeit einer kollisionsrechtlichen Rechtswahl nicht eingeräumt hat"[35]. Er hat also deutlich erkannt, dass der Ausschluss der prozessualen Dispositionsbefugnis einer speziellen Vorschrift bedarf und dass die Bezeichnung des Kolli-

---

n'a pas été allégué ou que sa teneur n'a pas été établie, il [*le tribunal*] applique le droit en vigueur au Québec"; Rev. Crit. 1992, 594 f.

29 *Ost*, EVÜ und *fact doctrine*, S. 62 f.

30 *Fentiman*, Foreign law in English courts, S. 24.

31 *Bureau*, JDI 1990, 324; *Fauvarque-Cosson*, Rev. Crit. 1997, 517 f.

32 *Fentiman*, Foreign law in English courts, S. 141.

33 *Fentiman*, Foreign law in English courts, S. 263 ff.

34 *Schwimann*, Grundriß des internationalen Privatrechts, S. 35 f.

35 Abdruck der Begründung in *Köhler/Gürtler*, Internationales Privatrecht (1979), § 2 IPRG, S. 5.

sionsrechts als inländisches Recht, für dessen Anwendung der Grundsatz *iura novit curia* gilt, dazu nicht ausreicht.

Das österreichische IPR-Gesetz bestimmt außerdem in § 11 Abs. 2, dass „eine in einem anhängigen Verfahren bloß schlüssig getroffene Rechtswahl" unbeachtlich ist. Hier hat der Gesetzgeber sicherlich der Willkür bzw. Bequemlichkeit der Richter vorbeugen und den Ausschluss der „Gerichtsfakultativität" herbeiführen wollen.

Solche vorsorglichen Regelungen haben in das neue italienische IPR-Gesetz keinen Eingang gefunden. Art. 14 des italienischen IPR-Gesetzes legt lediglich fest, dass das anwendbare ausländische Recht von Amts wegen festzustellen ist[36]. Die Vorschrift beschreibt ansonsten, wie der Richter den Inhalt des designierten ausländischen Rechts ermitteln kann. Er soll auf das italienische Recht zurückgreifen, falls ihm diese Ermittlung nicht gelingt und Ersatzanknüpfungen fehlen. Die Gerichte verfügen somit weiterhin über einen nicht zu unterschätzenden Spielraum für den Rückgriff auf die *lex fori* trotz ausländischer *lex causae*[37].

Im Vergleich zum österreichischen Recht ist der schweizerische Gesetzgeber weniger geradlinig vorgegangen. Laut Art. 16 Abs. 1 S.1 IPR-Gesetz ist der Inhalt ausländischen Rechts zwar von Amts wegen festzustellen, aber in vermögensrechtlichen Streitigkeiten könne „der Nachweis den Parteien überbunden werden". Ansonsten steht die schweizerische Lehre auf dem Standpunkt, die Normen des IPR-Gesetzes seien zwingend „und somit von Amts wegen anzuwenden"[38]. Der Richter muss die fremde Rechtsordnung anwenden, aber wenn er bei dessen Ermittlung scheitert, darf er auf das schweizerische Recht zurückgreifen.

Interessant an dieser Stelle ist das Kriterium des vermögensrechtlichen Charakters der Streitigkeit und überhaupt der Bezug zur Streitigkeit. Zwar spielt das Kriterium auf der Ebene des prozessualen Status des ausländischen Rechts eine Rolle, das heißt hinsichtlich des Beweises der fremden *lex causae*, und betrifft also nicht den Status der Kollisionsnorm. Es wird sich jedoch herausstellen, dass das Abstellen auf vermögensrechtliche Rechte dem Kern der hier vertretenen These sehr nahe kommt.

Die Möglichkeit einer prozessualen Vereinbarung als Zugang zum fakultativen Kollisionsrecht findet man in Finnland. Dort gilt als Hauptgrundsatz, dass

---

36 Gesetz vom 31.5.1995 zur Reform des italienischen Systems des internationalen Privatrechts, übersetzt in IPRax 1996, 358.

37 Siehe zum Beispiel *Boschiero*, Riv. dir. int. 1993, 552 ff.; vgl. *Giardina*, Rev. Crit. 1996, 13 f.; *Mélin*, (1999) 44 R.D. Mc Gill, 790 f.

38 *Keller/Girsberger* in Heini/Keller/Siehr/Vischer/Volken, Komm. zum Bundesgesetz über das IPR, Art. 16, RdNr. 10.

das anzuwendende Recht so früh wie möglich im Vorverfahren festgelegt werden muss, so dass die Parteien ihre Argumentation darauf aufbauen können. Der Richter wird eine prozessuale Vereinbarung der Parteien über das anzuwendende Recht akzeptieren, auch wenn sie gegen eine frühere (vertragliche) Vereinbarung oder sogar gegen eine Kollisionsnorm verstößt, außer bei indisponiblen Streitsachen. Wenn sich später im Hauptverfahren jedoch herausstellen sollte, dass die Rechtssache in den Anwendungsbereich einer ausländischen Sachnorm im IPR[39] oder *loi d'application immédiate* fällt, muss die Vereinbarung widerrufen werden[40].

Die finnische Rechtslage bringt entscheidende Erkenntnisse und Gesichtspunkte in die Diskussion. Zum einen wurde das Kriterium der Disponibilität, dem ja auch in Frankreich eine wesentliche Rolle zukommt, vom Gesetzgeber aufgenommen. Zum anderen wird der Einflusskreis der ausländischen Rechtsordnung berücksichtigt, was wiederum ein wichtiger Aspekt der späteren Überlegungen sein wird. Allerdings können die Parteien in Finnland jede beliebige Rechtsordnung heranziehen. Es wird sich zeigen, dass eine solche Befugnis die Glaubwürdigkeit eines auf fakultativem Kollisionsrecht beruhenden Systems wieder in Frage stellt.

Die Abwahl der *lex causae* zugunsten einer Drittrechtsordnung ist wiederum auch im ungarischen IPR im Bereich der Parteiautonomie erlaubt[41]. In Ungarn wurde „parteifakultatives" Kollisionsrecht in Section 9 des Law-Decree Nr. 13 von 1979 kodifiziert. Es wird sogar in den Bereichen der unverfügbaren Rechte geduldet. Allein Rechts- und Geschäftsfähigkeit müssen gemäß Section 64 der Rechtsordnung des Personalstatuts – sprich der Staatsangehörigkeit – unterworfen werden[42]. Dennoch verschwindet die Fakultativität laut Section 2, wenn die Rechtslage unter den Anwendungsbereich eines internationalen Abkommens fällt.

Angesichts dieser Vielfalt in der Behandlung ausländischen Rechts und in der Handhabung von Kollisionsrecht in Europa, und unter Berücksichtigung der europäischen Harmonisierungsziele in diesem Bereich, werden die Relevanz und

---

39 Siehe *Kropholler*, Internationales Privatrecht, § 13 V, S. 108.

40 *Klami/Kuisma*, Finnish Law as an option, S. 7-9

41 Law-Decree No. 13 of 1979 on private international law, The Statutes of the Hungarian People's Republic, Section 9: „If by common agreement the parties request the non-application of the foreign law applicable according to this Law-Decree, in its place Hungarian law – or, in case of a liberty of choice, the law so chosen – shall apply"; zur Anwendung von ausländischem Recht in Ungarn: *Madl/Vekas*, The law of conflicts and of international economic relations, S. 93 ff; siehe auch *Kadner Graziano*, Gemeineuropäisches Internationales Privatrecht, S. 231 Fn. 210.

42 *Vekas*, Codification of the Private International Law in Hungary, Hungarian Law Review 1-2 1981, 40.

die Notwendigkeit einer rechtsvergleichenden Auseinandersetzung zum prozessualen Status der Kollisionsnorm besonders deutlich. Zunächst sollte man die Gründe für die dargestellte Praxis untersuchen.

III. Begründung der Praxis

Hinter dieser Praxis stehen Erwägungen, die sich vor allem auf pragmatische und alltägliche verfahrensrechtliche Schwierigkeiten beziehen. Dass der Rückzug auf die *lex fori* auch für den Richter eine praktische Erleichterung bedeutet, ist klar. Aber die Praxis der Gerichte entwickelt sich vor allem auch im Hinblick auf die Parteiinteressen. Die Relativierung des Kollisionsrechts wird vor allem durch das Interesse der Parteien an einer „qualitativ hochwertigen"[43], effizienten und einwandfreien Justiz begründet.

Die neuen Medien beschleunigen und globalisieren den Rechtsverkehr. Die kollisionsrechtliche Zuordnung der über das Internet entstandenen außervertraglichen Schuldverhältnisse erweist sich als problematisch. Bei Internet-Delikten kann in der Regel mehr als nur ein Erfolgsort festgestellt werden; um „Mosaïkbeurteilungen" zu vermeiden, sollte man den Erfolgsort als Anknüpfungspunkt möglichst ausschließen[44]. Wie wäre nun im Spannungsfeld zwischen herkömmlicher Tatortregel, eingeschränktem Herkunftslandprinzip in der E-Commerce-Richtlinie[45] und „offensichtlich engeren Verbindung" im System „Rom II"[46] eine wirksame Kollisionsnorm zur unerlaubten Handlung zu verfassen?[47] Angesichts dieser Unsicherheit rücken die Vorteile eines direkten Rückgriffs auf die *lex fori* in den Vordergrund.

Die Parteien erwarten eine möglichst schnelle, zuverlässige und nachvollziehbare Entscheidung, die im Rahmen eines für sie zugänglichen und nicht un-

---

43 *Flessner*, RabelsZ. 34 (1970), 577.

44 *Spickhoff*, Das Internationale Privatrecht der sog. Internet-Delikte in Die Bedeutung des Internationalen Privatrechts im Zeitalter der neuen Medien, S. 101 f.

45 Richtlinie 2000/31/EG des Europäischen Parlaments und des Rates vom 8.6.2000, Amtsblatt EG L 178, S. 1; zur Begrenzung der Reichweite des Herkunftslandprinzips siehe *Spickhoff*, Das Internationale Privatrecht der sog. Internet-Delikte in Die Bedeutung des Internationalen Privatrechts im Zeitalter der neuen Medien, S. 109 ff.

46 Vorschlag der Kommission für eine Verordnung des europäischen Parlaments und des Rates über das auf ausservertragliche Schuldverhältnisse anzuwendende Recht vom 22.07.2003, COM (2003) 427 final - 2003/0168 (COD), http://europa.eu.int/eur-lex/en/com/pdf/2003/com2003_0427en01.pdf (abgerufen am 30. Juli 2003).

47 Vgl. *Gaudemet-Tallon*, Quel droit international privé pour l'Union Européenne? in International Conflicts of Laws for the Third Millennium, S. 335.

verhältnismäßig teueren Verfahrens getroffen wird. Dieses legitime Interesse an qualitativ hochwertiger Justiz hängt eng mit dem selbstverständlichen Anspruch auf Gerechtigkeit zusammen. Es ist klar, dass der inländische Richter das ausländische Recht nicht mit der Präzision und Sicherheit anwenden kann, wie das eigene.

Abgesehen von der geforderten inhaltlichen Stichhaltigkeit der Entscheidung als solcher, sind die vom fakultativen Kollisionsrecht herbeigeführten Verbesserungen prozessualer Art. Die Theorie des fakultativen Kollisionsrechts ist zudem fallbezogen und ihr Geltungsanspruch geht nicht über den Prozess hinaus. Diesem von der Praxis erwünschten Umdenken in der kollisionsrechtlichen Sichtweise liegen prozessuale und pragmatische Erwägungen zugrunde.

Ursache des Heimwärtsstreben ist in der Ermittlung des ausländischen Rechts zu finden (1). Letztere führt meist zu materiellen und rechtlichen Verlusten (2).

1. Die Ermittlung des ausländischen Rechts

A. Das ausländische Recht als Ermittlungsobjekt

Es kommt in Rechtsverhältnissen zwischen Privaten immer häufiger zu Berührungen ausländischer Rechtsordnungen. Beziehungen im privaten, familiären, wirtschaftlichen und geschäftlichen Bereich sind mittlerweile weltweit verstrickt und dementsprechend ist das internationale Privatrecht heute vor jedem Gericht Gegenstand täglicher Anwendbarkeit[48]. Die Explosion der modernen Kommunikationstechniken und die zunehmende Mobilität der Bevölkerung treibt die Konfrontation unterschiedlichster Rechtssysteme voran.

International heißt allerdings nicht immer ausländisch. Das Recht der europäischen Gemeinschaften und der völkerrechtlichen Verträge zwischen den Mitgliedstaaten der Europäischen Union sowie das in Deutschland umgesetzte Völkerrecht sind kein ausländisches Recht und stehen dem inländischen Gesetzesrecht gleich[49].

Ausländisches Recht ist immer schwer nachzuweisen, egal welche Methode eingesetzt wird. Diese Schwierigkeiten und die daraus entstehende Konsequenz,

---

48 *Martzloff* in Les problèmes actuels posés par l'application des lois étrangères, S. 40; vgl. *Lando*, Länderbericht in Die Anwendung ausländischen Rechts im internationalen Privatrecht, S. 140; RinAG *Gensel*, Interview zur IPR-Praxis in Familiensachen (siehe Materialenverzeichnis).

49 MünchKomm/*Prütting*, § 293 ZPO, RdNr. 9 und 10.

dass ein Recht je nach Land unterschiedlich angewandt wird, kann zu Gedanken über Sinn und Zweck von Kollisionsrecht führen[50]. *Kegel* bezeichnete einst die Art und Weise der Ermittlung ausländischen Rechts zutreffend als „heimlichen König" des internationalen Privatrechts[51].

Ob nun der Grundsatz *iura novit curia* auch für ausländisches Recht gilt oder nicht, § 293 S. 1 ZPO unterwirft es jedenfalls dem Tatsachenbeweis. In Frankreich werden auf die Ermittlung ausländischen Rechts ebenso die Regeln über den Beweis von Tatsachen angewandt[52].

Ein wichtiger gemeinsamer Punkt in der Praxis der verschiedenen Länder bezüglich der Ermittlung ausländischen Rechts[53] ist, dass die Würdigung des herbeigeschafften Materials allein Sache des Gerichts ist.

B. Ermittlungstechniken

Der deutsche Richter kann zunächst in einem „internen Ermittlungsvorgang" auf seine persönlichen Kenntnisse bzw. Unterlagen zum ausländischen Recht zurückgreifen[54]. Er kann Auskunft privat und informell einholen bei einem Praktiker oder Wissenschaftler seiner Bekanntschaft oder bei einem Kollegen[55]. Dann kann er auch im Laufe des Verfahrens in formloser Weise ermitteln, also die Vorlage von Akten ersuchen oder Auskünfte von verschiedenen Stellen, Privatpersonen, in- und ausländischen Behörden erbitten. Der Richter kann sich von den Parteien helfen lassen, soweit sie helfen wollen und können[56]. In der Praxis werden ausländische Parteien häufig von Anwälten gleicher Herkunft vertreten, die über die zu ermittelnden heimischen Rechtsordnungen gut informiert sind[57].

---

50 *Lando* zitiert von *Fentiman* in Foreign law in English courts, S. 15: „The conflict of laws is a weak tool for legal integration".

51 *Kegel*, Zur Organisation der Ermittlung ausländischen Privatrechts in Festschrift Nipperdey Vol. I, S. 462; ähnlicher Ansicht: *Boschiero*, Riv. dir. int. 1993, 587.

52 *Franck* in Les problèmes actuels posés par l'application des lois étrangères, S. 92 und für das *principe de la liberté de la preuve*, *Alexandre* (ibid.), S. 26; *Alexandre*, JCl. Droit Intl. vol. 5 fasc. 539-20, RdNr. 51 ff.

53 *Mayer*, Les procédés de preuve de la loi étrangère, in Études Ghestin, 617.

54 Das Werk von *Bergmann-Ferid*, Internationales Ehe- und Kindschaftsrecht ist ein geschätztes Arbeitsinstrument der Familienrichter, RinAG *Gensel*, Interview zur IPR-Praxis in Familiensachen (siehe Materialenverzeichnis).

55 So RinAG *Gensel*, Interview zur IPR-Praxis in Familiensachen (siehe Materialenverzeichnis).

56 *Kegel/Schurig*, Internationales Privatrecht, § 15 III, S. 440 ff.

57 RinAG *Gensel*, Interview zur IPR-Praxis in Familiensachen (siehe Materialenverzeichnis).

In Frankreich ist der Richter befugt, im Rahmen der Art. 10 und 143 des *Nouveau Code de Procédure Civile* (NCPC) sämtliche gesetzliche Beweisaufnahmen anzuordnen. Er kann auch gemäß Art. 322 NCPC einen Experten beauftragen[58]. In Deutschland wird er bei komplizierten Fragen das ausländische Recht ebenfalls von einem Sachverständigen über den sogenannten Strengbeweis ermitteln lassen; insbesondere muss der Sachverständige dann auf Antrag einer Partei zu den mündlichen Verhandlungen geladen werden (§§ 402, 397 ZPO)[59], ähnlich wie in England, wo die Anhörung von *expert witnesses* – teilweise auch ausländischen – die am meisten eingesetzte Ermittlungstechnik ist[60]. Das erkennende Gericht wird in der Regel von einem Max-Planck-Institut oder von einem rechtswissenschaftlichen Hochschulinstitut Gutachten einholen und ist dabei gut beraten, dem Auskunftsbegehren die Prozessakten beizufügen[61]. Die Kosten für das vom Gericht in Auftrag gegebene Gutachten fallen unter das Justizvergütungs- und Entschädigungsgesetz (JVEG)[62], und sind für die Parteien daher verhältnismäßig gering[63]. Dafür aber beanspruchen solche Gutachten oft viel Zeit.

In Frankreich erfolgt die Ermittlung ausländischen Rechts meistens durch ein „*certificat de coutume*", ein schriftliches Dokument, das die ausländische Rechtslage in Bezug auf den umstrittenen Punkt aufklärt. Sowohl die Parteien als auch der Richter können die Initiative eines *certificat de coutume* ergreifen. Es ist von der *expertise* zu unterscheiden. Das *certificat de coutume* kann von allen bezüglich des ausländischen Rechts kundigen Personen ausgestellt werden. Es kann bei einem Konsulat bzw. einer Botschaft des von der Kollisionsnorm designierten Landes beantragt werden. Man kann sich auch an das französische Konsulat bzw. an die französische Botschaft im Ausland wenden, oder auch an

58 Zum Beispiel: Paris, 25.11.1976, Rev. Crit. 1978, 76, Anm. *Wiederkehr*.

59 MünchKomm/*Prütting*, § 293 ZPO, RdNr. 29; vgl. BGH NJW 1994, 2959.

60 *Fentiman*, Foreign law in English courts, S. 169; *Cheshire/North/Fawcett*, Private International Law, S. 109 ff.: Die Darstellung des Experten wird prinzipiell mündlich erfolgen und ausnahmsweise mittels *affidavit*, jedenfalls muss eine *cross-examination* immer möglich sein.

61 *Raape/Sturm*, Internationales Privatrecht, S. 309.

62 Das im Rahmen des Kostenrechtsmodernisierungsgesetzes vom 5.5.2004 (BGBl. 2004 I S. 718, 776) am 1.7.2004 in Kraft getretene JVEG fasst die bisherigen Regelungen über die Entschädigung von Zeugen, Dolmetschern, Übersetzern (ZSEG) und ehrenamtlichen Richtern (EhrRiEG) zusammen. Bisher hatte das Max-Planck-Institut für ausländisches und internationales Privatrecht (Hamburg) seine Rechtsauskünfte nach dem oberen Regel-Stundensatz gemäß § 3 Abs. 2 Satz 1 ZSEG, d.h. mit 52,00 Euro berechnet, Angaben Witt, 17.12.02. Durch die Novelle wurde dieser Studentsatz erhöht.

63 *Franck* in Les problèmes actuels posés par l'application des lois étrangères, S. 94.

die Handelskammern. Oft scheitert dieser Weg, weil ja eine sehr präzise Antwort gewünscht ist. Deshalb wird das *certificat* in der Regel von einem ausländischen Juristen, einem Rechtsanwalt bzw. Notar, einem Wissenschaftler, einem Universitätsmitarbeiter oder einem Sachbearbeiter aus einer bestimmten Branche (z.B. einem Bankier) erstellt, deren *certificats de coutume* sehr teuer sind. Die Zuverlässigkeit der *certificats* lässt meistens einige Wünsche offen und es ist nicht selten, dass der Richter über die selbe Rechtsfrage zum ausländischen Recht widersprüchliche Gutachten erhält[64]; die Auslegung des ausländischen Rechts ist ja finanziell bedingt[65], gegen einen entsprechenden Aufpreis könnte das ermittelte Recht vielleicht zugunsten der beantragenden Partei etwas gebogen werden[66]...

Auf die Möglichkeit, auf das Londoner Übereinkommen vom 7.6.1968 betreffend Auskünfte über das ausländische Recht[67] zurückzugreifen, wird nur kurz eingegangen. Denn die Praxis nimmt sie kaum in Anspruch[68]. Das Übereinkommen wurde im Rahmen des Europarats abgeschlossen und soll den Richtern in jedem Vertragsstaat die Ermittlung des Rechts eines anderen Vertragsstaats über die Justizbehörde erleichtern[69]. Es handelt sich dabei um ein einfaches und formloses Verfahren. Der ersuchende Richter wird einen Informationsantrag in der Sprache des ersuchten Staates abfassen und die Art der Rechtssache und die Punkte bezeichnen, über die er um Auskunft bittet. Dann wird er den Antrag an seine Übermittlungsstelle richten, d.h. an seinen Justizminister, der die Frage an seinen ausländischen Amtskollegen weiterleiten wird. Die Antwort kommt über den umgekehrten Weg zurück.

Die Praxis macht von dem Abkommen bisher verhältnismäßig selten Gebrauch, in jedem Vertragsstaat höchstens – wenn überhaupt – ein paar Dutzend Mal pro Jahr im Durchschnitt[70]. Vor allem in einfachen Fällen bietet das Ab-

64 *Lemontey/Réméry*, Rapport de la Cour de cassation 1993, S. 87.

65 Vgl. Anekdote von *Klima* in Les problèmes actuels posés par l'application des lois étrangères, S. 61.

66 *Mayer*, Les procédés de preuve de la loi étrangère, in Études Ghestin, 627 f.

67 Europäisches Übereinkommen vom 7.6.1968 (BGBl. 1974 II S. 938), in Kraft seit dem 19.3.1975 (BGBl. II S. 300) mit AusfG vom 5.7.1974 (BGBl. I S. 1433)

68 Nach dem Vorbild des Londoner Übereinkommens ist der am 23.6.1994 in Kraft getretene deutsch-marrokanische Rechtshilfe- und Rechtsauskunftsvertrag vom 29.10.1985 gestaltet, BGBl. 1988 II S. 1055.

69 Außer der 15 EU-Länder sind Vertragsstaaten: Aserbaidschan, Belarus, Bulgarien, Costa Rica, Estland, Island, Georgien, Lettland, Litauen, Liechtenstein, Malta, Norwegen, Polen, Rumänien, Russische Föderation, Schweiz, Slowakei, Slowenien, ehem. Sowjetunion, Tschechien, Türkei, Ukraine, Ungarn, Vereinigtes Königreich, Zypern = Palandt-*Heldrich*, Bürgerliches Gesetzbuch, Einl. v. Art. 3 EGBGB RdNr. 35.

70 Zahlenangaben in *Otto*, Die gerichtliche Praxis und ihre Erfahrungen mit dem Europäischen Übereinkommen vom 7.6.1968 betr. Auskünfte über ausländisches Recht in

kommen eine erwägenswerte, kostenlose Alternative zur Befragung eines rechtswissenschaftlichen Instituts. Außerdem ist dieser Weg durchaus geeignet, um die Sachverständigengutachten zu überprüfen, denen der Richter sonst mehr oder weniger ausgeliefert ist. Entscheidend wird es darauf ankommen, ob der Richter es versteht, statt die gesamten Akten an einen Sachverständigen zu verschicken – und ihm damit *de facto* die Entscheidung zu überlassen, die einzelnen (abstrakten) Rechtsfragen herauszuarbeiten und der ersuchten Stelle vorzulegen. Das Übereinkommen sieht jedenfalls nur die Antwort auf abstrakte Rechtsfragen vor und nicht die Möglichkeit vollständiger sachbezogener Rechtsgutachten.

Sturm ist der zutreffenden Ansicht, man solle die Vorteile des Londoner Übereinkommen jedoch nicht überschätzen. Nur Richter in bereits anhängigen Verfahren können Rechtsauskünfte einholen, die Anzahl der Vertragstaaten ist gering und vor allem betrifft es nur Europastaaten, nicht etwa Indien, den Iran oder die USA. Wo es wirklich schwierig wird, Auskunft über das ausländische Recht zu bekommen, hilft das Übereinkommen nicht weiter[71].

Darüber hinaus ist das Übereinkommen bei seiner Zielgruppe wenig bekannt[72].

Die Kenntnis der Rechtsordnungen der einzelnen Mitgliedstaaten könnte vielleicht auch durch die offizielle Benennung von kompetenten Anlaufstellen in jedem Mitgliedstaat verbessert werden[73].

Das französische Justizministerium verfügt mittlerweile über eine eigene Datenbank zum ausländischen und insbesondere zum maghrebinischen Recht[74]. In Österreich haben die Richter die Gewohnheit, das Justizministerium um Auskunft über die verschiedensten Rechtsordnungen zu bitten[75]. Das italienische

---

Festschrift Firsching, S. 220 f.; bestätigt durch IPRax 1995, 302; *Albanese*, *Boitiaux*, *Franck* in Les problèmes actuels posés par l'application des lois étrangères, S. 51, 60, 95.

71 *Sturm*, StAZ 1977, 215.

72 *Alexandre* in Les problèmes actuels posés par l'application des lois étrangères, S. 26; *Audit*, Droit international privé, RdNr. 268 S. 242; RinAG *Gensel*, Interview zur IPR-Praxis in Familiensachen (siehe Materialenverzeichnis); *Mayer*, Les procédés de preuve de la loi étrangère, in Études Ghestin, 630.

73 Idee enthalten im „Aktionsplan des Rates und der Kommission zur bestmöglichen Umsetzung der Bestimmungen des Amsterdamer Vertrags über den Aufbau eines Raums der Freiheit, der Sicherheit und des Rechts", 3.12.1998, Amtsblatt EG C 19 vom 23.1.1999, S. 1, 10.

74 *Alexandre, Boittiaux*, in Les problèmes actuels posés par l'application des lois étrangères, S. 26, 60.

75 *Mänhardt/Posch*, Internationales Privatrecht, S. 34; *Schwind*, Internationales Privatrecht, S.56 RdNR. 133-134; *Albanese*, in Les problèmes actuels posés par l'application des lois étrangères, S. 51.

IPR-Gesetzes sieht vor, dass sich das Gericht auf Auskünfte stützen kann, die durch das Justizministerium eingeholt wurden[76].

Einige Gerichte konstituieren im Laufe der Zeit ebenso ihre eigene Dokumentation zum ausländischen Recht in einem bestimmten Gebiet[77]. Darüber hinaus werden innerhalb der Gerichtsbezirke und auch der einzelnen Gerichtskammern einige Kompetenzen konzentriert. So hat das Amtsgericht Stuttgart beispielsweise eine besondere Kompetenz im Bereich der Anerkennung von ausländischen Entscheidungen sowie für Adoptionen entwickelt. Bei einem Richter dieses Gerichts treffen entsprechend § 5 SorgeRÜbkAG[78] sämtliche Fälle des OLG-Bezirks Stuttgart ein zu internationalen Kindesentführungen nach dem Haager Kindesentführungsübereinkommen vom 25.10.1980 und der Vollstreckbarerklärung nach dem Europäischen SorgeRÜ vom 20.5.1980[79]. Außerdem werden auch von Rechtsanwälten Fortbildungsveranstaltungen über ausländisches Recht angeboten[80].

Man erhofft sich auch Verbesserungen in der Kenntnis ausländischer Gesetze und Entscheidungen durch die Entwicklung der Rechtsinformatik, der juristischen Datenbanken, der Telekommunikationen und des Internets. In Deutschland erscheinen Textsammlungen mit den wichtigsten ausländischen Gesetzen und Erklärungen dazu (insbesondere im Familien- und Erbrecht), sowie spezialisierte Zeitschriften zum IPR und zum ausländischen Recht mit Hervorhebung der wichtigen Entwicklungen.

2. Materielle und rechtliche Verluste

Eine auf fremdes Recht gestützte Entscheidung bedeutet für die Parteien, sowohl einen Verlust an Qualität (B), an Einflussmöglichkeit (C) und an Rechtsmitteln (D), sowie eine Verlängerung und Verteuerung des Verfahrens (A).

---

76 Art. 14 des Gesetzes vom 31.5.1995 zur Reform des italienischen Systems des internationalen Privatrechts, übersetzt in IPRax 1996, 358.

77 Siehe z.B. das *tribunal de Paris*, *Boittiaux* in Les problèmes actuels posés par l'application des lois étrangères, S. 59.

78 BGBl. 1999 I 702; siehe dazu: *Kropholler*, Internationales Privatrecht, § 59 II, S. 631 f.

79 RinAG *Gensel*, Interview zur IPR-Praxis in Familiensachen (siehe Materialenverzeichnis).

80 RinAG *Gensel*, Interview zur IPR-Praxis in Familiensachen (siehe Materialenverzeichnis).

Die Kosten, die Dauer und die mangelnde Effizienz bilden eine „dreiköpfige Hydra“ im heutigen Gerichtsverfahren[81].

Als *Bureau* den *conseiller Rémery* bei der Sitzung des *Comité français de droit international privé* vom 31. März 2000 in Paris fragte, warum sich die Cour de cassation im bereits erwähnten Fall *Kreditanstalt für Wiederaufbau*[82] für das französische Recht entschieden hatte, bestand die Antwort aus Stichworten wie „Opportunismus, pragmatische Erwägungen, das Verfahren erleichtern und beschleunigen“[83]. Die Cour de cassation achtet in der Regel darauf, dass Verfahren, deren Fortsetzung ohne Verhältnis zum Streitwert stünden, nicht unnötig andauern[84].

Die Anwendung von ausländischem Recht verlängert und verteuert das Verfahren[85]. Auch wenn die einschlägigen Rechtsnormen dem Richter nicht bekannt sind, ist er trotzdem verpflichtet, von allen ihm zur Verfügung stehenden Erkenntnisquellen Gebrauch zu machen.

Um das ausländische Recht zu ermitteln, werden die deutschen Richter gelegentlich – wie erwähnt – Gutachten einholen. Diese Ermittlungstechnik ist nicht nur unzugänglich, schwierig und zeitraubend[86], sondern verursacht zusätzliche Gerichtskosten[87], wofür die Parteien regelmäßig einen Vorschuss leisten müssen.

---

81 *Sir Jack Jakob*, Justice between man and man, in Current legal problems 1985, S. 226: „three-headed hydra“; vgl. Auch *Storme* in Storme, Rapprochement du Droit Judiciaire de l'Union Européenne, S. 11.

82 Siehe oben II. 2.: Cass. com. 22.1.1999 *Sté Kreditanstalt für Wiederaufbau c/ Sté Interpac holding Ltd*, JCP 2000 Nr. 10, 417 ff., Anm. *Menjucq*.

83 Original: *„opportunisme, considérations pragmatiques, alléger et accélérer le procès“*.

84 *Perdriau*, Le pragmatisme de la Cour de cassation, JCP 2001 Nr. 47, 2142 mit einem Beispiel.

85 Vor dem Amtsgericht Stuttgart kostet ein Verfahren in Ehesachen im Durchschnitt am 1.12.02 um die 6000 €. Mit der Prozesskostenhilfe müssen die Parteien noch etwa 2000 € aus eigener Tasche zahlen, Angaben RinAG *Gensel*, Interview zur IPR-Praxis in Familiensachen (siehe Materialenverzeichnis); vgl. für eine Hervorhebung des Kostenproblems in England *Fentiman*, Foreign law in English courts, S. 18, 24 f., 90, 136; *Reichert-Facilides*, Fakultatives und zwingendes Kollisionsrecht, S. 52.

86 RinAG *Gensel*, Interview zur IPR-Praxis in Familiensachen (siehe Materialenverzeichnis); *Simitis*, StAZ 1976, 11.

87 Die vom Max-Planck-Institut für ausländisches und internationales Privatrecht (Hamburg) erstellten Rechnungen liegen im Bereich von ca. 400,00 bis 1.200,00 Euro pro Rechtsauskunft. Sehr komplizierte und arbeitsaufwendige Auskünfte z.B. im Bereich des internationalen Handelsrechts kosten mehrere tausend Euro, Angaben *Witt*, 17.12.02; *Lando*, Länderbericht in Die Anwendung ausländischen Rechts im internationalen Privatrecht, S. 131.

Der Richter kann wohlhabenden Parteien empfehlen, von sich aus ein Privatgutachten in Auftrag zu geben[88], dem er dann eine vergleichbare Bedeutung wie eine rechtliche Äußerung der Partei oder ihres Anwalts beimessen wird[89], das für den Richter also nicht bindend ist. Das Erstellen einer Rechnung für ein dem freien Markt überlassenes Privatgutachten unterliegt freilich keinerlei Einschränkung.

Hinzu kommt noch das Sprachproblem. Zwar kann das Beweismaterial übersetzt werden, aber selbst die besten – und in der Regel sehr teueren – amtlichen Übersetzungen bleiben bei Unkenntnis der rechtspolitischen Hintergründe unverständlich[90]. In Hinsicht auf das Problem unzuverlässiger Übersetzungen bringt selbst das Londoner Übereinkommen keine Erleichterungen[91].

Im Wirtschaftsrecht werden die Befürchtungen um den Verfahrensaufwand besonders akut wegen des an Bedeutung gewinnenden gemeinschaftsrechtlichen Herkunftslandprinzips[92]. Es führt nämlich, wenn man es als kollisionsrechtlichen Grundsatz versteht[93], zu einer prozessökonomischen Überforderung der Richter und Anwälte[94]. Deutsche Gerichte, die sich der Praxis des kollisionsrechtlichen Herkunftslandprinzips fügen müssen, haben ständig mit ausländischem, ihnen

---

88 Rechtsauskünfte im Auftrag von Rechtsanwälten, Unternehmen etc. berechnete das Max-Planck-Institut für ausländisches und internationales Privatrecht (Hamburg) Ende 2002 mit 104,00 bis 156,00 Euro, Angaben *Witt*, 17.12.02.

89 MünchKomm/*Prütting*, § 293 ZPO, RdNr. 6; *Nagel/Gottwald*, Internationales Zivilprozessrecht, S. 370: Die Parteien überließen es gewöhnlich dem Richter, das ausländische Recht von Amts wegen zu ermitteln.

90 Vgl. *Bellet, Franck* in Les problèmes actuels posés par l'application des lois étrangères, S. 48, 95.

91 *Jayme*, StAZ 1976, 360 Fn. 6; *Otto*, Die gerichtliche Praxis und ihre Erfahrungen mit dem Europäischen Übereinkommen vom 7.6.1968 betr. Auskünfte über ausländisches Recht in Festschrift Firsching, S. 223 ff.

92 *Drasch*, Das Herkunftslandprinzip im internationalen Privatrecht, S. 21: „Das „Herkunftslandprinzip" hat zur Folge, dass sich die Zulässigkeit der Vermarktung von Waren und Dienstleistungen im Binnenmarkt grundsätzlich nach dem Recht des Herkunftslandes richtet, soweit nicht das Bestimmungsland überwiegende Gründe des Allgemeinwohls gelten machen kann, deren Einhaltung nicht schon durch gleichwertige Bestimmungen des Herkunftslandes gesichert ist und die dem Verhältnismäßigkeitsprinzip genügen".

93 Für ein sachrechtliches Verständnis *Fezer/Koos*, IPRax 2000, 353; *Ohly*, GRUR Int. 2001, 902 versteht das Herkunftslandprinzip „binnenmarktfunktional": „Das Herkunftslandprinzip greift nur dort ein, wo es für das Funktionieren des Binnenmarkts unerlässlich ist"; es wird auch vorgeschlagen, das dem Anbieter günstigere Recht anzuwenden: *Ohly*, GRUR Int. 2001, 902; für ein Günstigkeitsprinzip schon *Basedow* RabelsZ. 59 (1995), 15 ff.

94 *Roth*, in Systemwechsel im europäischen Kollisionsrecht, S. 62.

wenig vertrautem Wirtschaftsrecht zu tun[95]. Danach muss der Richter Sachverständigengutachten einholen, sobald der Anbieter im europäischen Ausland ansässig ist.

Teilweise wird behauptet, dass die Schwierigkeiten bei der Anwendung ausländischen Rechts übertrieben seien. Zunächst sei die Ermittlung fremden Rechts nach § 293 ZPO nicht an feste Regeln gebunden und könne in einem formlosen Verfahren mit Freibeweis bewerkstelligt werden[96]. Außerdem könne man auch, so *Schurig*, an der Auferlegung der Kosten der Rechtsfindung durch Gutachten auf die Beteiligten etwas ändern[97].

Diese Einwände vermögen nicht zu überzeugen. Erstens beziehen sie sich nur auf den kostentechnischen Aspekt und nicht auf den zeitlichen, der auch beim formlosen Verfahren nicht unterschätzt werden darf. Zweitens ist die Einholung von Gutachten unter Geltung des Strengbeweises bei Verfahren mit hohem Streitwert in der Praxis so gut wie zwangsläufig. Eine alternative Kostentragung bei der Einholung von Gutachten wird von *Schurig* nicht genannt.

Die Bedeutung der zeitlichen und finanziellen Belastung zeigt sich auch hinsichtlich der Vorgehensweise bei unüberwindbaren Hürden in der Ermittlung fremden Rechts. Bei verbliebenen Unklarheiten über das ausländische Recht stellt sich die Frage, nach welchen Regeln der Richter entscheiden muss. In der Literatur wird die Auffassung vertreten, verwandte Rechtordnungen seien heranzuziehen[98]. Eine andere Meinungsgruppe versucht die Lösung in eventuell vorhandenem internationalem Einheitsrecht, in allgemeinen Rechtsgrundsätzen aus der Rechtsvergleichung oder durch kollisionsrechtliche Hilfsanknüpfungen zu finden[99]. Teilweise wird auch der grundsätzliche Rückgriff auf die *lex fori* befürwortet, und erst wenn die Anwendung inländischen Rechts „äußerst unbefriedigend" erscheint, die Anwendung des dem an sich berufenen Recht „nächst verwandten" oder des „wahrscheinlich geltenden Rechts"[100]. Die österreichischen und schweizerischen Gesetzgeber haben sich für die *lex fori* als Auffangregelung ausgesprochen[101]. Mit einer Entscheidung aus dem Jahr 1981[102]

95 *Freitag*, Der Einfluss des Europäischen Gemeinschaftsrechts auf das internationale Produkthaftungsrecht, S. 334.
96 MünchKomm/*Prütting*, § 293 ZPO, RdNr. 23 ff.
97 *Schurig*, RabelsZ. 59 (1995), 241.
98 *Schack*, Internationales Zivilverfahrensrecht, 2002, RdNr. 641; *Leipold*, Stein/Jonas Komm. ZPO § 293, RdNr. 63.
99 MünchKomm/*Prütting*, § 293 ZPO, RdNr. 62 und 63.
100 BGHZ 69, 387 = NJW 1978, 496; BGH NJW 1982, 1215; zust. *Sommerlad-Schrey* NJW 1991, 1383.
101 Siehe § 4 Abs. 2 des österreichischen IPR-Gesetzes vom 15.6.1978 und Art. 16 Abs. 2 des schweizerischen IPR-Gesetzes vom 18.12.1987.
102 BGH NJW 1982, 1215.

hat sich der BGH von einer Betrachtung der *lex fori* als allerletzte Lösung (*ultima ratio*) distanziert und sieht die Anwendung des „wahrscheinlich geltenden Rechts" nur noch als Notbehelf, falls die Anwendung der *lex fori* zu unakzeptablen Ergebnissen führen würde.

Der Diskrepanz zwischen der Vielfalt an Lösungsvorschlägen und dem von den Gerichten letztendlich immer bevorzugten Ausweg über die *lex fori* ist ein Zeichen dafür, dass sich der Richter meistens für den geringeren Aufwand, die praktikabelste und einfachste Lösung entscheidet.

Man könnte in diesem Zusammenhang durchaus der Ansicht sein, dass die Erforschungspflicht hinsichtlich des fremden Rechts nicht nur dann endet, wenn sich eine Ermittlung als nicht möglich erweist, sondern auch in besonderen Fällen, wenn eine Aufklärung nur mit unverhältnismäßigem Aufwand und erheblicher Verfahrensverzögerung durchführbar wäre[103]. In diesem Sinne wird auch der Vorschlag gemacht, in sogenannten Bagatellsachen internationales Privatrecht von vornherein außer Betracht zu lassen[104].

Dieser praktische Gedanke spiegelt sich in der Tatsache wider, dass der strenge Kurs der kompromisslosen Durchsetzung der kollisionsrechtlichen Verweisung bei Eilverfahren (Arrest, einstweiligen Rechtsschutz) schwer durchzuhalten ist. Dieses Problem spaltet die deutsche Rechtsprechung und einige Gerichte wenden in solchen Fällen systematisch deutsches Recht an[105].

B. Stichhaltigkeit der Entscheidung

Wenn der Richter ausländisches Recht anwendet, hat er nach herrschender Meinung nicht nur auf fremde Gesetzestexte abzustellen, sondern auch auf die im Ausland aktuelle Auslegung und Handhabung in der Praxis[106]. Um soweit

---

103 *Leipold*, Stein/Jonas Komm. ZPO § 293, RdNr. 35; BGHZ 69, 387, 393 = NJW 1978, 496; *Fentiman*, Foreign law in English courts, S. 175, 277.

104 Staudinger-*Sturm/Sturm*, Einl. zum IPR, RdNr. 176.

105 OLG Hamburg, MDR 1968, 670f.; OLG Stuttgart, Die Justiz 1972, 313 f.; OLG Köln, MDR 1973, 674 f; vgl. *Jessurun d'Oliveira* in Law and Reality, Essays in Honour of C.C.A. Voskuil, S. 124 ff.: Er schildert wie niederländische Richter das internationale Privatrecht auch im *kort geding* Verfahren anwenden, wenngleich sie dann vorsichtiger sind bei der Entscheidung über die anzuordnenden Maßnahme, insb. S. 134 f.: „only a difference of degree", „the *Hoge Raad* is ready to save decisions in *kort geding* by accepting that their reasoning may be somewhat more superficial than in ordinary proceedings", „the problems encountered concerning foreign law are not met by resorting to the *lex fori*, but are translated into a cautious and restrained wording of the order or injunction".

106 *Nagel/Gottwald*, Internationales Zivilprozessrecht, S. 368; *Raape/Sturm*, Internationales Privatrecht, S. 308.

wie möglich die ausländische Rechtswirklichkeit seiner Entscheidung zugrunde zu legen, muss er das fremde Recht so anwenden, wie es im Ausland nach dortiger Rechtslehre und Rechtsprechung tatsächlich gilt[107].

Ein Richter kann ausländisches Recht von sich aus überhaupt nicht fortbilden[108]. Er hat keine konstruktive Rolle den ausländischen Normen gegenüber, anders als im einheimischen Recht, das er durch seine Rechtsprechung unter Aufsicht des obersten Gerichts mitgestaltet[109]. Er ist ein nationaler (zunehmend auch europäischer) Richter, aber kein ausländischer.

Will das Gericht nach ausländischem Recht urteilen, so erhalten die Parteien einen unkundigeren Richter, als wenn deutsches Recht zugrunde gelegt würde. Der geschulte, erfahrene und überlegene Richter wird im „besten" Fall zum dilettantischen Anfänger, der die anzuwendende Norm in der verzerrenden Optik einheimischer Dogmatik sieht. Oft wird er seine „Heimatrechtserfahrung" mehr oder weniger offen formulieren.

Es ist natürlich nicht zu erwarten, dass der Richter die ausländische Rechtsnorm samt ihrer kulturellen bzw. religiösen Wertung anwendet[110]. Unterstellt man zum Beispiel, dass der Widerspruch zu einem Scheidungsantrag in der Türkei von einem Verschulden abhängt und dass die Anwendung von Gewalt soziologisch betrachtet einen anderen Stellenswert hat als in Deutschland, dann würde es einem deutschen Familienrichter sicherlich besonders schwer fallen, über den Scheidungsantrag einer von ihrem türkischen Ehemann geprügelten Türkin nach türkischem Recht zu entscheiden[111].

---

107 BGH NJW 1976, 1589; BGH WM 1960, 374 (375); BGH RIW 1982, 199 und 435; *Leipold*, Stein/Jonas Komm. ZPO § 293, RdNr. 58; Zöller Komm. ZPO *Geimer*, § 293 RdNr. 24; *Simitis*, StAZ 1976, 7; *Müller*, Länderbericht in Die Anwendung ausländischen Rechts im internationalen Privatrecht, S. 68; abw. *Siehr*, NJW 1991, 2198.

108 Contra: *Müller*, Die Anwendung ausländischen Rechts im internationalen Privatrecht, S. 69: „Auch von einer Fortbildung des ausländischen Rechts im Wege der richterlichen Rechtsschöpfung darf der Richter, wenn es Not tut, nicht zurückschrecken"; *Nagel/Gottwald*, Internationales Zivilprozessrecht, S. 368; Palandt-*Heldrich*, Bürgerliches Gesetzbuch, Einl. v. Art. 3 EGBGB RdNr. 34.

109 *Lemontey/Réméry*, Rapport de la Cour de cassation 1993, S. 93; *Goldschmidt* zitiert von Franck in Les problèmes actuels posés par l'application des lois étrangères, S. 98: „En droit national, le juge participe à une construction en qualité d'architecte; en revanche il se contente de photographier le droit étranger. Il applique son propre droit, il imite le droit étranger".

110 *Lemontey/Réméry*, Rapport de la Cour de cassation 1993, S. 85: Er ist kein Akrobat, der sämtliche ausländische Gesetze kennen kann und kennen muss.

111 RinAG *Gensel*, Interview zur IPR-Praxis in Familiensachen (siehe Materialenverzeichnis).

Es besteht die Gefahr, dass der Richter die Norm missdeutet oder den Parteien bloßes Buchstabenrecht zumisst. Ein Rechtsfehler kann sich bei der Beachtung ausländischen Rechts jederzeit einschleichen, da der Richter fremdes Recht mehr oder minder durch seine Brille sieht[112]. Die Unterschiede konzeptioneller und kultureller Art zwischen den verschieden Rechtsordnungen relativieren die Gerechtigkeit eines nach ausländischem Recht ergangenen Urteils[113].

Bei Anwendung unbekannter Rechtsbegriffe treten darüber hinaus Probleme auf bezüglich der Kompatibilität von ausländischen Sachnormen mit den inländischen Verfahrensvorschriften[114].

Entscheidungsqualität und Prozesseffektivität[115] erreichen im Fall der Anwendung einer fremden Rechtsordnung nicht den normalen Inlandsstandard. Mit dem einheimischen Recht ist der Richter durch Ausbildung, berufliche Erfahrung und durch das Leben in der heimischen sozialen Umgebung vertraut. Zwar kann man die Entwicklung hin zu einer multikulturellen Gesellschaft heute nicht übersehen, doch jede Rechtsordnung behält eine Identität. Selbst europäische Nachbarländer werden dieses multikulturelle Leben (noch) nicht einheitlich wahrnehmen und entsprechend regeln wollen. So gelten zum Thema Religion in der Schule zwei verschiedene Ansätze in Deutschland und in Frankreich: Glaubensfreiheit und Neutralitätsgebot hier, Laizität dort. Außerdem werden einzelne Regeln fremder Rechtsordnungen in einer multikulturellen Gesellschaft vielleicht zugänglicher. Der Umgang damit bleibt jedoch für einen Richter, der diese Regel nicht vor dem einheitlichen Hintergrund des erlernten Rechtssystems anwenden kann, genau so unsicher wie zuvor.

Nach der Einschätzung von *Schurig* ist die Behauptung, die Anwendung ausländischen Rechts durch ein deutsches Gericht sei generell eklatant minderwertig, übertrieben. Seiner Meinung nach gibt es viele Routinefälle, bei denen fremde Rechtsordnungen in Deutschland genauso gut angewandt werden können wie im entsprechenden Ausland und für die nicht einmal Gutachten benötigt werden; wenn Schwierigkeiten auftreten, kommt das anzuwendende Recht oft aus Staaten, bei denen es vor dortigen Gerichten möglicherweise auch nicht viel

---

112 *Müller*, Die Anwendung ausländischen Rechts im internationalen Privatrecht, S. 75: „Gerade bei der Anwendung ausländischen Rechts ist – wie die Erfahrung lehrt – die Gefahr unzulänglicher und fehlerhafter Entscheidungen besonders groß".

113 Vgl. *Mayer*, Les procédés de preuve de la loi étrangère, in Études Ghestin, 623.

114 *Vassilakakis*, Orientations méthodologiques, S. 34.

115 *De Boer*, Vortrag im Rahmen der 66. Session der Haager Akademie für Internationales Recht, 1. Periode: Internationales Privatrecht 1. bis 19. Juli 1996, ZEuP 1997, 928; *Reindl*, 19 Mich. J. Intl L. (1998) 799 (831).

besser behandelt wird, weil Unsicherheit und Informationsdefizite Bestandteile des dortigen Systems sind[116].

Als Argument gegen die Minderwertigkeit einer Entscheidung, die sich auf ausländisches Recht stützt, wirkt letztere Aussage etwas widersprüchlich. Fraglich ist außerdem ob, diese „Routinefälle“ nicht eher in Bereichen vorkommen, in denen die Parteien sowieso keine Dispositionsbefugnis haben können, wie bei standesamtlichen Fragen zum Beispiel. Dagegen kann man bei den unbegrenzten Konstellationsmöglichkeiten des internationalen Schuldrechts sicherlich nicht von Routine sprechen.

Die Fülle der Informationsquellen trägt paradoxerweise nicht unbedingt zur Verbesserung der Anwendung ausländischen Rechts bei. Über die Informationsnetzwerke und das Internet werden einzelne Texte zugänglicher[117]. Da sie jedoch meist isoliert und ohne umfassenden Kontext dargelegt werden, ist schwer zu erkennen, ob sie überhaupt noch aktuell sind oder nicht. Textsammlungen haben ihrerseits den Nachteil, dass den wichtigen ausländischen Gesetzen und Urteilen zu kurze Kommentierungen beigefügt werden, die sich auf allgemeine und oberflächliche Einzelpunkte beschränken[118]. Der deutsche Richter kann auch auf publizierte deutsche Entscheidungen zurückgreifen, um den Inhalt ausländischen Rechts nachzuweisen. Solche Publikationen verbessern nicht unbedingt die Kenntnis des ausländischen Rechts. Denn es handelt sich nach wie vor um laienhafte Anwendungen durch inländische Richter und nicht um Urteile ausländischer Gerichte zu ihrem eigenen Recht. Darüber hinaus sind einige Veröffentlichungen zum ausländischen Recht unverwertbar, weil die gesammelten Dokumente ohne fachwissenschaftliche Bearbeitung abgelegt bzw. klassifiziert und archiviert worden sind. Juristische Datenbanken setzen oft auf Umfang und Übersichtlichkeit, seltener auf praxisorientierte Information. Schließlich fördern Spezialisierungen und Konzentrationen zwar ein Spezialwissen, das in vielen komplizierten Fällen des IPR benötigt wird. Wenn sich im Ergebnis jedoch nur einzelne Richter mit Fällen befassen, an denen Ausländer beteiligt sind, dann ist der Zugang zum gesetzlichen Richter sicherlich kein gesellschaftlicher Integrationsfaktor mehr[119]. Aus allen diesen Gründen könnte ein Mehr an Hilfskanälen ein Weniger an Justiz bedeuten.

---

116 *Schurig*, RabelsZ. 59 (1995), 241.

117 RinAG *Gensel*, Interview zur IPR-Praxis in Familiensachen (siehe Materialenverzeichnis), zitiert als Beispiel einen Gesetzestext des US-Staates Virginia aus dem 19. Jahrhundert, an den das Gericht nur über das Internet herankommen konnte.

118 RinAG *Gensel*, Interview zur IPR-Praxis in Familiensachen (siehe Materialenverzeichnis).

119 RinAG *Gensel*, Interview zur IPR-Praxis in Familiensachen (siehe Materialenverzeichnis).

Mit der Anwendung ausländischen Rechts durch den einheimischen Richter verschlechtert sich die verfahrensrechtliche Position der Parteien. Zwar werden Gericht, Parteien und Gutachter gelegentlich – insbesondere im Familienrecht – zusammenarbeiten[120]. Doch in der Regel wird der vom Richter beauftragte Gutachter die Parteien nicht selbst anhören. Außerdem verzichten die Parteien auf die prozessuale Stellung, die ihnen bei Anwendung deutschen Rechts zukäme[121]: Durch den mittelbaren Austausch mit dem Gutachter können sie den Richter nicht mehr unmittelbar beeinflussen.

Im Falle der Beauftragung eines Sachverständigen entsteht das Risiko einer gewissen Bevormundung des Gerichts. Der Richter kann die ihm erstatteten Gutachten „in der Regel allenfalls auf ihre innere Schlüssigkeit, nicht aber auf ihre inhaltliche Richtigkeit hin überprüfen"[122]. In gewisser Hinsicht gerät er – selbst bei bester Absicht – in eine Abhängigkeit gegenüber dem Gutachter. Überlässt man Rechtsfindung Wissenschaftlern und Gutachtern[123], wird die Unabhängigkeit der rechtsprechenden Gewalt gefährdet[124].

Zudem stellt sich die Frage, ob es bei der Erforschung fremden Rechts überhaupt zulässig ist, formlos Auskunft einzuholen, da die verfahrensrechtliche Garantien dadurch unterlaufen werden könnten. Laut § 4 des Ausführungsgesetzes zum Londoner Übereinkommen vom 7.6.1968 ist die „Vernehmung einer Person, die ein Auskunftsersuchen in einem Vertragsstaat bearbeitet hat, [...] zum Zwecke der Erläuterung oder Ergänzung der Antwort unzulässig". Dagegen ist der BGH der Ansicht, die Regeln des förmlichen Beweisverfahrens nach §§ 402, 397 ZPO seien zu beachten, wenn das Gericht einen Sachverständigen mit der Erstattung eines Gutachtens beauftragt. Der Sachverständige müsse daher auf rechtzeitigen Antrag einer Partei zur mündlichen Verhandlung geladen werden[125]. Man wird jedoch dem Inhalt der gerichtlichen Anfrage entsprechend abgrenzen können, da es im Übereinkommen um Anfragen geht, die sich lediglich

120 *Jayme*, StAZ 1976, 360.

121 *Flessner*, RabelsZ. 34 (1970), 553.

122 *Müller*, Die Anwendung ausländischen Rechts im internationalen Privatrecht, S. 71.

123 Vgl. *Alexandre* in Les problèmes actuels posés par l'application des lois étrangères, S. 26.

124 *Simitis*, StAZ 1976, 9 f.; anderer Ansicht: *Jayme*, StAZ 1976, 359 f.

125 BGH LM Nr. 11 zu § 411 = NJW 1975, 2142 = MDR 1975, 1003; LM Nr. 19 zu § 293 = NJW 1994, 2959 = MDR 1994, 939 = IPRax 1995, 322; *Fuchs* RIW 1995, 807; *Otto* IPRax 1995, 304 f. (jedoch kritisch zur Begründung durch den BGH); *Kropholler*, Internationales Privatrecht, § 59 III 2, S. 634 f. Kritisch zur Ansicht des BGH *Schack*, Internationales Zivilverfahrensrecht, 2002, RdNr. 636; *Linke*, Internationales Zivilprozeß, 1990, RdNr. 269, 276.

auf die Mitteilung abstrakter Rechtssätze beziehen: Die Regeln des förmlichen Sachverständigenbeweises sind dann zu beachten, wenn die beauftragte Person nicht nur Auskunft über die Geltung von Rechtssätzen gibt, sondern diese zugleich auf den konkreten Fall anwendet, das heißt sich über die konkrete Rechtslage äußern soll. Der BGH wies darauf hin, dass sonst in dieser Konstellation neue Tatsachen eingeführt werden könnten, ohne dass die Parteien in der Lage wären, den Sachverständigen dazu zu befragen[126].

D. Revision

Ein weiterer Nachteil der Anwendung fremden Rechts besteht darin, dass die Rechtsmittel verkürzt werden. Nach §§ 545 I, 560 ZPO und der ständigen Rechtsprechung kann mit der Revision nicht gerügt werden, dass ausländisches materielles Recht unrichtig angewandt worden sei.

Anderes gilt für die Anwendung der Kollisionsnorm, die dem Grundsatz *iura novit curia* entsprechend vom BGH überprüft wird. In Frankreich kann die Nichteinhaltung der Kollisionsnorm zwar als Kassationsgrund dienen, wenn sie zuungunsten des französischen Rechts geschehen ist[127]; aber wenn sie auf Kosten einer ausländischen *lex causae* stattgefunden hat, dann muss diese Frage bereits vor dem Tatrichter aufgeworfen worden sein.

Es gibt dennoch Ausnahmen zum Prinzip, nach dem die Feststellungen der Instanzgerichte bezüglich der Anwendung ausländischen Rechts für das Revisionsgericht bindend sind.

In Frankreich hat die Cour de cassation eine aufwendige Rechtsprechung zu diesen Ausnahmen entwickelt.

Der französische Kassationshof kann den *contrôle de dénaturation* durchführen, das heißt die Anwendung des ausländischen Rechts durch den Richter bei offensichtlicher Missdeutung revidieren. Die offensichtliche Missdeutung des ausländischen Rechts durch den Tatrichter wurde bereits in einer Entscheidung

---

126 *Leipold*, Stein/Jonas Komm. ZPO § 293, RdNr. 44.

127 Cass. civ. 12.5.1959 *Bisbal*, Rev. Crit. 1960, 62, 63, *Batiffol*; *Ancel/Lequette*, GAJDIP, 32-34 RdNr. 7: Wenn ausländisches Recht von der Kollisionsnorm designiert wird, ist die Ursache ihrer Nicht-Anwendung im Tatsachenbereich zu finden (der Auslandsbezug wurde nicht geltend gemacht), während diese Nicht-Anwendung als Rechtsfehler betrachtet wird, wenn die Kollisionsnorm auf die *lex fori* verweist. Die französische Rechtsprechung stützt sich auf diesen Unterschied und verlangt vom Tatrichter, dass er die Kollisionsnorm, die zur *lex fori* führt, *ex officio* anwendet: Vgl. z.B. Cass. civ. 1ère 26 01.2001 *Muller École et Bureau*, Petites Affiches 8.02.2002, Anm. *Malan*, 19 und Cass. civ. 1ère 26.5.1999 *Mutuelle du Mans*, Bull. civ. I, Nr. 172; Rev. Crit. 1999, 707 Anm. *Muir Watt*; JCP 1999, IV, Nr. 2325; Gaz. Pal. 61 1.3.2000, 39 Anm. *Niboyet*.

im Jahr 1876 festgestellt[128]. Im Fall *Montefiore*, in dem die Cour de Paris das relevante Gesetz zur Klärung der Frage, wer die Schulden des damals unabhängigen Kongo übernahm (belgischer Staat oder Kolonie), nicht berücksichtigte, hob die Cour de cassation die Entscheidung ausdrücklich wegen *dénaturation* des ausländischen Rechts auf[129]. Das *arrêt Buzyn* zeigte ebenfalls, wie die materielle Missdeutung der „klaren und präzisen" Worte einer amtlichen Übersetzung des ausländischen Gesetzestextes zur Kassation wegen Denaturierung führen kann[130]. Seit der *Africatours*-Entscheidung aus dem Jahr 1997 stützt sich das Gericht auf den Art. 3 Code Civil, um zu überprüfen, ob das Urteil nicht auf einer eindeutig falschen Anwendung des ausländischen Rechts beruht[131]. Das französische Berufungsgericht hatte in diesem Fall den Wortlaut eines klaren und präzisen senegalesischen Gesetzestextes nicht beachtet, als es die schuldrechtliche Klage gegen einen im Rahmen seines Mandats handelnden Geschäftsführer zurückwies. Die Kontrolle der Nicht-Denaturierung des ausländischen Rechts durch die Tatrichter, mit dem die Cour de cassation sicherstellt, dass die Grundlage und der Ansatz der Entscheidung stimmt, bleibt ein „sehr seltener" Vorgang[132].

Die Cour de cassation setzt in einigen wenigen Fällen den sogenannten *contrôle des motifs* ein (Art. 455 NCPC), um die ordnungsgemäße Anwendung ausländischen Rechts festzustellen. Sie hebt dann Entscheidungen auf, die bei der Auslegung des fremden Rechts von den Tatrichtern nicht ausreichend begründet wurden[133].

Mit dem *contrôle de motifs* vergleichbar ist die deutsche Verfahrenskontrolle: Demnach ist die zutreffende Handhabung der Pflicht zur Amtsermittlung ausländischen Rechts nach § 293 ZPO der revisionsrechtlicher Überprüfung unterwor-

---

128 Cass. civ. 18.7.1876 *Wyse*, D. 1876, 497: Das Berufungsgericht hatte in diesem Fall eine Konzessionsurkunde der tunesischen Regierung als Vertrag gedeutet.

129 Cass. civ. 1ère 21.11.1961 *Montefiore*, Rev. Crit. 1962, 329, Anm. *Lagarde;* JDI 1962. 686, Anm. *Goldman;* J.C.P. 1962. II. 12521, Anm. *Louis-Lucas*.

130 Cass. civ. 1ère 19.3.1991 *M. Buzyn*, Rev. Crit. 1992, 88, Anm. *Muir Watt*: Das Berufungsgericht ging bei der Auslegung einer israelischen Vorschrift über die formelle Gültigkeit eines Testaments über das Wortwörtliche hinaus.

131 Cass. civ. 1ère 1.7.1997 *Africatours*, Rev. Crit. 1998, 292, Anm. *Muir Watt*; JDI 1998, 98, Anm. *Barrière-Brousse*; Dalloz 1998, Jur. 104, Anm. *Menjucq*; Cass. civ. 1ère 24.11.1998 *Lavazza* (der Tatrichter muss das gesamte positive ausländische Recht anwenden, d.h. inklusive Rechtsprechung und Gewohnheitsrecht), Rev. Crit. 1999, 88 (Fall, in dem sich der Berufungsrichter offenbar an den vorgelegten Auszug der monegassischen Konkursregelung strikt halten wollte), Anm. *B. Ancel*; D. 1999, Jur. 337, Anm. *Menjucq*; für die gesamte Problemlage: *Muir Watt*, Répertoire Dalloz de droit international, v° Loi étrangère Nr. 158.

132 *Lemontey/Réméry*, Rapport de la Cour de cassation 1993, S. 94.

133 Zur *contrôle des motifs* siehe *Audit*, Droit international privé, RdNr. 275 S. 246.

fen[134]. Der BGH bejaht beispielsweise einen Ermessensfehler des Richters, der ohne hinreichende Spezialkenntnisse auf die Einholung eines Sachverständigengutachtens verzichtet[135]. Der Richter muss das ausländische Recht – wie bereits erwähnt – als Ganzes ermitteln, so wie es sich in Rechtsprechung und Rechtslehre entwickelt hat und wie es praktisch angewandt wird[136]. Je komplexer die Feststellung des ausländischen Rechts, desto höher sind die Anforderungen an dessen Ermittlung: Der BGH hat in diesem Sinne in seiner Entscheidung über Schiffspfandrechte nach venezolanischem Recht die Einholung eines Gutachtens des Max-Planck-Instituts für ausländisches und internationales Privatrecht für nicht ausreichend gehalten[137]. Hier zeigt sich erneut das Problem des Verfahrensaufwands.

Nichtsdestotrotz handelte es sich früher bei der revisionsrechtlichen Überprüfung lediglich um eine Verfahrenskontrolle, die nicht zu der als unzulässig angesehenen Nachprüfung der Anwendung ausländischen Rechts führen durfte[138]. Inzwischen wird dieses Prinzip jedoch von einer für die Praxis wichtigen Ausnahme gebrochen[139]: Außerhalb der Kognitionskompetenz liegt zwar die Nachprüfung eines nicht revisiblen Rechtssatzes nach §§ 560, 557 III 2 ZPO, nicht aber dessen erstmalige Feststellung, wenn der Tatrichter von seinem Bestehen keine Kenntnis[140] oder eine Auslegung unterlassen hat[141]. In der heutigen Rechtsprechung ist die Abgrenzung zwischen Verfahrenskontrolle (Anwendung der Kollisionsnorm) und materiell-rechtlicher Prüfung (Anwendung des ausländischen Rechts) etwas undeutlich geworden[142]. Die Rechtfertigung der Nichtüberprüfbarkeit ausländischen Rechts wird nicht in der Gefahr einer Fehlentscheidung des höchsten Zivilgerichts gesehen, sondern vielmehr darin, dass der Ermittlung fremden Rechts nach § 293 ZPO Elemente der Tatsachenfeststellung innewohnen. In gewissem Maße bleibt sie allerdings reine Rechtsanwendung, so dass man den Schluss ziehen könnte, dass das Revisionsgericht den Inhalt des ausländischen Rechts ermitteln kann und muss, soweit dies mit den Mitteln des Revisionsverfahrens möglich ist[143].

---

134 Vgl. *Simitis*, StAZ 1976, 8.

135 BGH IPRax 1981, S. 134 = JuS 1982, 140; siehe auch BGH NJW 1984, 2763 = MDR 1985, 125 und BGH NJW 1987, 591

136 BGH NZI 2002, 430; WM 2001, 501 (502); NJW 1991, 1418 (1419).

137 BGH NJW 1991, 1418 (1419); dazu *Kronke*, IPRax 1992, 303.

138 BGH NJW 1988, 647.

139 *Pfeiffer*, NJW 2002, 3307.

140 BGHZ 40, 197 (201) = NJW 1964, 203; *Fastricht*, ZZP 97 (1984), 441.

141 BGH NJW 1997, 2115.

142 Vgl. *Pfeiffer*, NJW 2002, 3307 f.; BGH NJW 1992, 3096; BGH NJW 2002, 3335.

143 *Pfeiffer*, NJW 2002, 3308.

In der heute so schnell zunehmenden internationalen Verflechtung und Zahl der Fälle mit Auslandsberührungen könnte man es als ein Gebot der Gerechtigkeit sehen, dass die Entscheidungen des Tatsachenrichters von den qualifizierten Richtern des Revisionsgerichts, das auch über bessere Informationsmöglichkeiten verfügt, inhaltlich nachgeprüft werden[144]. Doch hier genügt ein praktischer Hinweis auf die bereits bestehende Überlastung der Revisionsgerichte, um diesen Gedanken gleich wieder zu verwerfen. Wenn das oberste Gericht sich auch noch mit ausländischem Recht befassen müsste, wäre es mit der Fortbildung der Rechtsordnungen der ganzen Welt beschäftigt. Das Revisionsgericht ist nicht dazu geschaffen, die Einheit und Einheitlichkeit fremder Rechtsordnungen zu bewahren[145].

Diese verschiedenen Verluste zeigen die Bedeutung, die den Verfahrensinteressen zugemessen werden sollte, ein Anliegen, das übrigens im Sinne der §§ 1025-1050 ZPO zu erkennen ist[146]. Es gibt eine eigene Verfahrensgerechtigkeit. Warum soll man das fakultative Heranziehen der Verweisungsnormen kategorisch ablehnen, wenn aus prozessualer Sicht für die Parteien so viel auf dem Spiel steht?

IV. Prozessrechtlicher Hintergrund

Natürlich zählt für die Parteien im Prozess am Schluss nur das sachrechtliche Ergebnis.

Ist ausländisches Recht anwendbar, dann will die gut vorbereitete Partei, die sich ausführlich über dieses Recht informiert hat und sich von dessen Anwendung ein gutes Ergebnis verspricht, auf die Tatsache, das dieses Recht auch angewandt wird, vertrauen. Die Parteien dürfen niemals gezwungen werden, ihre Argumentation auf die *lex fori* zu stützen, wenn die Kollisionsnorm auf ausländisches Recht verweist.

Nur, der Weg zum Ergebnis ist manchmal lang und ungewiss. Unter dieser Perspektive werden im Folgenden die eben geschilderten und bislang unberücksichtigten prozessualen Parteiinteressen in den Vordergrund gebracht (1).

---

144 So *Müller*, Die Anwendung ausländischen Rechts im internationalen Privatrecht, S. 75.

145 *Bellet* in Les problèmes actuels posés par l'application des lois étrangères, S. 47: „si vous reprenez les textes de Saint-Just, Robespierre et Bonaparte qui en sont les fondateurs après Montesquieu, la Cour [de cassation] n'avait pas été instaurée pour sauvegarder l'unité et l'uniformité des lois autres que françaises".

146 *Reichert-Facilides*, Fakultatives und zwingendes Kollisionsrecht, S. 55; MünchKomm/*Münch*, vor § 1025 ZPO, RdNr. 34 und 35.

Bei der Behauptung prozessualer Parteiinteressen wird man den öffentlich-rechtlichen Charakter des Prozessrechts berücksichtigen müssen (2).

1. Prozessuale Parteiinteressen

A. Selbständigkeit und Konsensfähigkeit

Die Parteien haben einen erheblichen Teil der Verfahrenskosten zu tragen. Insoweit haben sie ein reales Interesse an einem effektiven Prozessbetrieb[147]. Dauer und Kosten des Verfahrens, mit denen sie eventuell schon bei der Festlegung des international zuständigen Gerichtsstandes rechnen konnten, tragen dazu bei, dass sie in internationalen Rechtsstreiten öfters von sich aus eine gütliche Einigung anstreben[148].

Die Regeln und die Anforderung des Streitverfahrens werfen für jede Parteien neue, selbstständige Fragen auf. Das Interesse gilt nicht mehr „nur" der möglichst vorteilhaften Lösung der Streitsituation als solcher, sondern auch einem günstigen, schnellen und gerechten Zustandekommen dieser Lösung.

Anders als die materiell-rechtlichen Interessen sind die prozessualen Interessen der Parteien konsensfähig, denn sie streben ein Ziel an, das für beide Parteien gleichermaßen gilt.

Prozessuale Interessen könnten für die Parteien mehr Gewicht haben als das Interesse an einem durch die Anwendung einer fremden Rechtsordnung notwendigerweise weniger voraussehbaren Ergebnis. Angesichts der Prozess- und Kostenrisiken erweist sich der Rückzug auf die *lex fori* oft als kluge Prozesstaktik[149]. Eine prozessuale Einigung bezüglich des anwendbaren Rechts würde lange nicht bedeuten, dass der Kläger auf sein subjektives Recht verzichtet. Es kann also durchaus zu einer Vereinbarung aus finanziellen, zeitlichen und qualitativen Erwägungen kommen. Dies widerspricht der Ansicht, nach der naturgemäß kein gemeinsames Interesse festgestellt werden könnte, wenn der Prozess erst begonnen hat[150].

147 Zum prozessrechtlichen Interesse an einer höheren „Verfahrensqualität" durch nachträgliche Vereinbarung zugunsten der *lex fori* siehe *Reichert-Facilides*, Fakultatives und zwingendes Kollisionsrecht, S. 52 ff.

148 *Fentiman*, Foreign law in English courts, S. 26 f.; *Wagner*, FamRZ 2003, 807.

149 *Reichert-Facilides*, Fakultatives und zwingendes Kollisionsrecht, S. 53.

150 *Hartenstein*, Die Privatautonomie im IPR als Störung des europäischen Entscheidungseinklangs, S. 75.

Die dargelegten prozessualen Erwägungen sprechen dafür, dass die Prozessparteien im Laufe des Verfahrens noch die Möglichkeit haben sollten, von der Kollisionsnorm abzurücken, gleich ob materiell-rechtliche Vorkehrungen zum Kollisionsrecht in Form einer Rechtswahl getroffen worden sind oder nicht.

Allzu oft wird das materielle Recht „als das Reich grundsätzlich unbeschränkter Vertragsfreiheit aufgefasst und als solches dem Prozessrecht gegenüber gestellt, in dem die Disposivität von Normen und die Disponibilität von Rechten grundsätzlich zu verneinen sind“[151].

Das Prozessrecht nimmt materiell-rechtliche Wertungen auf[152]; es muss allerdings auch den selbstständigen prozessualen Interessen der Parteien gerecht werden. Der Prozess dient zwar der Durchsetzung von subjektiven Rechten; aber die Durchsetzung von subjektiven Rechten hängt davon ab, was den Parteien verfahrenstechnisch möglich ist[153]. Bei immer zwingendem Prozessrecht könnten die spezifischen Interessen der Parteien im Prozess nicht berücksichtigt werden.

Anpassungen in Form von Dispositivität sind also nicht nur im materiellen Recht wünschenswert, sondern auch im Prozessrecht. Die ZPO hat sicherlich „keinen exklusiven Anspruch auf mit rechtsstaatlichen Grundsätzen vereinbarte Verfahrensreglungen“; „ein Verlassen der eingefahrenen Bahnen des Normalprozesses [führt] nicht notwendig auch zu einen Verlust an Verfahrensfairness“[154].

Wie das Prozessrecht kommt das Kollisionsrecht im Prozess zu seiner wesentlichen Bedeutung. Den Parteien sind auch im IPR Anpassungsmöglichkeiten einzuräumen, angesichts deren prozessualen Interessen in einem Fall mit Auslandsbezug, Kosten und Unsicherheiten zu vermeiden[155].

---

151 *Wagner*, Prozessverträge, S. 124.

152 *Wagner*, Prozessverträge, S. 66f. , 89, 97, 101, 103 ff., 113, und S. 628, 632, 638, insbesondere auch S. 7: Eigentlich lassen sich die für die ZPO grundlegenden Dispositions- und Verhandlungsmaximen „nur unter Rügriff auf das materiell-rechtliche Prinzip der Privatautonomie verstehen und normativ überzeugend rechtfertigen“.

153 *Fentiman*, Foreign law in English courts, S. 74: „There is certainly a willingness to accept that the scope of substantive rights may properly depend on what is procedurally possible, rather than to insist that procedures should give effect to substantive rights“.

154 *Wagner*, Prozessverträge, S. 67.

155 *Fentiman*, Foreign law in English courts, S. 293: „[People] certainly wish to avoid the cost and anxiety of the litigation process. Choice of law rules should be designed to fulfil this prophylactic role“.

2. Staatliche Zielsetzungen für den Zivilprozess

Dem aus dem öffentlich-rechtlichen Charakter des Prozessrechts hergeleiteten Argument gegen die Zulässigkeit von Dispositionen der Parteien im Prozess wird das Prinzip „*in dubio pro libertate*" entgegengehalten. Nach diesem Prinzip soll unter der Geltung des Grundgesetzes grundsätzlich erlaubt sein, was nicht aus zwingenden Gründen und aufgrund eines Gesetzes verboten ist[156].

Parteidispositionen im Zivilprozess stehen ohnehin im Einklang mit dem staatlichen Ziel der Durchsetzung materieller subjektiver Rechte (A) und mit dem eigenen Interesse des Staates (B).

A. Die Verwirklichung subjektiver Privatrechte

Im Zivilprozess gibt der Richter den Parteiinteressen prinzipiell den Vorrang gegenüber Allgemeininteressen wie dem strengen Einhalten der Verfahrensregeln[157].

So erklärt sich in Frankreich, warum die Cour de cassation gelegentlich Entscheidungen nicht nur zensiert, sondern auch gleichzeitig ersetzt (ohne also das aufgehobene Urteil zurückzuweisen zur erneuten Entscheidung in der gleichen Instanz – „*cassation sans renvoi*") oder Argumente prüft, die von den ersten Richtern außer Acht gelassen worden sind („*réponse à des conclusions délaissées*"): Dieses Verhalten erspart den Parteien Zeit und Geld[158].

Die Cour de cassation befürwortet nicht immer die Herbeiführung von juristisch richtigen Lösungen, sondern entscheidet auch gelegentlich pragmatisch in Anlehnung an eine bestimmte rechtspolitische Linie bzw. in Reaktion auf ein neues Problem aus der Praxis oder sogar *contra legem* zugunsten einer schwächeren Partei.

Drei Beispiele aus dem Vertragsrecht sollen diese *décisions en opportunité* veranschaulichen.

Das oberste Gericht Frankreichs traut sich gelegentlich, gänzlich fiktive Verträge zu erfinden, die von der tatsächlichen Rechtslage abweichen, um eine abschreckende Sanktion[159] oder eine Entschädigungspflicht ohne Verschulden[160]

---

156 Vgl. Art. 2 Abs. 1 GG; Art. 5 der *Déclaration des Droits de l'Homme et du Citoyen* von 1789; *Carbonnier*, Droit Civil, Les Obligations, S. 51; *Schlosser*, Einverständliches Parteihandeln im Zivilprozess, S. 1 ff., 9 ff.; *Wagner*, Prozessverträge, S. 58, 79.

157 *Bellet* in Les problèmes actuels posés par l'application des lois étrangères, S. 48.

158 *Perdriau*, Le pragmatisme de la Cour de cassation, JCP 2001 Nr.47, 2143, 2145.

159 *Jurisprudence des „loteries publicitaires*", Cass. civ. 1ère 12.6.2001, die vertragsrechtliche Fiktion wird eingesetzt, um der zunehmenden Praxis aggressiven Werbe-

herbeizuführen. Manchmal greift die Cour de cassation auf die arglistige Täuschung (*dol*) zurück, weil sie der Klage stattgeben will trotz Ablaufs der Verjährungsfrist angesichts der normalerweise anwendbaren Spezialregelungen des versteckten Mangels (*bref délai du vice caché*)[161]. Im gleichen Sinne sorgen die Revisionsrichter dafür, dass dem verfassungsrechtlich geschützten Grundstückseigentum Vorrang eingeräumt wird vor der zwingenden Geltung eines Vertrags nach Artikel 1134 des Code Civil[162].

Die objektiven Allgemeininteressen, wie etwa die Wahrung der Rechtsordnung und Sicherung des Rechtsfriedens, sind „dem Primärziel der Verwirklichung subjektiver Privatrechte nachgeordnet und akzessorisch"[163]. „Auch die elementaren Garantien des Prozessrechts sind zuallererst durch das Interesse der rechtssuchenden Partei an einem fairen Verfahren und nur sekundär und mittelbar durch öffentliche Interessen motiviert"[164].

B. Das eigene Interesse des Staates

Die aufgezeigten Mängel zeigen, dass Effektivitätssteigerungen im starren und unflexiblen Gerichtsverfahren auch aus der Sicht des Staates dringend benötigt werden. Zum einen würden sich Vereinbarungen über ein Abweichen von

---

verhaltens insbesondere dem Versand von verlogenen Gewinnbenachrichtigungen entgegenzusteuern; sie geht noch einen Schritt weiter als die auf einem Verschulden basierende Rechtsprechung – vgl. Cass. civ. 1ère 19.10.1999, Cass. civ. 2ème 26.10.2000 – denn sie kann über den erhofften Gewinn oder die Vertragserfüllung zur Überweisung der gesamten versprochenen Summe führen; *Lecourt*, JCP 1999 I, 155; *Mazeaud*, D. 2002, 2963 ff.

160 Insbesondere im Falle einer von einem Gegenstand verursachten Körperverletzung (z.B. bei einem Umzug), wenn das Schuldrecht nicht anwendbar ist, wird auf die Fiktion der *conventions d'assistance bénévole* zurückgegriffen, damit die verletzte Person entschädigt wird: Vgl. Cass. civ. 1ère 16.7.1997, D. 1998, 566 Anm. *Arhab*, RTD civ. 1997, 944 Anm. *Jourdain*; Cass. civ. 1ère 16.12.1997, D. 1998, 580 Anm. *Viala*.

161 Cass. civ. 3ème 29.11.2000, Bull. 2000 III n°182, S. 127.

162 Die Cour de cassation nimmt der einseitigen Verkaufsversprechung (*promesse unilatérale vente*) das Wesen als Vertrag, wenn sie den Rücktritt von der Versprechung vor Ablauf der Annahmefrist duldet (auch wenn dieser Vertragsbruch natürlich zu Schadensersatz berechtigt): Cass. civ. 3ème 15.12.1993, D. 1994, 507 Anm. Bénac-*Schmidt*, D. 1994, Somm. 230, Anm. *Tounafond*, D. 1995, Somm. 87 Anm. *Aynès*, JCP 1995 II 22366, Anm. *Mazeaud*, Defrénois 1994, 795, Anm. *Delebecque*; bestätigt durch Cass. civ. 3ème 26.6.1996, D. 1997, Somm. 169, Anm. *Mazeaud*, JCP éd. N 1997 II 909, Anm. *Stapylton-Smith*, Petites Affiches 30.5.1997, Anm. *Bévière*.

163 *Wagner*, Prozessverträge, S. 59 f.

164 *Wagner*, Prozessverträge, S. 73 f.

den vorgezeichneten Bahnen des Kollisionsrechts als hilfreich erweisen, um den zunehmenden finanziellen Ressourcenproblemen im Bereich der Justiz Rechnung zu tragen. Denn sie würden dazu dienen, das Verfahren zu vereinfachen, abzukürzen oder sogar ganz zu vermeiden[165]. Zum anderen ist mehr Flexibilität absolut notwendig geworden, um der mittlerweile bedrohlichen Tendenz zur Schiedsgerichtsbarkeit entgegenzuwirken. Beobachter haben sogar geschätzt, dass heute 80-90% der Verträge im grenzüberschreitenden Wirtschaftsverkehr eine Schiedsklausel enthalten[166].

Die Problematik des fakultativen Kollisionsrechts beruht jedoch nicht nur auf prozessuale Erwägungen. Grundlegende kollisionsrechtliche Überlegungen kommen hinzu.

V. Wandlungen der kollisionsrechtlichen Perspektive

Der Blick auf die Praxis, Überlegungen um die Aufgaben des IPR und eine inhaltliche Analyse der heutigen IPR-Regeln führen zur Rückbesinnung der Kollisionsnorm (1) und fordern auf, sich über die herkömmliche Dogmatik des IPR neue Gedanken zu machen. Der Grundsatz der Gleichwertigkeit wird zunächst in Frage gestellt. Eine unvoreingenommene Analyse macht deutlich, dass das ausländische Recht nicht wie das inländische behandelt wird (2). Außerdem werden zwei herausragende Ziele im heutigen IPR durch die Neuorientierung der kollisionsrechtlichen Sichtweise an den Parteiinteressen sichtbar, ohne jedoch die öffentlich-rechtliche Funktion der Kollisionsnorm auszublenden, namentlich die internationale Anerkennung, Zeichen des friedlichen Nebeneinanders verschiedener Rechtssysteme, und die Rechtssicherheit, die sowohl eine subjektive als auch eine objektive Dimension hat (3).

1. Rückbesinnung auf die Kollisionsnorm

A. Eine inländische Norm

Das IPR ist nationales Recht und hängt mit dem jeweiligen materiellen Recht zusammen. Es ist nicht universell. Jede nationale Rechtsordnung hat ihre Ge-

---

165 *Wagner*, Prozessverträge, S. 79, 83, 84: „Es besteht ein öffentliches Interesse an der Bereitstellung eines effektiven Rechtsschutzapparats, der den Streit in möglichst kurzer Zeit erledigen kann und dabei möglichst geringe Kosten verursacht".

166 *Schwab/Walter*, Schiedsgerichtsbarkeit, Kap. 41 RdNr. 1.

schichte, ihre sozialen Werte, ihre Persönlichkeit. Sie ist einer Kultur, einer Rechtstradition, einer sozialwirtschaftlichen Struktur angepasst[167].

Nehmen wir das Beispiel des Personalstatuts in England und in Frankreich. Der Anknüpfungsmoment auf der Insel ist das sogenannte *domicile*[168], das eine gewisse soziale Homogenität sichert und in Einwanderungsländern, in denen viele Staatsangehörigkeiten vertreten sind, für Integrationszwecke bevorzugt wird[169]. In Frankreich ist die Staatsangehörigkeit maßgebend für das Personalstatut, ein Anknüpfungspunkt, der eine gewisse Stabilität und Kontinuität im rechtlichen Umgang mit dem Betroffenen sicherstellt. Diese unterschiedlichen Ansätze konvergieren wiederum durch die Definition der Anknüpfungskriterien[170]. Denn der Begriff *domicile* hat in den jeweiligen Länder international privatrechtlich zwei verschiedene Bedeutungen. In England hat man eine sehr persönliche und emotionalgeprägte Vorstellung des *domicile*[171], Erbstück der Kolonialzeit, in der das Angehörigkeitsgefühl entscheidend ist, während das Wort in Frankreich eher als Synonym für den ständigen Aufenthalt verwendet wird. Ein Engländer, der zwar schon vier Jahre in Australien lebt, der aber zuvor in England aufgewachsen ist und in seinem neuen Wohnort, nur englische Radioprogramme hört, die englische Zeitung liest und alltäglichen Kontakt zu seiner Heimat pflegt, hat sein *domicile* im englischen Sinne noch in England. Die französische Sichtweise würde ganz klar ein australisches *domicile* erkennen.

Man sieht daran, dass sich bedeutende kulturelle Traditionen hinter den kollisionsrechtlichen Begriffen und Normen verbergen.

Besonders in den Bereichen, wo öffentliche Interessen auf dem Spiel stehen, zum Beispiel beim Schutz „schwächerer" Parteien (Kinder, Arbeiter, Verbraucher, Unterhaltsgläubiger), möchte der Gesetzgeber sicherstellen, das ein bestimmtes Ergebnis erreicht wird, das den einheimischen Anschauungen entspricht. Das öffentliche Interesse, das die Belange der Allgemeinheit gegenüber Individualinteressen vertritt, ist im Einzelfall durch eine Gesamtschau von Sinn und Zweck der jeweiligen gesetzlichen Regelung zu erkennen[172].

---

167 *Francescakis*, Revues, Rev. Crit. 1961, 260: „Le droit international privé est [...] une discipline historique. Il l'est à tel point que, coupé de la tradition, il apparaîtrait proprement inintelligible".

168 *Cheshire/North/Fawcett*, Private International Law, S. 138 ff.; *Wagner*, FamRZ 2003, 806.

169 Vgl. *Ancel/Lequette*, GAJDIP, 1 RdNr. 4-5.

170 Vgl. *Cheshire/North/Fawcett*, Private International Law, S. 165 ff.

171 *Cheshire/North/Fawcett*, Private International Law, S. 139 ff., daher auch die Unterscheidung zwischen *domicil of origin* und *domicil of choice*; vgl. Art. 3 (2) der EG-VO Nr. 2201/2003 des Rates vom 27. November 2003, Amtsblatt EG L 138 vom 23.12.2003, S. 1.

172 Vgl. *Creifelds*, Rechtswörterbuch, S. 953.

Das IPR-System ist von den einheimischen Vorstellungen geprägt. Bedeutungsvolle Anknüpfungsfaktoren sind nicht die einzigen Zeichen dafür. Die „Persönlichkeit“ der nationalen Rechtsordnung kommt im kollisionsrechtlichen Verweisungsvorgang in verschiedenen Formen zum Ausdruck: Ersatz-[173] und Alternativanknüpfungen[174], materiell-rechtlich gefärbte Regeln[175] (im französischen IPR spricht man von *règles à rattachement subsidiaires, alternatifs, à coloration matérielle*). Die öffentliche Interessen berührende Rechtsnorm wird so gestaltet, dass sie bei jedem Einsatz die wesentlichen Überzeugungen der Heimat vorweg zum Ausdruck bringt. Die kollisionsrechtliche Verweisung wird in Hinblick auf ein materielles Ergebnis gesteuert und nicht mehr nach den engsten Verbindungen. Das öffentliche Interesse wird schon strukturell berücksichtigt[176]. Notfalls wird das „blinde“ Verweisungssystem ausgeschaltet und eine unmittelbar anzuwendenden Sachvorschrift (die französische *loi d'application immédiate*) eingesetzt, um bestimmte dringende politische Zielsetzungen umzusetzen. Zu den Techniken der nachträglichen Durchsetzung einheimischer Vorstellungen zählen klassische kollisionsrechtliche Figuren wie der *renvoi* und die *ordre public* Klausel (*exception d'ordre public*).

Das kollisionsrechtliche System neigt also dazu, auch in der klassischen Lehre, die eine neutrale Verweisung auf die sachnächste Rechtsordnung befürwortet, sich nach den inländischen Werten zu richten. Ein weiteres in Vergessenheit geratenes Merkmal ist die doppelte Funktion des IPR.

B. Die doppelte Funktion des IPR

Das IPR hat nicht nur eine Verweisungsfunktion (a), sondern auch eine diplomatische Aufgabe (b).

a) Die Verweisungsfunktion

Ausgehend von den Ideen der Selbstbestimmung und der Chancengleichheit[177], soll das IPR auf die Rechtsordnung verweisen, die mit den Sachverhalt die engsten Kontakte aufweist. Die Kollisionsnorm regelt die Rechtsbeziehungen einzelner Rechtssubjekte zueinander, indem sie die sachnächste privatrechtliche Rechtsordnung vermittelt, die wiederum den Inhalt des Urteils gestaltet.

173 Zum Beispiel Art. 14 I EGBGB oder Art. 311-14 Code Civil.
174 Zum Beispiel Art. 40 I S. 2 EGBGB oder Art. 310 Code Civil.
175 Zum Beispiel Art. 17 I EGBGB oder Art. 311-16 Abs. 1 Code Civil.
176 Vgl. *Jacquet/Delebecque*, Droit du commerce international, RdNr. 187 S. 108.
177 Vgl. *Wagner*, Prozessverträge, S. 75.

Audit, der in Frankreich ebenfalls von einer doppelten Funktion der Kollisionsnorm spricht, beschreibt die traditionelle Platzierung des Sachverhalts im Anwendungsbereich einer bestimmten Rechtsordnung auch als „Verweisungsfunktion“ (*fonction de répartition*). Zudem sieht er im normativen Eingriff in die traditionelle Struktur der Kollisionsnorm, um den Parteiinteressen antizipierend Rechnung zu tragen, eine „regulierende Funktion“ (*fonction de régulation*)[178].

Inhaltlich trifft diese Sichtweise zu, aber sie beschreibt nur die Art und Weise, wie der Staat vorgreifend, den Parteiinteressen Rechnung tragen will. Ob materiell-rechtliche Wertungen die Gestaltung der Kollisionsnorm geprägt haben oder nicht, es handelt sich nach dieser Auffassung schließlich nur um die Frage, welche Rechtsordnung im Interesse der Parteien nach objektiven Kriterien maßgebend sein soll. Auf die konkrete Sachlage wird bei dieser Differenzierung kein Bezug genommen[179].

Grundsätzlich geht man in Europa von der von den Parteien vorgetragenen Sachlage aus, um das Kollisionsproblem zu lösen, nicht von der Tragweite einer bestimmten Politik[180] des Staates nach dem Modell von *Currie*. Dieser Ansatz hat die Interessen der Parteien zum Gegenstand. Es ist daher kaum verständlich, dass die Parteien nicht einmal gefragt werden, ob die Verweisung *in concreto* überhaupt Sinn macht.

Jeder Rechtsstreit im IPR ist anders. Die Bestimmung der sachnächsten Grundlage nach einer im voraus festgelegten Verweisung kann durchaus fehlschlagen.

Das Problem liegt in der übertriebenen Bedeutung, die man der Wahl eines möglichen Anknüpfungsmoments beimisst. Es gibt keine geschlossene Liste von Anknüpfungsmomenten, die alle Konstellationen im Voraus berücksichtigen könnte. Die Kategorien des Kollisionsrechts sind unflexibel und nicht weit genug, um eine angemessene kollisionsrechtliche Reaktion herbeizuführen. *Open-ended rules* bieten auch keine Lösung, weil sie Rechtsunsicherheit und Manipulationsrisiken hervorrufen.

Die pauschale kollisionsrechtliche Zuordnung des Sachverhalts sollte also aus, neben prozessualen, auch systemimmanenten Gründen unbedingt wieder in Frage gestellt werden.

---

178 *Audit*, Droit international privé, RdNr. 99 S. 82.

179 *De Boer*, Facultative Choice of Law, 257 Recueil des Cours (1996), S. 278.

180 Vgl. *De Boer*, Facultative Choice of Law, 257 Recueil des Cours (1996), S. 247: „In the European approach, factual connections rather than policies determine the outcome of choice-of-law process“.

Die Auffassung von *Audit* ist außerdem bezeichnend dafür, dass die öffentlich-rechtliche Resonanz der Kollisionsnorm in der Dogmatik erst gar nicht hinterfragt wird[181].

b) Die diplomatische Aufgabe

Die Kollisionsnorm ist auch international angelegt und wirkt wegen ihrer internationalen Relevanz auf das Verhältnis der staatlichen Institutionen zueinander[182], nachdem sie – wie gerade gesehen – anhand inländischen sachrechtlichen Erwägungen rechtspolitisch geprägt und gestaltet worden ist. Insbesondere zieht sie für jeden Staat die Grenzen seiner gesetzgeberischen Kompetenz[183].

Diese öffentlich-rechtliche Dimension des IPR stellt die Materie vor eine schwierige Herausforderung: Die eigene Subjektivität nicht zu leugnen. Aus der Anerkennung einer solchen Relativität[184] ergibt sich die diplomatische Aufgabe des Kollisionsrechts.

Jede Rechtsordnung, mit der ein Rechtsverhältnis in Berührung kommt, enthält seine eigenen subjektiven Regeln, nämlich die Kollisionsnormen, um den „Sitz" dieses Rechtsverhältnisses zu lokalisieren. Diese von heimatlichen Vorstellungen geprägten Regeln führen gelegentlich zu unterschiedlichen Ergebnissen.

Geht man vom Sitz des Rechtsverhältnisses aus, kann es zwar zur Anwendung des Sachrechts nur eine berufene Rechtsordnung geben. Aber *die* berufene Rechtsordnung zur Anwendung des Sachrechts wird wiederum von *einer* der Rechtsordnungen designiert, mit der das Rechtsverhältnis einen Kontakt aufweist. Die Tatsache, dass ein Rechtsverhältnis einen – wenn auch nur geringen – Bezug zu einer anderen Rechtsordnung als die des angerufenen Gerichts aufweist, soll bewusst machen, dass sich der Staat des nicht angerufenen Gerichts, für den Fall interessieren könnte.

Stellt man sich einen Sachverhalt vor, der Verbindungen zu zwei Rechtsordnungen aufweist, so fordert die *Comitas* oder völkerrechtliche Höflichkeit[185] beide Staaten dazu auf, die Tatsache zu akzeptieren, dass die Rechtsordnung des

181 Vgl. *Muir Watt*, La fonction de la règle de conflits de lois, Introduction S. I.

182 Vgl. *Creifelds*, Rechtswörterbuch, S. 1058.

183 So auch *Loquin* in Les problèmes actuels posés par l'application des lois étrangères, S. 57.

184 Vgl. *Niboyet* Gaz. Pal. 61 1.3.2000, 41: „l'évolution contemporaine du droit international privé [prend] en compte la relativité de toute règle de rattachement"; *Muir Watt*, Justices 1997, 269.

185 Innerhalb Europas könnte darüber hinaus auf die Verpflichtung zur loyalen Zusammenarbeit aus Art. 10 EGV abgestellt werden.

jeweiligen anderen Staates auch Gründe haben könnte, diesen Fall entscheiden zu wollen.

Mit dem Kollisionsrecht beweist ein Staat, dass er einen internationalen Sachverhalt nicht willkürlich behandelt. Was vor allem zählt ist, dass der kollisionsrechtliche Vorgang von vornherein feststeht. Allein diese Funktionsweise kann sicherstellen, dass nationale Entscheidungen im Ausland anerkannt werden, auch wenn stillschweigend jedem klar bleibt, dass ein Forum grundsätzlich lieber seine eigene Rechtsordnung heranziehen würde.

Insofern ist das Kollisionsrecht der Preis, den jeder Staat zahlt, um die Tragweite seiner eigenen Rechtsordnung bestimmen zu können und um die Anerkennung seiner Entscheidungen im Ausland zu fördern. Das Anerkennungsbedürfnis ist die Triebfeder der kollisionsrechtlichen *Comitas*.

Die Kollisionsnorm hat also zwei Funktionen: Eine öffentlich-rechtliche, die auf die materiell-rechtlichen Unterschiede zwischen den einzelnen nationalen Rechtsordnungen zurückzuführen ist und die internationale Anerkennung anstrebt; eine privatrechtliche, die Lokalisierung des Rechtsverhältnisses, die die vielfältigen und wechselhaften Parteiinteressen im Zivilprozess berücksichtigen soll. Die erste verlangt Systematik und Verbindlichkeit; die zweite erfordert Flexibilität und Zugänglichkeit.

Es stellt sich heraus, dass gerade die öffentlich-rechtliche Funktion an der Ausgestaltung der heutigen europäischen IPR-Systeme maßgeblich beteiligt war. Dem Außenverhältnis, das heißt den interstaatlichen Beziehungen, wurde sicherlich mehr Bedeutung beigemessen als dem Innenverhältnis oder der Beziehung Gesetzgeber-Bürger. Das Ziel des friedlichen Nebeneinanders unterschiedlicher Rechtssysteme, das Fokussieren auf Souveränitätsfragen haben die Kollisionsnorm zur Supernorm gekürt; keine andere Norm dieser technischen Komplexität genießt heute eine solche Hochachtung. Sie gilt als unfehlbar. Ab und zu wird sie neu geschliffen, aber man denkt nicht daran, ihre „prozessuale Tyrannei“ anzufechten. Die öffentlich-rechtliche Dimension des Kollisionsrechts ist mittlerweile durch ihre Selbstverständlichkeit in einem Ausmaß ausgeweitet worden, die ihre Begründung verloren hat und die vor allem den privat-rechtlichen Sinn und Zweck der Materie völlig verschleiert. Mit dem Wegfall des überkommenen Souveränitätsdenkens im heute zusammenrückenden Europa kommt es wieder auf die Bedürfnisse der Rechtsadressaten maßgeblich an[186].

186 *Heß*, Nouvelles techniques de la coopération transfrontière en Europe, Rev. Crit. 2003, 237.

2. *Das ausländische Recht im IPR*

A. *Gleichwertigkeit des ausländischen Rechts*

Der Ansatz, kollisionsrechtliche Justiz setze Gleichwertigkeit der einzelnen Rechtsordnungen voraus, ist insofern illusorisch[187], als im Nachhinein das Ergebnis mehr Gewicht hat als der Verweisungsvorgang als solcher. Wie wäre sonst zu begründen, dass Kollisionsnormen heute in erster Linie zur Durchsetzung der einheimischen Vorstellungen gestaltet werden?[188] Selbst wenn die kollisionsrechtliche Verweisung doch noch unerwünschte Konsequenzen angesichts der *lex fori* nach sich zieht sollte, kann man auf *ordre public* Vorbehalte zurückgreifen. Sollten alle Rechtsordnungen gleichwertig sein, müsste man die designierte Rechtsordnung konsequent und ausnahmslos immer anwenden, auch wenn das Ergebnis sich als unbefriedigend erweist, sonst würde diese Behauptung deutlich an Aussagekraft verlieren.

Wagner vertritt auch die Meinung, dass sich eine völlige Gleichstellung von ausländischem und inländischem Recht nicht durchhalten lässt und nennt verschiedene überzeugende Argumente dafür[189]: Zum einen unterwirft § 293 S. 1 ZPO das ausländische Recht dem Beweisrecht[190]; zum anderen ist die Klage nicht abzuweisen, wenn der Nachweis ausländischen Rechts scheitert, sondern unter Anwendung der *lex fori* zu entscheiden; die Revision findet im Hinblick auf das Auslandsrecht nicht statt; Kollisionsrecht sollte in Verfahren des einstweiligen Rechtsschutzes beiseite gelassen werden.

Die Idee der Gleichwertigkeit von inländischen und ausländischen Recht[191] erweist sich auch aus dem Standpunkt des entscheidenden Richters als nicht so überzeugend. Für ihn ist das inländische Rechtssystem ein besserer Werkzeugkasten als jedes andere, weil er damit effizienter arbeiten kann. Das „Heimwärts-

187 *Kegel*, Begriffs- und Interessenjurisprudenz im internationalen Privatrecht in Festschrift Lewald, S. 270: „Jeder Staat hält sein Privatrecht für das gerechteste, weil er es sonst nicht erlassen und beibehalten hätte"; gleicher Ansicht: *De Boer*, Facultative Choice of Law, 257 Recueil des Cours (1996), S. 403

188 Gleicher Ansicht: *De Boer*, Facultative Choice of Law, 257 Recueil des Cours (1996), S. 291 ff.

189 *Wagner*, ZEuP 1999, 25.

190 So auch *Hartenstein*, Die Privatautonomie im IPR als Störung des europäischen Entscheidungseinklangs, S. 65: „So steht das ausländische Recht nicht in jeder Beziehung der *lex fori* gleich, sondern ist oder war teilweise vom Grundsatz *iura novit curia* ausgenommen und beweisbedürftig".

191 Vgl. Résolutions adoptées par l'Institut de Droit International à sa session de St Jacques-de-Compostelle 1989, RabelsZ. 54 (1990), 160-175 und IPRax 1990, 70-71.

streben" der Richter erscheint so gesehen als ein ganz „natürliches" Verhalten[192]. Der vierte Absatz der Santiago Beschlüsse des Institut de Droit International zur „Gleichbehandlung von *lex fori* und ausländischem Recht"[193] lehnt die Idee einer „natürlichen Überlegenheit" (*„supériorité de nature"*) der *lex fori* zwar ab; dass die *lex fori* nach wie vor in der Praxis natürlich bevorzugt wird, kann jedoch nicht geleugnet werden. Die *lex fori* ist nicht „besser", sondern „besser zugänglich". Sie hat daher auf die Lösung eines kollisionsrechtlichen Sachverhalts eine sehr starke Anziehungskraft.

Man könnte dabei noch auf *Flessner's* Bemerkung Bezug nehmen, dass die Möglichkeit, den Sachverhalt nach der *lex fori* (anstatt dem eigentlich berufenen Recht) zu beurteilen, durchaus wünschenswert ist, weil nur ihre Anwendung den Parteien eine sachgerechte Entscheidung gewährleistet. Gleichberechtigung setzt tatsächliche Gleichheit voraus. In diesem Sinne können verschiedene Rechtssysteme aber nur „gleich" sein, soweit sie jeweils in ihrem Heimatland praktiziert werden. Anderenfalls, nämlich wenn das eine im Heimatland, das andere aber von ausländischen Gerichten zur Geltung gebracht wird, sind sie „ungleich"[194].

Ausländisches Recht wird jedenfalls prozessual anders behandelt als inländisches[195]: Das ausländische Recht kann nicht, was seine Kenntnis anbelangt, den gleichen Status haben wie das einheimische Recht. Man erwartet nicht vom Richter, dass er es genauso gut beherrscht wie sein eigenes Recht[196].

B. Die prozessuale Sonderstellung des ausländischen Rechts

Vor deutschen Gerichten wird ausländisches Recht als Recht betrachtet[197], aber man ist sich darüber einig, dass diese Einordnung für seine prozessuale Be-

---

192 *Nussbaum*, Deutsches Internationales Privatrecht, unter besonderer Berücksichtigung des österreichischen und schweizerischen Rechts, 43; *Vekas*, Codification of the Private International Law in Hungary, Hungarian Law Review 1-2 1981, 39: „*Lex fori* to a certain extent, is a natural reality".

193 Résolutions adoptées par l'Institut de Droit International à sa session de St Jacques-de-Compostelle 1989, RabelsZ. 54 (1990), 160-175 und IPRax 1990, 71.

194 *Flessner*, RabelsZ. 34 (1970), 562.

195 *Fauvarque-Cosson*, Libre disponibilité des droits et conflits de lois, S. 3.

196 *Lemontey/Rémery*, Rapport de la Cour de cassation 1993, S. 85.

197 Eine bezeichnende Konsequenz daraus zieht *Leipold*, Stein/Jonas Komm. ZPO § 293, RdNr. 33 und RdNr. 54: „Die Behauptungen über das Bestehen von ausländischen Rechtssätzen sind keine Tatsachenbehauptungen und werden daher bei Säumnis des Beklagten [...] nicht von der *Geständnisfiktion* nach § 331 Abs. 1 und § 542 Abs. 2 ZPO [bzw. § 539 Abs.2 seit dem ZPO-RG vom 27.7.2001] erfasst" →

handlung keine Rolle spielt[198]. Jedenfalls ist das ausländische Recht kein Bestandteil der inländischen Rechtsordnung. Vielmehr wird nach dem Wortlaut des § 293 ZPO das in einem anderen Staat geltende „Recht" dem Begriff „Rechtsnormen" ausdrücklich untergestellt[199].

Ausländisches Recht wird prozessual wie eine Tatsache behandelt und dem Beweiserfordernis unterworfen, sofern es nicht schon gerichtsbekannt ist. Nach § 293 ZPO können die Parteien bei der Feststellung des ausländischen Rechts mitwirken. Sie bringen Nachweise für den Inhalt des anzuwendenden fremden Rechts. Diese aktive Rolle wird nicht dadurch erklärt, dass ausländisches Recht für deutsche Gerichte kein Recht ist, sondern dadurch, dass wegen der mangelnden Vertrautheit des Richters mit ausländischem Recht dieses Vorgehen zweckmäßig sein kann. Dazu wird auch behauptet, § 293 ZPO lockere die richterliche Pflicht zur Rechtsanwendung, beseitige sie aber nicht[200]. Laut herrschender Meinung ist das anzuwendende Recht im Bereich von § 293 ZPO *ex officio* festzustellen[201]. Es bestehe eine richterliche Erforschungspflicht. § 293 ZPO bedürfe in diesem Sinne keiner bestimmten Parteibehauptungen über die anzuwendenden Rechtssätze. Selbst ein übereinstimmender Parteivortrag oder die Tatsache, dass sich keine der Parteien auf die Anwendbarkeit ausländischen Rechts beruft, ändere nichts an der bestehenden Verpflichtung des Gerichts[202].

An der richterlichen Pflicht, das designierte ausländische Recht von Amts wegen zu ermitteln, ist nichts auszusetzen. Es bleibt allerdings unersichtlich, warum die Bestimmung des § 293 ZPO die Idee eines fakultativen Kollisionsrechts ausschließen würde[203].

§ 293 ZPO beantwortet nicht die Frage, *ob* ausländisches Recht anzuwenden ist, sondern *wie* das Gericht das ausländische Recht zu ermitteln hat[204]. Es zeigt sich also, dass diese Vorschrift nur den prozessualen Status ausländischen

---

das Gericht muss auch in diesem Fall die Rechtslage von sich aus prüfen; MünchKomm/*Prütting*, § 293 ZPO, RdNr. 1.

198 *Flessner*, RabelsZ. 34 (1970), 555; MünchKomm/*Prütting*, § 293 ZPO, RdNr. 14.

199 *Müller*, Die Anwendung ausländischen Rechts im internationalen Privatrecht, S. 68.

200 *Leipold*, Stein/Jonas Komm. ZPO § 293, RdNr. 33.

201 BGHZ 77, 32 = NJW 1980, 2022; BGH NJW-RR 1986, 484; *Schack*, Internationales Zivilverfahrensrecht, 2002, RdNr. 626; *Linke*, Internationales Zivilprozess, RdNr. 269.

202 MünchKomm/*Prütting*, § 293 ZPO, RdNr. 47.

203 Vgl. *Einsele*, RabelsZ. 60 (1996), 421; *v. Bar*, Internationales Privatrecht, § 7, RdNr. 541; MünchKomm/*Sonnenberger*, Einl. IPR, RdNr. 206; vgl. auch vom Standpunkt der Fakultativitätsthese aus *De Boer*, Facultative Choice of Law, 257 Recueil des Cours (1996), S. 341 f., da er in Deutschland eine Gesetzänderung für erforderlich hält.

204 *Wagner*, ZEuP 1999, 16.

Rechts zum Gegenstand hat, während die Fakultativitätsthese am prozessualen Status der Kollisionsnorm ansetzt.

Die Frage, *ob* ausländisches Recht anzuwenden ist, wird über das Kollisionsrecht geregelt. Es sind zwei Etappen: Bevor das ausländische Recht zur Anwendung kommen kann, muss es vom inländischen Recht, nämlich vom Kollisionsrecht, designiert werden. Die tatsächliche Anwendung dieser Rechtsordnung ist sozusagen ein zweiter Schritt. Hier leuchtet ein, dass ausländisches Recht dem inländischen zwangsläufig nachgeordnet ist und deshalb ihm prozessual nicht gleichstehen kann: Es kommt nur zu Geltung, weil die formellen inländischen Regelungen dies zulassen.

Die bloße Berufung darauf, dass Kollisionsrecht inländisches Recht ist, führt nicht weiter, solange nirgends gesagt wird, dass Kollisionsrecht selbst immer zwangsläufig zur Anwendung kommen soll.

Diese Bemerkungen verweisen auf die klare Unterscheidung, die von der Dogmatik vorgenommen wird, zwischen der kollisionsrechtlichen Ebene und derjenigen der Ermittlung ausländischen Rechts. Die erste bestimmt die *Anwendbarkeit* des ausländischen Rechts, die zweite dessen *Anwendung*[205].

3. Kollisionsrechtliche Parteiinteressen

Nachdem die prozessualen Interessen dargestellt wurden, wird jetzt untersucht, inwiefern die Parteien kollisionsrechtliche Interessen haben könnten.

A. Internationale Anerkennung

Die internationale Anerkennung gilt schon immer als vorrangiges Ziel des IPR im Interesse der Parteien. Lange Zeit begründete die zwischenstaatliche Bedeutung der Anerkennung das zwingende Einschalten der Kollisionsnorm (a). Inzwischen hat sich mit der Intensivierung des grenzüberschreitenden Rechtverkehrs die Sichtweise entwickelt und es ist mehr Spielraum für die Parteien entstanden (b).

a) Ein Ziel von zwischenstaatlicher Bedeutung

Das Ideal der systematisch neutralen Verweisung des IPR ist die diplomatische Fassade der Kollisionsnorm. Der eigentliche Grund, der dahinter steht, ist

205 Vgl. hierzu *Alexandre* in Les problèmes actuels posés par l'application des lois étrangères, S. 21, 29.

das Bedürfnis nach internationaler Anerkennung gerichtlicher Entscheidungen. Die Anerkennung und die Freizügigkeit des Urteils soll im Interesse der Parteien gewährleistet sein. Die immer mehr international verkehrenden Parteien wollen sich überall auf das erwirkte Urteil berufen können.

Es wurde gezeigt, dass ein Staat der eigene Entscheidungen in das Ausland exportieren will, auch vorweisen muss, dass er im Gegenzug die ausländische Rechtsordnung in bestimmten Konstellationen berücksichtigt, und nicht immer nur seine eigene Rechtsordnung der Entscheidung zugrundelegt[206]. Die Dominanz der *lex fori* muss von der *Comitas* eingeschränkt werden, weil Urteile im internationalen Privatrecht von einem ausländischen Staat viel eher anerkannt werden, wenn er sich auf Gegenseitigkeit verlassen kann[207].

Wegen der interstaatlichen Bedeutung dieses Zieles der internationalen Anerkennung stellt sich nun die Frage, ob die eventuellen Eingriffsmöglichkeiten der Parteien auf kollisionsrechtlicher Ebene nicht gleich entfallen sollten.

b) Entwicklung der Sichtweise zugunsten der Parteien

Das Erscheinungsbild der *Comitas* hat sich im modernen IPR etwas geändert.

Früher wurde im Anerkennungsverfahren stets anhand der einheimischen Kollisionsnorm geprüft, ob der ausländische Richter die zuständige Rechtsordnung herangezogen hatte. Die fremde Kollisionsnorm oder zumindest ihr Anknüpfungspunkt musste mit den inländischen kollisionsrechtlichen Entscheidungen übereinstimmen, bevor die daraus resultierende Rechtsanwendung überhaupt eine Chance auf Anerkennung bekam.

Diese imperialistische Sichtweise wird heute zunehmend von der Ansicht ersetzt, man sollte den Verweisungsregeln einer fremden Rechtsordnung vertrauen, solange sie ihre Funktionsfähigkeit bewiesen haben. Immer erforderlich bliebe lediglich die Existenz eines ausgebauten kollisionsrechtlichen Systems, das die tatsächliche Anwendung ausländischen Rechts nach Regeln vorweisen kann, die im voraus festgelegt worden sind.

Ein Urteil muss im Kontext internationalen Rechts das Zeichen einer von öffentlichen Behörden durchgeführten Kontrolle tragen, bevor es eine unaufwendige, auf gegenseitigem Vertrauen beruhende Annerkennung seitens des fremden Staates überhaupt in Erwägung ziehen kann. Ein auf der Basis der desi-

---

206 Siehe V.1.B.b).

207 Die öffentlich-rechtliche Dimension des Kollisionsrechts, um die es hier geht, ist also nicht diejenige, die *Currie* – beispielsweise in Selected essays on the conflict of laws, Duke UP, Durham, NC, 1963 – beschreibt und als Ausdruck eines staatlichen Interesses für die kollisionsrechtliche Lösung an sich versteht; vgl. *Pataut*, Principe de souveraineté et conflits de juridictions, S. 17 f.

gnierten Rechtsordnung ergangenes Urteil ist genau so vorhersehbar, wie eine Entscheidung, die aus *objektiven* prozesswirtschaftlichen und rechtsfördernden Gründen von den Parteien und vom Richter gemeinsam angestrebt wird.

Es besteht jeden Anlass zu denken, dass der Anerkennungsstaat die gelegentliche Nichtanwendung der Kollisionsnorm auf Anfrage der Parteien akzeptieren würde, wenn diese Nichtanwendung durch ein im objektiven Interesse der Parteien konzipiertes Kollisionssystem zu erklären wäre.

Das Abstellen auf das Wesentliche, das heißt auf die Ermittlung des auf den privatrechtlichen Fall anwendbaren Rechts, sollte eine Einflussmöglichkeit der betroffenen Parteien offen halten hinsichtlich des Kollisionsrechts.

Der Ausschluss jeglicher Gestaltungsmöglichkeit der Parteien in Hinblick auf die kollisionsrechtliche Verweisung ist nicht mehr selbstverständlich. Denn im Zuge der beschriebenen Evolution sollte die prozessuale Behandlung der Kollisionsnorm durch das entscheidende Gericht bei der Anerkennung gar keine Rolle mehr spielen.

Die diesbezüglich gegensätzliche französische Rechtsprechung[208], wonach die Exequatur davon abhängt, dass die fremde kollisionsrechtliche Lösung mit dem französischen Kollisionsrecht harmoniert, wird zu Recht kritisiert: Wenn man der Zuständigkeit eines ausländischen Gerichts zustimmt, gesteht man ihm wohl auch das Recht zu, seine eigenen Kollisionsnormen anzuwenden[209]. Die Gerichte greifen seit kurzem wieder auf die Äquivalenztheorie zurück[210], was wiederum unter Beweis stellt, dass sie sich letztendlich nur für das Ergebnis des Urteils interessieren. Es wäre sinnvoll, von dieser Rechtsprechung entschlossen Abstand zu nehmen, vor allem, seitdem eine weitere Entscheidung bei der Überprüfung der Zuständigkeit des ausländischen Gerichtsstands die Maßgeblichkeit der französischen Zuständigkeitsnorm aufgegeben hat[211].

Entscheidend für die Anerkennung sind also die Ergebnisse des fremden Kollisionssystems, nicht seine Funktionsweise. Wenn das internationale Privat-

---

208 Cass. civ. 1ère 7.1.1964 *Munzer*, Rev. Crit. 1964, 344, Anm. *Batiffol*; JDI 1964, 302, Anm. *Goldman*; JCP 1964 II, 13590, Anm. *Ancel*.

209 Siehe *Loussouarn/Bourel*, Droit international privé, RdNr. 505 S. 630; *De Boer*, Prospects for European conflicts law in the twenty-first century, in International Conflicts of Laws for the Third Millennium, S. 207.

210 Cass. civ. 1ère 13.4.1999 *Compagnie Royale belge contre Société Lilloise d'assurances*, insb. Rev. Crit. 1999, 698, Anm. *Ancel* et *Muir Watt*; Erste Rechtsprechung zur „*équivalence des résultats*": Cass. civ. 29.7.1929 *Drichemont*, JDI 1930, 377; Cass. civ. 1ère 6.7.1988 *Lemaire*, Rev. Crit. 1989, 89, Anm. *Gaudemet-Tallon*.

211 Cass. civ. 1ère 6.2.1985 *Simitch*, Rev. Crit. 1985, 369; JDI 1985, 460, *Huet*; D. 1985, 469, Anm. *Massip* et I.R. 497, obs. *Audit*; chr. *Francescakis*, Rev. Crit. 1985, 243.

recht so ausgestaltet ist, dass es trotz Bevorzugung der *lex fori* zur regelmäßigen Anwendung von ausländischen Vorschriften kommt, sind aus kollisionsrechtlicher Perspektive keine Gründe für eine Verweigerung der Exequatur ersichtlich.

Heute wird die Beachtung der *Comitas* mit der Bereitschaft zur gegenseitigen Anerkennung eher passiv sichergestellt, als aktiv umgesetzt über imperatives Kollisionsrecht.

Gerade innerhalb der EU ist diese Tendenz deutlich: Souveränitätsvorbehalte werden durch Harmonisierungen der Verfahrens- und Kollisionsrechte und gegenseitiges Vertrauen ersetzt, und das Anerkennungsverfahren soll schrittweise abgeschafft werden.

Der Wegfall des Anerkennungsverfahrens beruht auf die Prämisse einer hinreichenden kollisionsrechtlichen Prüfung im Erststaat. Ein Staat, der seine international erfahrene kollisionsrechtliche Vorgehensweise konsequent und regelmäßig anwendet, selbst wenn sie für die Parteien prozessuale Eingriffsmöglichkeiten vorsieht, stellt diese Prämisse nicht in Frage.

B. Rechtssicherheit

Die Kollisionsnorm enthält die inländisch maßgebende (aber nur objektive) Verweisungsregel, an der sich die Parteien orientieren können, und dadurch soll Rechtssicherheit entstehen: Sie versucht, im Interesse potentieller Parteien und auf eine vertraute Weise, den nationalen Schwerpunkt der international privatrechtlichen Beziehung zu ermitteln. Anders als Drittinteressen (c) sollen diese „Ordnungsinteressen" im Namen der objektiven Rechtssicherheit berücksichtigt werden (a).

Darüber hinaus muss die Rechtssicherheit auch aus der subjektiven Sicht der Prozesspartei betrachtet werden (b).

a) Ordnungsinteressen

Um Rechtssicherheit zu gewährleisten, muss das Kollisionsrecht die von *Kegel* genannten Ordnungsinteressen[212], das heißt die Interessen typisierter potentieller Parteien, berücksichtigen. Vorhersehbarkeit, Übersichtlichkeit, Kontinuität, Widerspruchsfreiheit, äußerer Entscheidungseinklang, Durchsetzbarkeit

212 *Schurig*, RabelsZ. 59 (1995), 236: „Werte, die dem Rechtsverkehr oder der Rechtsgemeinschaft als solcher dienen wie Vorhersehbarkeit [...], äußerer Entscheidungseinklang".

sind Interessen, die sich einem bestimmten Rechtsverkehr, einer bestimmten Gemeinschaft von Rechtsgenossen zuordnen lassen[213].

Schurig befürchtet, dass beim fakultativen Kollisionsrecht das sogenannte Kontinuitätsinteresse, das heißt das Ordnungsinteresse des potentiell beteiligten Rechtsverkehrs an der Kontinuität der Anknüpfung, zu sehr in den Hintergrund gedrängt wird[214]. Die Behandlung der gegenwärtigen Fälle schafft das Vertrauen in die Behandlung künftiger Fälle, und es geht nicht um die Parteien allein, sondern auch um Dritte, ebenso wie um die Gemeinschaft der Rechtsgenossen. Folglich seien die Normen des EGBGB, wo nicht die Rechtswahl ausdrücklich zugelassen wird, als zwingend anzusehen.

Hier wird die Rechtssicherheit im systematischen, objektiven Sinne angesprochen. Das maßgebende Recht sollte vor Durchführung des gerichtlichen Verfahrens für jeden absehbar sein, damit eine klare Systematik entsteht, die in der Abstraktion, also ohne Prozess, verständlich ist. Das System muss begreifbar sein und Ergebnisse herbeiführen, die durchspielbar und berechenbar sind[215].

Flessner weist jedoch darauf hin, dass die Parteien einen Bedarf nach einer ergänzenden Interessenwertung haben[216]. Die von *Kegel* vorgeschlagene Interessenjurisprudenz sei „weit von den realen Interessen entfernt“ und er habe „nicht interessenjuristisch, sondern nur mit Rechtsnatur und Systemstruktur“ argumentiert[217]. Man könnte in der Tat den Eindruck haben, dass die Diskussion bis heute statt von Interessen eher von „Überlegungen der Vernünftigkeit, Zweckmäßigkeit, Systemgerechtigkeit, Rechtssicherheit“ beherrscht wird.

Ordnungsinteressen liegen der Gestaltung des Systems zu Grunde. Das typische generalisierte Interesse abstrakt bestimmter Betroffener ist bei der Normbildung entscheidend. Die Interessen bei der Normbildung sind jedoch andere als bei der Normanwendung[218]. Was die Normanwendung anbelangt, ist eher ein konkretes und reales Interesse zu berücksichtigen.

Den Ordnungsinteressen muss im Vorfeld, also bei der Gesetzgebung, Rechnung getragen werden. Die objektive Rechtssicherheit, die sie herbeiführen sollen, wird in der Betrachtung und im Vergleich mehrerer Prozesse relevant. Dagegen kann ein isoliert betrachteter Prozess nur sachbezogen sein, und nicht auf

---

213 Bei solchen Begriffen kommt die Frage der Anerkennung eines nach dem Fakultativitätsgrundsatz ergangenen Urteils im Ausland wieder zum Vorschein.

214 *Schurig*, RabelsZ. 59 (1995), 236.

215 *Sturm*, Fakultatives Kollisionsrecht : Notwendigkeit und Grenzen in Festschrift Zweigert, S. 335.

216 *Flessner*, Interessenjurisprudenz im internationalen Privatrecht, S. 119 ff.

217 Siehe dazu *Schurig*, RabelsZ. 59 (1995), 230.

218 *Flessner*, Interessenjurisprudenz im internationalen Privatrecht, S. 57.

abstrakten Erwägungen beruhen. Im einzelnen Prozess auf Ordnungsinteressen achten zu müssen, wäre ein Zeichen für ein fehlgeschlagenes System.

Der Prozess ist der Moment der Normanwendung. Von der Theorie, von der systemischen und abstrakten Gestaltung geht man zur Praxis über, zur tatsächlichen und konkreten Konstellation. Es handelt sich um Interessen, die tatsächlich und nicht mehr nur potentiell betroffen sind. Bei einem funktionierenden System stehen sich im Prozess lediglich Parteiinteressen und öffentliche Interessen gegenüber, Interessen also, die man nur bei der Rechtsanwendung auf einen konkreten Sachverhalt einschätzen kann.

Die Parteien müssen auf ein nach Ordnungsinteressen ausgebautes System vertrauen können, vor allem wenn sie nicht wissen, wo ihre Interessen liegen[219]. Jede Partei soll unabhängig von ihrem Gegner erzwingen können, dass die zu entscheidende Frage dem Recht unterworfen wird, mit dessen Herrschaft sie aufgrund der Kollisionsnorm rechnete[220]. Aber Rechtssicherheit wird für sie regelmäßig auch durch den Rückgriff auf die *lex fori* erreicht, sei es nur, weil sie von der einfachen Vorstellung ausgehen, ihr nationales Gericht wende nationales Recht an[221].

b) Subjektive Parteiinteressen

Selbst *Schurig* räumt ein, dass sich das IPR-System wegen seiner geringen Regelungsdichte und der Unvorhersehbarkeit international-rechtlicher Fallkonstellationen im Prinzip offener halten müsse als das Sachrecht. Es müsse die Bereitschaft mitbringen, wenn die der Kollisionsnorm zugrunde gelegten Interessen zu weit vom tatsächlichen Sachverhalt entfernt sind, einer anderen, gegebenenfalls *ad hoc* zu entwickelnden Lösung Platz zu machen.

Das Dilemma wird deutlich: Die Methode ist für die Verwirklichung des internationalen Privatrechts sehr wichtig, aber man ist sich zugleich bewusst, dass eine internationale Regelung von Privatinteressen flexibel sein muss[222].

Im Gegensatz zu nicht-eingeweihten Privaten wissen gut beratene Professionelle in der Regel schon so viel über das Kollisionsrecht, dass sie sicherheitshalber, gerade wegen der Handhabung der Materie nach der heutigen Dogmatik, entweder das kollisionsrechtliche Problem über die Parteiautonomie schon im Vorfeld regeln oder sich im Nachhinein der freien Gerichtsbarkeit zuwenden.

219 *Hartenstein*, Die Privatautonomie im IPR als Störung des europäischen Entscheidungseinklangs, S. 75.

220 Vgl. *Sturm*, Fakultatives Kollisionsrecht : Notwendigkeit und Grenzen in Festschrift Zweigert, S. 335.

221 *De Boer*, Facultative Choice of Law, 257 Recueil des Cours (1996), S. 299.

222 *Fauvarque-Cosson*, Libre disponibilité des droits et conflits de lois, S. 5.

Hier wird als Konsequenz des zwingenden Kollisionsrechts die mögliche Anwendung einer unerwünschten Rechtsordnung befürchtet. Die Anwendung einer fremden Rechtsordnung durch einen damit nicht vertrauten Richter ist ein nicht zu unterschätzender Faktor der Rechtsunsicherheit. Die Lösung, die er herbeiführen wird, ist zumindest bei Beginn des Verfahrens unvorhersehbar[223].

Das subjektive Verständnis der Rechtssicherheit zeigt, inwiefern prozessrechtliche Parteiinteressen im Verfahren vor Gericht zu den objektiven überindividuellen Interessen hinzukommen. Bei zwingendem Kollisionsrecht werden verschiedensten konkreten Parteiinteressen an der Nicht-Anwendung der *lex causae* von den Ordnungsinteressen verdrängt und unterliegen zwangsläufig einer gleichen, automatischen und systematischen Behandlung durch abstrakte Kollisionsnormen. Durch die Beschleunigung des internationalen Austausches und die Internationalisierung der privatrechtlichen Beziehungen nimmt die Vielfältigkeit der IPR-Sachverhalte zu, was die Vorstellung diskreditiert, dass jede mögliche Konstellation im voraus wahrgenommen werden kann[224]. Für die Parteien besteht die Rechtssicherheit sicherlich nicht in der unabdingbaren Anwendung der Kollisionsnorm.

Weil das Kollisionsrecht als System immer vorhanden ist und jederzeit zum Einsatz kommen kann, ist die „objektive Rechtssicherheit" gewahrt. Prozessual und angesichts einer bestimmten Sachlage muss der Vorgang jedoch die Parteierwartungen miteinbeziehen. Hierdurch wird die „subjektive Rechtssicherheit" gefördert. Beide Perspektiven sind kompatibel: Die objektive ist die dauerhafte Richtlinie, die subjektive die fallbezogene Anpassung.

c) Ausschluss von Drittinteressen

Die Rechte einer Drittperson könnten davon betroffen bzw. tangiert sein, wenn das Rechtsverhältnis zwischen den Parteien einer unvorhersehbaren Rechtsordnung unterworfen wird. Bei einer auf prozessuale Erwägungen basierenden Disposition der Parteien wird voraussichtlich nur die *lex fori* als Alternative zur *lex causae* in Frage kommen, so dass sich die Unsicherheit in Grenzen halten wird.

Drittinteressen sind grundsätzlich Privatinteressen. Sie könnten jedoch zu einem prozessbezogenen öffentlichen Interesse abstrahiert werden, und sollten dann als solches Parteidispositionen verhindern[225]. Öffentliche Interessen sind

223 *Fentiman*, Foreign law in English courts, S. 168.
224 *Fentiman*, Foreign law in English courts, S. 292: „This is why choice in choice of law is so important".
225 Siehe 2. Teil I.2.B.

Interessen der Allgemeinheit und insbesondere solche Drittinteressen, wie sie in Rechtsverhältnissen mit typisierter Drittwirkung vorhanden sind, wie zum Beispiel im Kindschafts-, Adoptions- oder Erbrecht. Das öffentliche Interesse zeigt sich in der Drittwirkung, die das entsprechende Gestaltungsurteil auslöst.

Ansonsten ist nicht ersichtlich, inwiefern Interessen eines gelegentlichen Dritten kollisionsrechtlich dermaßen beeinträchtigt sein könnten, dass sie die Berücksichtigung der subjektiven Interessen der Parteien zu hindern hätten. Das Problem der Drittinteressen ist nicht durch Ausschluss der prozessualen Dispositionsfreiheit zu lösen, sondern im Rechtsverhältnis zwischen der verfügenden Prozesspartei und dem Drittbetroffenen zu suchen[226]. Diese Wahrung der Rechte Dritter gegenüber Parteidispositionen übernimmt bereits das Prozessrecht.

Das Prozessrecht sieht in den §§ 59 ff., 325 ZPO vor, dass sich die Wirkung einer gerichtlichen Entscheidung grundsätzlich auf die an dem Rechtsstreit beteiligten Parteien beschränkt, also *inter partes*; man spricht von der relativen Rechtskraft des Urteils. Außerdem, wie *Flessner* es hervorhebt, können die Parteien davor geschützt werden, dass später Rechte Dritter gegen sie aufgrund der im Prozess nicht berücksichtigten designierten Rechtsordnung geltend gemacht werden, indem sie durch Streitverkündung an die Drittprätendenten Vorsorge treffen nach §§ 72 ff ZPO[227]. Ansonsten wäre beispielsweise an die Drittwiderspruchsklage (*tierce opposition*) nach Art. 582 ff. des französischen NCPC zu denken.

226 Gleicher Ansicht *Wagner*, Prozessverträge, S. 76.
227 *Flessner*, RabelsZ. 34 (1970), 551.

2. Teil: Praxisorientierte Neukonzeption

Die Ansicht, dass sich die Parteien an die kollisionsrechtliche Verweisung in jeder Konstellation halten müssen, überzeugt angesichts der heutigen Praxis und der modernen Aufgaben des IPR nicht mehr[228]. Ein System, das dies durchsetzen würde, wäre zu realitätsfern; ohne Anpassung an die jeweilige Rechtslage kann Kollisionsrecht nicht optimal funktionieren und verpasst auch seinen Sinn und Zweck. Es ist also Platz für eine „Parteifakultativität" bzw. „Dispositivität".

Trotz dieser Entwicklung einerseits, setzt sich anderseits europaweit allmählich die Auffassung durch, der Richter solle das Kollisionsrecht *ex officio* anwenden und „Gerichtsfakultativität" sei auszuschließen.

I. Imperatives Kollisionsrecht, Bedeutung und Grenzen

Sind richterliche Pflicht und Parteifakultativität überhaupt zu vereinbaren? Es stellt sich die Frage, inwiefern Kollisionsrecht für die Parteien zwingend sein kann – imperativ also im Gegensatz zu dispositiv – wenn gleichzeitig ihre Interessen berücksichtigt werden sollen.

1. Die kollisionsrechtliche Frage

A. Die Pflicht des Richters zur Aufklärung des Falles

Wird dem Richter keine Pflicht zur Aufklärung des Falles auferlegt[229], ist auch nicht zu erwarten, dass jede vorhandene Auslandsberührung Bestandteil des Prozesses wird.

Die Entscheidung, ob eine bestimmte Tatsache Gegenstand des Verfahrens sein soll, wird im Rahmen der Verhandlungsmaxime, die der ZPO zugrunde

228 Ähnliche Überzeugung – auch wenn unter anderen Voraussetzungen – bei *Ehrenzweig*, A Treatise on the Conflict of Laws, insb. S. 314: „It must be our aim to readjust our general theory of conflicts law to the actual practice of the courts".

229 *Ancel/Lequette*, GAJDIP, 71-73 RdNr. 8.

liegt[230], den Parteien überlassen. Die Parteien müssen grundsätzlich nicht kooperieren und internationale Fakten erwähnen. Man könnte sich im Grunde genommen vorstellen, dass sie die internationale Dimension leugnen und somit entscheiden könnten, die IPR-Norm auszuspielen.

In dreierlei Hinsicht ist eine solche Einschätzung einzuschränken. Erstens unterliegen die Parteien in ihrem Tatsachenvortrag der Wahrheitspflicht gemäß § 138 ZPO. Zweitens bindet das Schweigen der Parteien hinsichtlich der Auslandsberührung nur den Richter, nicht die Parteien[231]: Jede Partei kann die Auslandsberührung später in den Prozess einbringen, solange keine Präklusion im Sinne von §§ 282, 296, 528 ZPO eingetreten ist[232].

Drittens und vor allem hat der Richter im internationalen Privatrecht angesichts der öffentlich-rechtlichen Relevanz dieser Materie seine Pflicht zur Aufklärung des Falles nach § 139 ZPO aktiv und konsequent wahrzunehmen. Wie *Lemontey* (für das französische Prozessrecht) 1988 treffend notierte, muss er als Staatsorgan dafür sorgen, dass er die Regierung hinsichtlich der Einhaltung internationaler Verpflichtungen nicht in Gefahr oder in Schwierigkeiten bringt[233]. Wenn einzelne Anknüpfungspunkte, die ins Ausland weisen, bereits Eingang in den Prozess gefunden haben, dürfte eine Pflicht zum Tätigwerden vorliegen.

Der Richter schreitet ein, um den Tatsachenvortrag zum Auslandsbezug aufzuklären und sicherzustellen. Einen Auslandsbezug löst die Kollisionsnorm jedoch nur aus, wenn er „relevant" ist. Unter „relevantem Auslandsbezug" versteht man eine Auslandsberührung, die den Tatbestand einer Kollisionsnorm erfüllt. Vor Gericht ist der relevante Auslandsbezug meistens kaum zu übersehen. Allein die allgemeinen Prozessregelungen zeugen davon, da sie für die Klageerhebung verschiedene Angaben zur Person verlangen, die oft zugleich – wie z.B. Wohnsitz und Staatsangehörigkeit – einen entscheidenden kollisionsrechtlichen Anknüpfungspunkt darstellen[234].

Ist die Auslandsberührung noch nicht Bestandteil des Prozesses geworden, so stellt sich für den Richter die Frage, wann er gemäß § 139 Abs. 1 ZPO ver-

---

230 Umkehrschluss aus § 616 Abs. 1 ZPO, MünchKomm/*Prütting*, § 288 ZPO, RdNr. 2 ff.

231 MünchKomm/*Peters*, § 138 ZPO, RdNr. 26.

232 *Koerner*, Fakultatives Kollisionsrecht in Frankreich und Deutschland, S. 51 f.

233 *Lemontey* zitiert von *Fauvarque-Cosson* in Libre disponibilité des droits et conflits de lois, S. 58: Le juge, organe de l'État, „doit faire en sorte de ne pas mettre en péril ou en difficulté le gouvernement français dans le respect des engagements internationaux".

234 Siehe beispielsweise Art. 57 und 648 NCPC; vgl. *Alexandre* in Les problèmes actuels posés par l'application des lois étrangères, S. 15.

pflichtet ist, einen entsprechenden Tatsachenvortrag der Parteien zur Auslandsberührung anzuregen.

Jede Auslandsberührung ist zunächst ein – manchmal auch unmittelbarer – Hinweis dafür, dass eine Kollisionsnorm anwendbar ist. Der Richter ist also gut beraten, sämtliche Auslandsberührungen zu beachten. Die Prozesseffizienz spricht dafür, dass der Richter die Parteien auffordern sollte, sämtliche Auslandsberührungen darzulegen. Diese Aufklärungspflicht greift ein, sobald eine Auslandsberührung vorliegt.

Bei isolierten Tatsachen ohne IPR-Relevanz, wie z.B. einem fremdländisch klingender Namen, wird sich eine Pflicht zur Nachfrage bzw. zur Anregung eines ergänzenden Tatsachenvortrags für den Richter zumeist erst ergeben, wenn weitere Umstände, wie schlechte Deutschkenntnisse, eine Auslandsberührung nahe legen.

Der Richter muss das „Gespür“ für IPR-Fälle haben, es ist seine Aufgabe, das Kollisionssystem aufrecht zu halten und festzulegen, welche Rechtsordnung nach den Kollisionsnormen auf den Fall anwendbar ist. Man könnte ihm insofern gegebenenfalls vorwerfen, die Internationalität einer Rechtslage nicht erkannt zu haben.

B. Die richterliche Hinweispflicht

Imperatives Kollisionsrecht impliziert zuerst im chronologischen Prozessverlauf die unumgängliche Aufgabe des Richters, die Parteien auf die kollisionsrechtliche Dimension ihres Rechtsstreits hinzuweisen.

Auch wenn die Parteien nichts vorgetragen haben, hat er ihnen von sich aus mitzuteilen, dass er ausländisches Recht heranziehen könnte[235]. Anderenfalls ignoriert er die konkrete Interessenlage, da es dazu kommen kann, dass die Parteien die Möglichkeit der Anwendung von Auslandsrecht schlicht übersehen und einen relevanten Auslandsbezug vortragen, ohne sich der kollisionsrechtlichen Konsequenzen bewusst zu sein. Sie könnten sich auf das deutsche Recht routinemäßig berufen, ohne das IPR-Problem wahrzunehmen[236]. Man würde somit die schwächere, schlechter beratene Partei, die sich aus bloßer Unwissenheit nicht auf das Auslandsrecht beruft, ihrem Gegner ausliefern, der durch geschickte Wahl des Gerichtsstands und Ersuchen von dessen *lex fori* seine Interessen durchsetzen könnte[237].

---

235 MünchKomm/*Sonnenberger*, Einl. IPR, RdNr. 565.
236 *Schack*, Rechtswahl im Prozeß?, NJW 1984, 2738.
237 *Koerner*, Fakultatives Kollisionsrecht in Frankreich und Deutschland, S. 107 f.

Der Richter wird auch in Bagatellsachen die Parteien auf die kollisionsrechtliche Lage hinweisen müssen, wenn er sieht, dass einer der Verfahrensbeteiligten nicht die gleiche Möglichkeit wie der andere hatte, sich über das Kollisionsrecht und das danach berufene ausländische Recht zu informieren. Im Sinne des französischen Art. 16 NCPC sowie der Vorschläge der Storme-Kommission[238] ist das *principe de la contradiction*[239] zu gewährleisten. Selbst wenn er die *lex fori* für anwendbar hält, hat der Richter sicherzustellen, dass sich beide Parteien dazu äußern. Ein Dialog, ein Rechtsgespräch[240], zwischen Richter und Parteien erschiene besonders sinnvoll, damit es den Parteien klar wird, dass sie mit einem Kollisionsproblem konfrontiert sind[241].

Anderer Ansicht ist *Lando*: Für ihn kann man die Frage, ob das Gericht rechtzeitig eingreifen und die Parteien zur Stellungsnahme auffordern sollte, nicht nach einer festen Regel ein für allemal beantworten[242]. Es solle schweigen dürfen, wenn es für wahrscheinlich hält, dass die *lex fori* anzuwenden ist, sonst würde das Gericht einen unnötigen Wirbel um die mögliche Maßgeblichkeit einer fremden Rechtsordnung bewirken. Dagegen müsse es seine Pflicht sein, die Frage rechtzeitig aufzuwerfen, in „Sachen mit größerem Streitwert oder von größerer prinzipieller Bedeutung", darüber hinaus in Fällen, in denen der Inhalt des fremden Rechts einfach zu ermitteln ist, und schließlich bei Streitigkeiten über einen Vertrag ohne jede Verbindung zur *lex fori*. Allein aus praktischen Gesichtspunkten überzeugt diese Auffassung nicht. Erstens sind die vorgesehenen

238 Vgl. Art. 3.5 „Le juge ne peut trancher le litige par application d'une règle de droit non invoquée par les parties sans avoir mis ces dernières à même d'en débattre utilement" und Art. 3.7, Abs. 1: „En aucun cas, le juge ne peut appliquer d'office une loi étrangère sans avoir mis les parties en mesure d'en débattre utilement" in Storme, Rapprochement du Droit Judiciaire de l'Union Européenne, S. 194-195.

239 Im deutschen Recht findet man kein Äquivalent für das *principe de la contradiction*; *Schilling*, Die „principes directeurs" des französischen Zivilprozesses, S. 269: Das *principe de la contradiction* vereint Aspekte des Rechts auf rechtliches Gehör, des Mündlichkeitsgrundsatzes nach § 128 Abs. 1 ZPO und des Verbots einer Überraschungsentscheidung nach § 139 Abs. 2 ZPO n. F.

240 *Storme* in Storme, Rapprochement du Droit Judiciaire de l'Union Européenne, S. 22.

241 *De Boer*, Facultative Choice of Law, 257 Recueil des Cours (1996), S. 324: „A dialogue between the court and the parties on matters of law is particularly relevant in multistate litigation, when the court has raised the choice-of-law issue on its own motion and arrived at the conclusion that foreign law must be applied"; siehe Art. 16 Abs. 3 des NCPC und § 139 Abs. 2 ZPO (§ 278 Abs. 3 ZPO vor dem ZPO-RG vom 27.7.2001); MünchKomm/*Prütting*, ehem. § 278 ZPO, RdNr. 22 ff.; MünchKomm/*Peters*, § 139 ZPO n. F., RdNr. 2.

242 *Lando*, Länderbericht in Die Anwendung ausländischen Rechts im internationalen Privatrecht, S. 131 f.

Konstellationen der Hinweispflicht ziemlich umfassend, so dass es kaum noch Raum gibt für den Fall, in dem der Richter schweigen dürfte. Zweitens werden die Parteien für Sachen mit kleinerem Streitwert ohnehin von sich aus wegen des Ermittlungsaufwandes nicht dazu geneigt sein, auf die Anwendbarkeit des ausländischen Rechts zu bestehen. Drittens ist die Frage der potentiellen Anwendbarkeit einer fremden Rechtsordnung schnell abgehandelt und bedarf keiner ausführlichen Recherchen. Die Bestimmung des Anknüpfungsmoments ist in der Regel einfach und eindeutig.

Zu diesen Einwänden kommen die folgenden theoretischen Erwägungen hinzu: Wenn dem Richter ein Sachverhalt unterbreitet wird, der unter Anwendung des Kollisionsrechts die Maßgeblichkeit ausländischen Rechts vorsieht, die Auseinandersetzung in der Sache jedoch ohne Stellungnahme dazu allein mit Blick auf die *lex fori* erfolgt, muss er von einem Übersehen der Anwendbarkeit des ausländischen Rechts ausgehen. Dem Gericht ist es in diesem Fall verwehrt, ohne Ankündigung das ausländische Recht anzuwenden[243], denn gemäß § 139 Abs. 2 ZPO[244] darf die Entscheidung nicht „auf einen rechtlichen Gesichtspunkt, den eine Partei erkennbar übersehen oder für unerheblich gehalten hat", gestützt werden[245].

Dass der Richter ganz transparent mit den kollisionsrechtlichen Fragen umgehen soll, hängt auch mit dem Anspruch der Parteien auf rechtliches Gehör[246] zusammen, und mit der Unzulässigkeit von Überraschungsentscheidungen in Bezug auf die angewandte Rechtsordnung. Ein Urteil des BGH zur Hinweispflicht des Richters in Bezug auf ausländisches Recht[247] besagt folgendes: Das Berufungsgericht verletzt den Anspruch der Parteien auf rechtliches Gehör, wenn es bei seiner Entscheidung – ohne den Parteien vorher einen entsprechenden Hinweis gegeben zu haben – ausländisches Recht anwendet, während sowohl der erstinstanzliche Richter als auch die Parteien stets von der Anwendung deutschen Rechts ausgegangen sind und die Möglichkeit der Anwendung ausländischen Rechts während des gesamten Rechtsstreits nicht in Erwägung gezogen haben. Man könnte übrigens auch aus Art. 6 EMRK als menschenrechtliche Ausprägung des Grundsatzes des rechtlichen Gehörs, den Auftrag an die Ge-

243 *Alexandre* in Les problèmes actuels posés par l'application des lois étrangères, S. 14.

244 ZPO-RG vom 27.7.2001 (= ehem. § 278 Abs. 3); MünchKomm/*Peters*, § 139 ZPO n. F., RdNr. 3.

245 *Normand* in Storme, Le rapprochement des procédures civiles à l'intérieur de l'Union Européenne et le respect des droits de la défense, in Mélanges Perrot, S. 346.

246 Art. 103 I GG; § 139 ZPO.

247 BGH NJW 1976, 474.

richte entnehmen, den Parteien ausreichende Hinweise bezüglich der kollisionsrechtlichen Lage zu erteilen.

Der Richter muss also das kollisionsrechtliche Problem von Amts wegen aufwerfen, sobald er kraft der Aufklärungspflicht nach § 139 ZPO die Internationalität des Falles erkennt. Die Effizienz dieser Hinweispflicht setzt eine vorangegangene Aufklärung des Falles voraus, die den Richter zur mentalen Abwicklung des kollisionsrechtlichen Vorgangs veranlasst hat.

Das Problem in Frankreich ist, dass die Zivilprozessordnung keine Vorschrift enthält, die den Richter dazu verpflichtet, die Parteien aufzuklären, wenn letztere sich die Frage der Anwendbarkeit ausländischen Rechts offenbar gar nicht gestellt haben, obwohl der Sachverhalt Auslandsberührungen beinhaltet. Der französische Richter ist keinerlei Hinweispflicht unterworfen. Soweit die Parteien über ihre Rechte disponieren konnten, auch wenn sie gar nicht wussten, dass ausländisches Recht in ihrem Fall zur Anwendung kommen könnte, bleibt es dem Richter überlassen, ob er die Kollisionsnorm anwenden will oder nicht, ohne dass er die kollisionsrechtliche Frage aufwerfen muss.

Zwar muss der französische Richter die Kollisionsnorm anwenden, wenn eine der Parteien sich darauf beruft, aber wenn sie beide im Hinblick auf die *lex fori* plädieren, entfällt die Verpflichtung zur kollisionsrechtlichen Auseinandersetzung. Auf diese Weise kommt die in der französischen Praxis gängige Form der Gerichtsfakultativität zum Ausdruck. Gleichzeitig entsteht die Gefahr der Unkenntnis und des fehlenden Bewusstseins der Parteien bezüglich des Kollisionsrechts. In der *Roho*-Entscheidung[248], die sich mit einem Verkehrsunfall in Djibouti befasste, wurde dieses Problem deutlich. Die französische *lex fori* wurde angewandt, weil in den Tatsacheninstanzen von keiner Seite die Anwendung der Anknüpfungsregeln des einschlägigen Haager Übereinkommens geltend gemacht worden war.

Kollisionsrecht ist in Frankreich für den Richter eindeutig fakultativ[249]. Die Anerkennung eines solchen richterlichen Rechtsanwendungsermessens kommt der Gewährung von Willkürspielräumen gleich. Die aus richterlicher Sicht schwierige Abgrenzung zwischen unbewusstem Prozessverhalten und *accord procédural tacite* erweist sich in diesem Zusammenhang als eine effiziente Ausrede für den französischen Richter, der sein eigenes Recht anwenden will. Diese Fiktion wird in Frankreich als Hauptargument für eine Verallgemeinerung zwin-

248 Cass. civ. 1ère 19.4.1988 *Roho*, Rev. Crit. 1989, 68.
249 Siehe II.1.B.

genden Kollisionsrechts angeführt[250]. Die Anerkennung einer richterlichen Hinweispflicht wäre ein geeigneter Weg, dagegen vorzugehen.

Gegner der Fakultativitätsthese wenden ein, dass eine solche Hinweispflicht der Justiz keinerlei Aufwendungen erspare: Der von der Fakultativitätslehre erstrebte Rationalisierungseffekt müsse geopfert werden, da eine ernstzunehmende Aufklärung durch den Richter einen Alternativvorschlag zur Lösung des Falles auch nach Auslandsrecht erfordere, was wiederum nur mit Hilfe externer Gutachter gelingen könne[251]. Allerdings lässt sich diese Kritik widerlegen. Im Rahmen von § 139 ZPO ist das Gericht auch bei reinen Inlandsprozessen zwar verpflichtet, auf die Erläuterung eines unklaren oder widersprüchlichen Vorbringens zu drängen, aber keineswegs aufgefordert, im einzelnen offen zu legen, welche Konsequenzen die möglichen Alternativen für den Ausgang des Rechtsstreits insgesamt hätten.

Die Aufklärungs- und Hinweispflichten des Richters bezwecken den Schutz der unerfahrenen oder ungewandten Partei. Dementsprechend nimmt ihre Bedeutung zu, wenn die Partei nicht anwaltlich vertreten ist.

2. Interessenwertung und prozessualer Status der Kollisionsnorm

Die aktive Rolle des Richters in der kollisionsrechtlichen Aufklärung der Rechtslage bei Auslandsberührungen ist eine andere Frage als die tatsächliche Anwendung der Kollisionsnorm.

A. Beschränkung der kollisionsrechtlichen Parteiinteressen auf die Verweisungsfunktion der Kollisionsnorm

Im engen Sinne beziehen sich kollisionsrechtliche Parteiinteressen auf internationale Anerkennung und Rechtssicherheit[252].

Darüber hinaus und im weiteren Sinne bestehen sie noch sowohl aus prozessualen wie auch aus materiellen Erwägungen. Prozessuale Interessen hinsichtlich der Anwendung der Kollisionsnorm wurden bereits dargestellt[253]. Sie kommen zu ihrer Bedeutung, wenn die Kollisionsnorm auf eine ausländische Rechtsordnung verweist. Sie sind von materiell-rechtlichen Interessen zu unterscheiden,

---

250 *Batiffol/Lagarde*, Traité de DIP, Nr. 352 S. 566; *Mayer*, Droit international privé, Nr. 147; *Audit*, Droit international privé, RdNr. 258 S. 230.

251 *Franck* in Les problèmes actuels posés par l'application des lois étrangères, Fn. 25, S. 91.

252 1. Teil V.3.

253 1. Teil IV.1.

die sich auf das Ergebnis der Rechtsanwendung beziehen und auf den Vorschriften des anwendbaren materiellen Rechts beruhen.

Festzuhalten ist, dass diese kollisionsrechtlichen Parteiinteressen in keinerlei Hinsicht der öffentlich-rechtlichen Funktion der Kollisionsnorm Rechnung tragen.

B. Materiell-rechtliche Begründung der kollisionsrechtlichen öffentlichen Interessen

Wie gesehen hat das IPR eine von der *Comitas* hergeleitete diplomatische Funktion[254]. Als völkerrechtliche Verpflichtung zur Rücksichtnahme auf das fremde Recht verlangt die *Comitas*, dass öffentliche Interessen bei der kollisionsrechtlichen Falllösung miteinbezogen werden.

Neben den kollisionsrechtlichen Parteiinteressen müssen also unter Umständen auch kollisionsrechtliche öffentliche Interessen berücksichtigt werden. Die Parteien werden nicht unbedingt immer zur Verwertung ihrer Interessen kommen können, so wie sie es wünschen[255].

An rein privaten Angelegenheiten hat der Staat kein Interesse, es besteht für ihn kein Grund, sich einzumischen. Die Parteien sind frei, ihr Rechtsverhältnis so zu gestalten, wie sie wollen.

Materielle öffentliche Interessen scheinen in privatrechtlichen Situationen durch, in denen nicht nur die beiden Parteien von der Rechtslage betroffen sind, sondern auch Drittinteressen[256], oder in denen eine Partei besonderen Schutzes bedarf. Insofern kann man auch von Interessen der Allgemeinheit sprechen. Diese materiellen Interessen möchte jeder Staat durchsetzen.

Die Frage der *Comitas* im IPR bzw. das kollisionsrechtliche Interesse eines Staates an einem Fall gewinnt also an Brisanz, wenn dieser Fall von materiellen öffentlichen Interessen geprägt ist.

Die Kollisionsnorm zu ignorieren, obwohl aus der Sicht des Forums öffentliche Interessen auf dem Spiel stehen, hindert im Sinne der Kollisionsnorm eine sachgerechte Lösung des Streits und entzieht den Rechtssubjekten den einzigartigen Schutz der Rechtsordnung, zu der die engsten Kontakte bestehen. Vor allem aber wird der Fall dem Staat entzogen, der vermutlich das größte Interesse daran hat.

Die Ansicht des Forums bezüglich der öffentlichen Tragweite eines Falles könnte nämlich durchaus der des anderen Staates entsprechen, der mit diesem

---

254 Siehe 1. Teil V.1.B.b).

255 So auch *Schurig*, RabelsZ. 59 (1995), 238 bis 240.

256 *Pollock*, Anm. L in Maine's Ancient Law, S. 191

Sachverhalt auch enge Kontakte aufweist. Die völkerrechtliche Höflichkeit, *de facto* die Urteilsanerkennung, verlangt auf kollisionsrechtlicher Ebene, dass der Staat, dessen Gericht mit dem internationalen Sachverhalt befasst ist, diesen Aspekt berücksichtigt[257]. Der Forumstaat muss sich an seine Kollisionsnorm halten, weil er einsehen muss, dass jede berührte Rechtsordnung ebenso über Fragen wie etwa Personalstatut, Kindschaftsrechte und Verbraucherschutz selbst entscheiden möchte. Ob der Staat ein Interesse an einem Rechtsstreit zwischen Privaten hat, hängt von der Rechtsnatur dieses Rechtsstreites ab.

Wenn man annimmt, dass jeder betroffene Staat in einem Sachverhalt eine öffentliche Bedeutung erkennen würde, so muss die aus dieser Allseitigkeit entstehende Kollision unbedingt durch den neutralen Vorgang der Verweisungsregel gelöst werden. Um die Chancen der internationalen Anerkennung zu wahren, muss die Verweisungsvorschrift in solchen Fällen eingehalten werden, auch wenn der *ordre public* im Nachhinein zuschlägt, um die mit den Grundvorstellungen des *Forums* unvereinbare ausländische Vorschrift zu beseitigen[258].

Das IPR dient weiterhin den Interessen der Parteien, wenn materielle öffentliche Interessen im Spiel stehen, allerdings auf indirekte Weise über die Urteilsanerkennung.

Die hier behandelten öffentlichen Interessen sind mit den nordamerikanischen „*government interests*" inhaltlich vergleichbar, werden jedoch zum umgekehrten Zweck eingesetzt: Wenn solche Interessen zugrundeliegen, sollte der Weg über das Kollisionsrecht unbedingt beschritten werden.

C. *Die Bindung der Parteien an die Verweisungsnorm als Problematik der doppelten Funktion der Kollisionsnorm*

Um den verschiedenen Parteiinteressen im IPR mehr Gewicht beizumessen, wird man gegen den Automatismus der kollisionsrechtlichen Verweisung vorgehen wollen.

Das Problem ist dabei, dass die diplomatische Resonanz der Kollisionsnorm aufgrund der *Comitas* mit der Frage der Anwendung einer ausländischen Rechtsordnung vielleicht akut geworden ist. Wenn die Parteien von der mit öffentlich-rechtlichen Auswirkungen belasteten Verweisungsnorm absehen könnten, dann wäre möglicherweise zugleich die vom Richter zu wahrende diplomatische Funktion der Kollisionsnorm gefährdet.

Wenn die Parteien die Kollisionsnorm beseitigen wollen und vom Richter erwarten, dass er vorgeht, als ob die Rechtssache eine inländische wäre, dann be-

---

257 Siehe 1. Teil V.1.B.b).

258 Vgl. *Muir Watt*, La fonction de la règle de conflits de lois, S. 625 ff.

findet sich der Richter im Spannungsfeld zwischen den zwei widerstreitenden Aufgaben, die ihm vom IPR gestellt sind. Soll er den Parteiwillen bevorzugen, wenn sie behaupten, die Anwendung der Kollisionsnorm widerspreche ihren Interessen oder fordert das öffentliche Recht von ihm, dass er die von der Kollisionsnorm diktierte Lösung durchsetzt? Welche dieser Aufgaben hat den Vorrang?

Es wird immer offensichtlicher, dass die zwei bereits dargestellten Funktionen des Kollisionsrechts miteinander verknüpft sind. Die Funktion des IPR im Innenverhältnis hängt mit seiner Aufgabe im Außenverhältnis zusammen. Denn der Ausfall einer der beiden Funktionen würde ganz klar die Antwort darauf geben, ob sich die Parteien der Verweisungsnorm unterwerfen müssen oder nicht. Handelt es sich um eine öffentlich brisante Angelegenheit, behandelt man sie als solche, indem man die diplomatisch wichtige kollisionsrechtliche Verweisung einhält. Geht es dagegen um eine rein private Angelegenheit, in der die öffentliche Dimension nicht zu spüren ist, so braucht man sich über die Anerkennung der exportierten Entscheidung keine Gedanken zu machen. Die Kollisionsnorm wird nur noch im Interesse der Parteien angewandt. Wenn es insofern dem Willen beider Parteien entspricht, dass der Richter, die ihm vertraute einheimische Rechtsordnung anwendet, kann dem nicht entgegenhalten werden, es würde damit der Herrschaftsanspruch einer fremden Rechtsordnung vereitelt. Die guten zwischenstaatlichen Beziehungen sind vom Umgehen der Kollisionsnorm nicht gefährdet, da die Angelegenheit – wenn auch nur aus der Sicht des Forumstaates – keine staatlichen Interessen unmittelbar betrifft.

Sind öffentliche Interessen nicht vorhanden, so fällt der einzige Grund für die kollisionsrechtliche Überlagerung der Parteiinteressen weg. Der Richter ist von seiner diplomatischen Aufgabe befreit, und das Kollisionsrecht muss nicht mehr als imperativ, also als zwingend für beide Parteien betrachtet werden. Es gilt nur noch subsidiär. Diese Subsidiarität werden die Parteien nutzen wollen, um eine schnelle, preiswerte und sachgerechte Entscheidung zu veranlassen.

Es zeigt sich also, dass die Kollisionsnorm sozusagen einen „binären" prozessualen Status hat: Bei öffentlichen Interessen ist sie imperativ bzw. *d'ordre public*, weil sie Parteidispositionen sowohl vor wie nach der Entstehung des subjektiven Rechts verhindern muss; ansonsten gilt sie nur subsidiär.

D. Prozessualer Status nach Interessenabwägung

Im Gegensatz zu Parteiinteressen sind öffentliche Interessen in IPR-Fällen nicht unbedingt vorhanden. Die kollissionsrechtlichen Interessen des Staates werden von materiellen öffentlichen Interessen gesteuert[259].

Um den prozessualen Status der Kollisionsnorm zu bestimmen, muss man also zunächst definieren, wann materielle öffentliche Interessen zu berücksichtigen sind.

Hier wird vorgeschlagen, diese Frage in Form einer richterlichen Ermessensabwägung zu lösen. Die Interessen werden wie auf einer Waage abgewogen: Der Staat und sein öffentlich-rechtliches Gewicht auf der einen Seite, die Privatpersonen und ihre Parteiinteressen auf der anderen. Neigt sich die Waage seitens der öffentlichen Interessen, dann soll die diplomatische Funktion der Kollisionsnorm Vorrang haben. Ob die Parteien an die kollisionsrechtliche Verweisung gebunden sein sollen, hängt nicht von deren Parteiwillen ab, sondern vom Vorhandensein gewichtiger öffentlicher Interessen.

Jetzt gilt es zu untersuchen, wie eine solche Abwägung durchzuführen ist.

3. Prozessualer Status der Kollisionsnorm und Kriterium der verfügbaren Rechte

Die Kollisionsnorm ist für die Prozessparteien nicht mehr zwingend, wenn ihre Interessen im Vordergrund stehen können und von keinen öffentlichen Interessen unterdrückt werden. Es bleibt zu definieren, in welchen konkreten Fällen öffentliche Interessen „überwiegen". Der Zusammenhang zwischen Überlegenheit öffentlicher Interessen und Verfügbarkeit der Rechte (A) wird die Auswertung und Systematisierung der Ergebnisse über den prozessualen Status der Kollisionsnorm ermöglichen. Entscheidend kommt es dann auf die Überprüfung der Verfügbarkeit der streitbefangenen Rechte an (B).

A. Zusammenhang zwischen Überlegenheit öffentlicher Interessen und Verfügbarkeit der Rechte

Da sich öffentliche Interessen in der Autorität der Vorschrift widerspiegeln, die sie schützt (a), informieren die auf den Fall potentiell anwendbaren Normen über die in diesem Fall vertretenen Interessen (b). Dem Ergebnis der Abwägung durch den Richter entspricht der Begriff der disponiblen Rechte (c).

259 Siehe B.

a) Schutz öffentlicher Interessen durch zwingende Vorschriften

Primäre Ausdrucksform öffentlicher Interessen ist die Gesetzgebung bzw. die Rechtsnorm. Die Autorität der Rechtsnorm wird dann sekundär durch die Rechtsprechung bestätigt[260]. Das gesetzte Recht informiert über den Inhalt der öffentlichen Interessen; öffentliche Interessen spiegeln sich im Recht wider.

Jeder Staat schützt besonders schutzwürdige öffentliche Interessen, indem er zunächst zwingende Vorschriften erlässt. Dafür wird er – soweit er keinen Totalitarismus betreibt – in Privatangelegenheiten, die keine öffentliche Interessen berühren, meist wieder Abstand nehmen und sich nicht einmischen wollen. Diese Zurückhaltung kommt dadurch zum Ausdruck, dass die entsprechenden Rechtsätzen liberal sind, das heißt – nach juristischem Sprachgebrauch – subsidiär. Die Parteien können den Rechtssatz durch einen anderen ersetzen, soweit ein anderer vorhanden ist.

Die materiell-rechtlichen Wertungen in den Rechtsnormen zeigen, welche Rechtsgüter der Staat im Interesse der Allgemeinheit für besonders schutzwürdig hält. Dazu zählen zum Beispiel die Rechte, die eine Vertragspartei vor der Gefahr der Übervorteilung der anderen Vertragspartei schützen sollen, sei es im Verhältnis Arbeitnehmer/Arbeitgeber oder im Wohnraum-Mietverhältnis. Dementsprechend wird jeweils in den §§ 4, 101 Abs. 1, 2 ArbGG bzw. in § 1030 Abs. 2 ZPO ein weitgehendes Verbot von Schiedsverträgen in bezug auf individualarbeitsrechtliche bzw. mieterschutzrechtliche Streitigkeiten statuiert[261] und in diesen Konstellationen nimmt der Staat auch ein Entscheidungsmonopol über den Streitgegenstand in Anspruch.

In den meisten Gebieten des internationalen Privatrechts ist der „Durchsetzungsanspruch" der potentiell anwendbaren Sachnormen gering.

Eine „reine" Privatangelegenheit, die außerhalb der normierten Einflusszonen der öffentlichen Gewalt gestaltet wurde, muss insbesondere auch im Zivilprozess als solche behandelt werden. Man könnte geneigt sein, daraus zu schließen, dass die Parteibefugnisse und die Möglichkeiten zur vertraglichen Gestaltung des Rechtsstreites, also zwei wichtigen Merkmale der gegenwärtigen Entwicklung des Rechts[262], im entsprechenden Prozess dominieren sollten.

In diesem Sinne vertritt *Schiedermair* die Ansicht, dass die Zulässigkeit von Prozessverträgen nach der Frage des Umfangs dispositiven Zivilprozessrechts zu

---

260 Vgl. *Martin*, Le juge a-t-il l'obligation de qualifier ou requalifier?, D. 1994, Chronique 310 RdNr. 13.

261 Vgl. *Wagner*, Prozessverträge, S. 98 ff.

262 *Fauvarque-Cosson*, Libre disponibilité des droits et conflits de lois, S. 10: „L'évolution du droit contemporain [...] favorise de plus en plus les arrangements en cours de procès".

entscheiden sei: „Im Zivilprozess als einer öffentlichen Einrichtung staatlicher Rechtspflege, die mittelbar der Durchsetzung von Rechten der Parteien dient, stoßen naturgemäß oft widerstreitend zwei Interessen aufeinander: das Interesse der Gemeinschaft und ein reines Privatinteresse. [...] *Die Abgrenzung von dispositivem und absolutem Zivilprozessrecht fällt mit der Abwägung von privatem und öffentlichem Interesse zusammen.* Ein prozessrechtlicher Vertrag ist zulässig, wenn aus öffentlichem Interesse keine Bedenken gegen seine Zulässigkeit bestehen, und unzulässig, wenn dieses seine Wirksamkeit verbietet“[263].

Schiedermair zieht also die Parallele zwischen dem Schutz öffentlicher Interessen und dem imperativen (Synonym für „absoluten“) Charakter einer Norm im Zivilprozessrecht. Darüber hinaus geht er von einer Abwägung aus, die zugunsten der öffentlichen Interessen ausfallen muss, um den imperativen Charakter der Vorschrift als Konsequenz zu haben.

Es liegt nahe diese Betrachtungsweise auf das Kollisionsrecht zu übertragen. Ähnlich wie das Prozessrecht kann das IPR als formelles Recht betrachtet werden, das der Durchsetzung des materiellen Rechts dient: Es sagt nicht *was* die materiell-rechtliche Lösung ist, sondern *wie* man zu ihr gelangt.

Demnach wäre – um *Schiedermairs* Sichtweise zu übernehmen – eine Kollisionsnorm imperativ, wenn öffentliche Interessen überwiegen.

b) Abwägung der Interessen in concreto anhand der potentiell anwendbaren Normen

Zwischen dem imperativen Charakter einer Rechtsnorm und dem Überwiegen öffentlicher Interessen ist zwar ein Parallelismus zu erkennen, aber kein Gleichlauf, keine Äquivalenz.

Der Schutz der Parteien vor sich selbst ist ein weiterer Grund für zwingende Vorschriften. Gerade Befürworter der Ansicht von *Schiedermair* bezweifeln, dass die Zulässigkeitsgrenzen von Prozessverträgen allein durch das öffentliche Interesse markiert werden können. Man sollte vielmehr die disponierenden Parteien gegenüber vorzeitigen und daher unüberlegten Bindungen schützen[264]. Der Übereilungsschutz[265] verlange, dass der Rechtsstreit vorerst anhängig gemacht und die Rechtslage *in concreto* betrachtet werde.

In diesem Sinne bedarf die Abwägung, woraus sich der prozessuale Status der Kollisionsnorm ergeben soll, einer Konkretisierung durch den Richter.

---

263 *Schiedermair*, Vereinbarungen im Zivilprozess, S. 57, 58 (Hervorhebung im Original).

264 *Baumgärtel*, Wesen und Begriff der Prozesshandlung einer Partei im Zivilprozess, S. 189 ff.; *Nikisch*, Zivilprozessrecht, § 55 II, S. 219.

265 *Schlosser*, Einverständliches Parteihandeln im Zivilprozess, S. 44 ff.

Da es hier nur darum geht, den prozessualen Status der Kollisionsnorm, also einer inländischen Norm festzustellen, wird der Richter zunächst auf seine eigenen inländischen Regeln zurückgreifen.

Er muss den Vorherrschaftsanspruch der Regeln einschätzen, die zur Anwendung kommen würden, wenn er sein eigenes Recht anwenden würde, und sie miteinander vergleichen[266]. Diese „potentiell“ anwendbaren Normen sind der Spiegel der Interessen, wonach die Abwägung durchzuführen ist[267].

Der Richter betrachtet die konkrete Rechtslage anhand der einzelnen potentiell anwendbaren abstrakten Rechtssätze als Ensemble, aber auch vor dem Hintergrund der Sozial- und Wirtschaftspolitik, und der wichtigen Ziele des Rechtsstaates. Er hat also einen lebensnahen Sachverhalt und eine Palette von anwendbaren abstrakten Rechts- und Grundsätzen, die sich auf diesen Sachverhalt beziehen. Wenn eine Mehrheit an zwingenden Rechts- und Grundsätzen sich auf den Fall beziehen, dann kommt er zum Schluss, dass öffentliche Interessen überwiegen. Erst bei einer Betrachtung der konkreten Rechtslage wird klar, welche Interessen überwiegen. Die Abwägung der Interessen ist fallbezogen, sie bezieht sich auf den Sachverhalt.

Eine Hausfrau kauft sich zum Beispiel ein defektes Laptop bei einem Computerspezialist. Das Zustandekommen eines zivilrechtlichen Vertrages interessiert prinzipiell nur die beteiligten Parteien; aber die Regeln des Verbraucherschutzes weisen auf eine Relevanz öffentlicher Interessen.

Das öffentliche Interesse am Schutz des Verbrauchers wird dem Interesse der Parteien an der freien Gestaltung ihres vertraglichen Rechtsverhältnisses gegenübergestellt. Zwar werden zum Schutz des Verbrauchers imperative Vorschriften erstellt, aber das Interesse der Parteien im Prozess, über ihre Rechte zu verfügen, bleibt bestehen.

Um Parteidispositionen über die streitbefangenen Rechte auszuschliessen, müsste der Verbraucherschutz einen höheren Stellenswert haben als dieses Parteiinteresse.

Diese Einschätzungen bedeuten keine zusätzliche Last für den Richter. Von ihm wird nicht erwartet, dass er bewusst auf eine detaillierte „Antizipationsanalyse“ der Rechtslage eingeht. Vielmehr soll er spontan und geprägt von seiner heimischen Rechtsordnung einen allgemeinen Eindruck über die überwiegenden Interessen gewinnen. Die Beschreibung der verschiedenen Anhaltspunkte hat nur den Zweck, die intellektuellen Mechanismen der Interessenabwägung zu

266 Vgl. *Lando*, Consumers contracts and party autonomy in the conflict of laws in Festschrift Malmström, S. 152.

267 *Jacquet/Delebecque*, Droit du commerce international, RdNr. 187 S. 107: „Toute norme prise dans le cadre d'un ordre juridique est le reflet des intérêts dont cet ordre entend assurer la défense ou la promotion“.

veranschaulichen. Es handelt sich im Grunde genommen um den Ist-Zustand des Richteramtes im Kollisionsrecht.

Der Richter wird gut beraten sein, auf die von den Parteien geltend gemachten Ansprüche Bezug zu nehmen. So kann er sehen, welche Rechte sie in Anspruch nehmen.

Die Interessenabwägung zur Bestimmung des prosessualen Status der Kollisionsnorm wird anhand von den materiellen inländischen Vorschriften durchgeführt. Der Inhalt der Kollisionsnorm braucht nicht berücksichtigt zu werden. Zwar trägt er die Spuren der Interessen, die sie schützt, aber nur weil sie in komprimierter Form ein Anliegen wiederholt, das schon in den entsprechenden inländischen materiellen Normen enthalten ist und dem sie lediglich einen Verweisungsvorgang hinzufügt. Die Tatsache, dass materiell-rechtlich gefärbte Kollisionsnormen das Merkmal eines öffentlichen Interesses tragen, hängt nur damit zusammen, dass eine materielle Regel des *ordre public* oder eines öffentlichen Interesses auf sie abgefärbt hat. Es ist die automatische Verweisung auf eine Rechtsordnung, die den Sinn, den „Mehrwert" der Kollisionsnorm ausmacht. Die Verweisung vertritt das öffentliche Interesse auf zwischenstaatlicher Ebene.

Auch wenn er zu der Feststellung geführt hat, dass die Interessenabwägung *in concreto* stattfinden muss, ist der Ansatz von *Schiedermair* jedoch abzulehnen. Es kann niemals zulässig sein, geltendes Recht durch einen privatautonomen Willensakt zu ändern oder in seiner Geltung zu suspendieren[268], es sei denn, die Vorschrift sieht es vor. Eine Norm kann im Zivilprozess zwar ihrem Wesen nach subsidiär sein, wenn Privatinteressen überwiegen, aber die Dispositivität bedarf an sich zusätzlich einer gesetzlichen Grundlage, nach der im dritten Teil der Arbeit gesucht wird.

Aus den bisherigen Überlegungen zur doppelten Funktion des IPR ist festzuhalten, dass das Kollisionsrecht wenn (noch) nicht als dispositiv dann zumindest als subsidiär zu betrachten ist, wenn öffentliche Interessen im konkreten Fall nicht überwiegen.

c) Festhalten des Abwägungsergebnisses mit dem Kriterium der Disponibilität der Rechte

Dieser Vorgang der konkreten Interessenabwägung anhand der potentiell anwendbaren Normen wird in Frankreich zur Entscheidung über die Disponibilität oder Verfügbarkeit der Rechte[269] eingesetzt. Die *„disponibilité des droits"*

---

268 *Bülow*, Archiv für die civilistische Praxis 64 (1881), 108.
269 Beide Worte werden im Nachhinein als Synonym verwendet.

ist dort ein geläufiger Begriff[270], vor allem in der IPR-Rechtsprechung, die sie seit 1988 praktiziert[271].

Ansonten wird er lediglich an zwei Stellen in den französischen Gesetzestexten verwendet: in Art. 12 Abs. 3 und 4 NCPC und in Art. 2059 Code Civil bezüglich der Schiedsvereinbarung. Letztere Vorschrift könnte in Verbindung mit Art. 2060 Code Civil das erste Gerüst einer Definition bereitstellen: Die Indisponibilität umfasst Personenstandsangelegenheiten und generell Angelegenheiten, die den *ordre public* betreffen[272]. Die Anerkennung und Vollstreckung von Schiedssprüchen ist übrigens auch in Deutschland dann ausgeschlossen, wenn sie zu einem Ergebnis führt, das dem *ordre public* widerspricht[273].

Die Disponibilität (oder Verfügbarkeit) ist die Eigenschaft streitbefangener subjektiver Rechte[274]. Sie räumt die Befugnis ein, auf diese subjektive Rechte zu verzichten, z.B. durch einen Schiedsspruch, einen Vergleich oder eine prozessuale Vereinbarung[275].

Unverfügbare Rechte dagegen werden den Rechtsgeschäften entzogen.

Insofern nähert sich die Indisponibilität dem Begriff der Nichtvermögensrechtlichkeit[276]. Ein nichtvermögensrechtlicher Anspruch geht nicht auf Geld oder Geldeswert und stützt sich immer auf ein indisponibles Recht[277]. Nichtvermögensrechtlich sind zum Beispiel ein Beseitigungsanspruch zum Schutz des Persönlichkeitsrechts, die Klage auf Festellung der Vaterschaft oder eine Ehesache[278].

Die Bezugnahme auf die streitbefangenen subjektiven Rechte ist das zentrale Anliegen des Streitverfahrens. Im Streitverfahren versucht jede Partei mittels Rechtsgründen, die sich auf Rechtsnormen stützen, ihre subjektiven Rechte zu behaupten.

---

270 Das finnische IPR-Gesetz kennt diesen Begriff auch.

271 Cass. civ. 1ère 11.10.1988 *Rebouh*, 18.10.88 *Schule*, Grands arrêts de la jurisprudence française de DIP, S. 566; Cass. civ. 1ère 4.12.1990 *Coveco*, Rev. Crit. 1991, 558, *Niboyet-Hoegy*; JDI 1991, 371, *Bureau.*

272 Vgl. *Schilling*, Die „principes directeurs" des französischen Zivilprozesses, S. 246.

273 § 1059 Abs. 2 Nr. 2 b ZPO und § 1061 Abs. 1 S. 1 ZPO i.V.m. Art. V Abs. 2 lit. b UN-Übereinkommen über Anerkennung und Vollstreckung ausländischer Schiedssprüche vom 10.6.1958.

274 *Muir Watt*, Justices 1997, 267: „droits subjectifs litigieux".

275 *Fauvarque-Cosson*, Libre disponibilité des droits et conflits de lois, S. 58.

276 Das schweizerische IPR-Gesetz und die deutsche ZPO verwenden ihn: Siehe 1. Teil II.4 und § 40 Abs. 2 ZPO n. F. (ZPO-RG vom 27.7.01), der die Prorogation ausschließt in nichtvermögensrechtlichen Streitigkeiten.

277 Vgl. *Fauvarque-Cosson*, Libre disponibilité des droits et conflits de lois, S. 59.

278 Baumbach/Lauterbach-*Hartmann*, Grdz § 1, RdNr. 11 bis 17.

Der Richter muss die von den Parteien vorgetragenen Rechtsgründe analysieren, um die streitbefangenen subjektiven Rechte zu identifizieren und somit den Gegenstand der Überprüfung abzugrenzen. Die Verfügbarkeit der Rechte erweist sich somit als Schnittstelle der verschiedenen, sich auf den Fall konkretisierenden, abstrakten Rechtsnormen des objektiven Rechts.

Hier erkennt man die Interessenabwägung wieder, die zur Bestimmung des prozessualen Status der Kollisionsnorm vorgenommen werden muss. Das Kriterium der Disponibilität ist das Ergebnis dieses Vorgangs.

Folglich sollte die Kollisionsnorm für die Parteien im Streitverfahren als subsidiär gelten, wenn die umstrittenen Rechte in diesem Verfahren disponibel sind.

Das Kriterium der Disponibilität ermöglicht eine Kristallisierung der Interessenabwägung in einen juristischen Begriff, der sich von Verfahren zu Verfahren zuspitzt und pragmatisch fortgebildet werden kann. Damit erhalten die Parteien und auch interessierte Dritte einen Anhaltspunkt, womit jede Rechtslage, in der eine Interessenabwägung eine Rolle spielt, für sie durchschaubar wird.

B. Überprüfung der Disponibilität

Die Disponibilität wird vom Richter als Eigenschaft subjektiver Rechte (a) im Lichte der *lex fori* (b) überprüft.

a) Als Eigenschaft subjektiver Rechte

Die Beurteilung der Disponibilität wird analytisch und nicht synthetisch angegangen (1). Die Grenzen der Dispositivität der streitbefangenen subjektiven Rechte ergeben sich aus dem objektiven Recht (2).

(1) Analytischer statt synthetischer Ansatz

α) Grenzen gesetzlicher Systematisierung

Rechte, die einem bestimmen Sachgebiet zugeordnet werden können, sind tendenziell einheitlich disponibel oder indisponibel. Orientierungswerte für die Abgrenzung dieser Gebiete bilden sich beispielsweise aus der Entwicklung der Privatautonomie und aus der Praxis bei der Einschätzung der Schiedsfähigkeit nach Art. 2059 und 2060 des französischen Code Civil heraus.

Diese Einteilung bringt jedoch keinerlei Gewissheit, was die Verfügbarkeit der streitbefangenen Rechte angeht. Das Streitverfahren, in dem die Parteien ihre subjektiven Rechte behaupten wollen, umfasst manchmal mehrere Rechtsgebiete.

Die Bezugnahme auf die konkrete Sachlage erinnert an eine Entwicklung in der französischen Rechtsprechung. Die Cour de cassation hat die Parteiherrschaft über die Anwendung des Kollisionsrechts zunächst mit Blick auf solche Sachgebiete („*matières où les parties ont la libre disposition de leurs droits*") anerkannt, die offen für Verfügungen der Parteien sind. In ihrer *Agora Sopha* Entscheidung von Juni 1996[279] hat sie dann ihren Standpunkt korrigiert und stellt nun auf die Disponibilität des konkreten Anspruchs („*droits dont elles ont la libre disposition*") ab und steht damit in Einklang mit dem Wortlaut des Art. 12 Abs. 3 NCPC.

Die Disponibilität kann man nicht im voraus festlegen. Sie ist ein flüchtiger Begriff. In Frankreich gibt es keine Liste der *droits disponibles* und *droits indisponibles*, so dass eine genaue und feste Abgrenzung nicht möglich ist[280]. Die Grenzen der Disponibilität sind flexibel.

Der Versuch, die Disponibilität als bestimmten Bereich definieren zu wollen, schlägt fehl, weil die Verfügbarkeit die Eigenschaft von Rechten und nicht die einer Materie ist.

Selbst wenn die aus einem bestimmten Rechtsgebiet stammenden Rechte meist verfügbar sind, beinhaltet dieses Rechtsgebiet immer zugleich auch einige *ordre public* Regeln. Eine disponible Materie wie etwa das Vertragsrecht kann zugleich *ordre public* Regeln beinhalten und indisponiblen Rechten zugrunde liegen.

Zwar ist die Zuordnung der Rechtslage zu einer bestimmten Rechtskategorie entscheidend für die Bestimmung der zuständigen Kollisionsnorm. Man kann jedoch nicht pauschal sagen, dass die Rechte, die in ein bestimmten Rechtsgebiet fallen, alle verfügbar sind. Je nachdem welche subjektive Rechte geltend gemacht werden, fällt die Entscheidung über die Verfügbarkeit anders aus.

Seitdem in Frankreich auf die konkrete Situation abgestellt wird, ist zu erkennen, dass *ordre public* Sachnormen nicht die einzige Quelle indisponibler Rechte darstellen[281]. Zum Beispiel sind indisponible Rechte im Arbeitsrecht auf die abhängige Lage des durch zwingende Vorschriften geschützten Arbeitneh-

---

279 Civ. 1ère 11.6.1996, *Agora Sopha*, Rev. Crit. 1997, 68, Anm. *Lagarde*: Ein schweizerischer Architekt hatte versucht aufgrund des japanischen Rechts, dessen Unterschied zum französischen Recht er nicht darstellen konnte, einen Anspruch auf Honorare gegen eine zur Einrichtung von Büros in Tokyo beauftragte französische Gesellschaft geltend zu machen.

280 *Ancel/Lequette*, GAJDIP, 78 RdNr. 11; *Fauvarque-Cosson*, Libre disponibilité des droits et conflits de lois, 40 ff.

281 Vor 1996 stützte die Cour de cassation ihre Begründung für das Ausschalten der Kollisionsnorm noch auf die *ordre public* Eigenschaft der relevanten Normen; vgl. *Fauvarque-Cosson*, Libre disponibilité des droits et conflits de lois, S. 20.

mers zurückzuführen, nicht auf das Vorhandensein von *ordre public* Regeln. Verschwindet die Abhängigkeit, stehen diese Rechte wieder zur Verfügung[282].

β) Disponibilität über die Parteiautonomie hinaus

Es stellt sich in der Praxis eine gewisse Systematik der Disponibilität nach Rechtsgebieten heraus, auch wenn sie keineswegs die Betrachtung der Rechtslage *in concreto* erspart.

Eine Einteilung des Kollisionsrechts in einzelne Rechtsgebiete kann anhand der Anknüpfungsmomente vorgenommen werden. Dementsprechend wäre das bedeutendeste Gebiet der Disponibilität sicherlich die Parteiautonomie[283]. Die Einordnung eines Sachverhalts in den Anwendungsbereich der Parteiautonomie ist ein probates Indiz dafür, dass die Parteien über ihre Rechte verfügen.

Im Laufe der Zeit werden immer neue Bereiche von der Disponibilität erobert. Mittlerweile muss man fast in jedem Rechtsgebiet mit ihr rechnen, sei es im Schuldrecht, im Gesellschaftsrecht oder sogar im Familienrecht.

In folgender Untersuchung wird entsprechend der Kategorien des internationalen Privatrechts dargestellt, wie es zu Konstellationen mit verfügbaren Rechten kommen kann.

Im internationalen Vertragsrecht können die Parteien die Anwendbarkeit des Rechts durch ausdrückliche Rechtswahl frei bestimmen. Dies gilt auch für die nachträgliche, ausdrückliche Rechtswahl im Prozess[284]. Das internationale Vertragsrecht ist von der Parteiautonomie beherrscht und macht den Willen der Parteien zum maßgeblichen Anknüpfungspunkt: Es ist also *per se* dispositiv. Diese Disposivität führt zur grundsätzlichen Disponibilität der Rechte im Bereich des Vertragsrecht.

Für ausservertragliche Schuldverhältnisse erweist sich die Diskussion um die Rom II Verordnung als wegweisend: Die Rechtswahl wird sich voraussichtlich als Prinzip durchsetzen[285].

---

282 *Fauvarque-Cosson*, Libre disponibilité des droits et conflits de lois, S. 41.

283 Vgl. *De Boer*, Facultative Choice of Law, 257 Recueil des Cours (1996), S. 354: „the acceptance of party autonomy is a clear indication that, in these areas, choice of law is not dominated by public policy considerations“.

284 *Otte*, BGH EWiR Art. 3 EGBGB, 1/93, 671.

285 Vorschlag der Kommission für eine Verordnung des europäischen Parlaments und des Rates über das auf ausservertragliche Schuldverhältnisse anzuwendende Recht vom 22.07.2003, COM (2003) 427 final - 2003/0168 (COD), http://europa.eu.int/eur-lex/en/com/pdf/2003/com2003_0427en01.pdf (abgerufen am 30. Juli 2003): Nach Artikel 10 Abs. 1 dieses Vorschlags können die Parteien nach Eintritt des Ereignisses, durch das ein ausservertragliches Schuldverhältnis zwischen ihnen entstanden ist, das Recht wählen, dem es unterliegen soll.

Im Bereich des internationalen Deliktsrechts versteht sich die durch das Gesetz vom 21.5.1999 in das EGBGB eingeführte Reform[286] weitestgehend als Kodifizierung des bisherigen geltenden Rechtszustandes. Es wird weiterhin grundsätzlich an das Recht des Tatortes angeknüpft und einige bisher zweifelhaften Fragen werden geklärt, wie z.B. die Auflockerung des Deliktstatuts zugunsten des gemeinsamen Aufenthalts nach Art. 40 II EGBGB. Seit der Reform kann das Deliktstatut von den Parteien noch nachträglich[287], also nach Entstehen des Anspruches, durch eine gemeinsame Rechtswahl beeinflusst werden (Art. 42 EGBGB). Es handelt sich hier um eine vertragliche Rechtswahl, die als solche selbstverständlich nicht einseitig widerruflich ist. Wie im Vertragsrecht kann eine einvernehmliche, kollisionsrechtliche Rechtswahl bis zum Ende der letzten mündlichen Verhandlung in der Tatsacheninstanz bzw. bis zum Ablauf der Schriftsatzfristen der §§ 128 Abs. 2 Satz 2, 283 ZPO vorgenommen werden. Auch eine Teilrechtswahl ist analog Art. 27 I S. 3 EGBGB zulässig. Das internationale Deliktsrecht ist also seit der Reform eine weitere Bastion der Parteiautonomie.

Die Parteiautonomie in Deutschland ist gesetzlich nur bei Vertrag und Delikt vorgesehen. Die zwei Kategorien des Schuldstatuts sind mit den Kategorien der verfügbaren Rechte nicht deckungsgleich. Die streitbefangenen, subjektiven Rechte können im Bereich des Vertragsrechts unter Umständen indisponibel sein, zum Beispiel aufgrund eines Arbeitsverhältnisses, und durchaus in anderen Gebieten wie etwa im Familien- und Erbrecht oder im Sachenrecht disponibel sein, auch wenn eine Rechtswahl ausgeschlossen ist.

Im Sachenrecht fand die Rechtswahl in der Literatur Zustimmung[288]. Natürlich kann auf den Erwerb und Verlust von Rechten an ausländischen Grundstücken kein einheimisches Recht angewandt werden, soweit nach diesem für die Rechtswirksamkeit bestimmte Eintragungen im Grundbuch erforderlich – wie z.B. bei § 873 BGB – oder sonst von Bedeutung sind (§§ 891, 892 BGB). Für bewegliche Sachen ist es dagegen unersichtlich, warum die *lex rei sitae* unbedingt angewandt werden muss. Den Belegenheitsstaat interessiert es in der Regel nicht, welchem der Teilnehmer am Rechtsverkehr das Eigentum an einer Sache zugeteilt wird. Die umstrittenen Rechte sind disponibel. Angenommen zum Beispiel, alte Möbel werden aufgrund der Entscheidung eines deutschen Arrestgerichtes im Wege des einstweiligen Rechtschutzes nach §§ 916 ff. ZPO an Bord eines in der Türkei registrierten Lastwagens in Deutschland beschlagnahmt. In

---

286 BGBl. 1999 I S. 1026

287 *Lorenz*, NJW 1999, 2216.

288 *Einsele*, RabelZ. (60) 1996, 437 ff.; *Kropholler*, Internationales Privatrecht, § 54 II, S. 545.

dem in der Türkei bereits anhängigen Hauptverfahren wurde nach Parteivereinbarung entgegen des *lex rei sitae*-Prinzips türkisches Recht angewandt und gegen die Beschlagnahme entschieden, also gegen die Arrestanordnung des deutschen Richters. Es ist nicht ersichtlich, weshalb der deutsche Richter das türkische Urteil nicht anerkennen würde und dementsprechend seine Arrestanordung nicht aufheben würde.

Die Verfügbarkeit setzt sich im Familienrecht teilweise durch[289]. Die Entwicklung im Familienrecht bezeichnete sogar ein Autor als ein Übergang von Statut auf Vertrag[290]. Unter Familienmitgliedern hat der gegenseitige und uneigennützige Unterstützungsgeist, die spontane Solidarität sicherlich an Selbstverständlichkeit verloren[291].

Verallgemeinert man diesen Trend, so könnte man von einer „Vertraglichung" der Gesellschaft sprechen[292]. In Frankreich wurde am 15.11.1999 der „pacte civil de solidarité" eingeführt, dem eine sehr vertragliche Anschauung der Lebenspartnerschaft zugrunde liegt. Kaum ein Jahr später wurde eine Gesetzesreform des Scheidungsrechts angegangen, die heute der vertraglichen Regelung der Scheidung gleichzeitig mit deren vermögensrechtlichen Folgen unter Aufsicht eines *juge aux affaires familiales*[293], dessen Schlichtungsbefugnisse gestärkt wurden, mehr Platz einräumt[294]. Soweit nur persönliche Beziehungen des Familienrechts zur Beurteilung stehen, bleiben öffentliche Interessen im Vordergrund. Aber es gibt Gebiete, wo das Lebensverhältnis zur Disposition der Parteien stehen sollte, gerade bei Konventionalscheidungen[295].

Im Familienrecht zeigt sich schon seit Jahrzehnten ein Bedarf an einer Verfeinerung des Abgrenzungskriteriums. Darauf könnte – wie vor dreißig Jahren in den Niederlanden[296] – eine Änderung im Kollisionsrecht folgen, welche dieses neue von der Disponibilität eroberte Rechtsgebiet berücksichtigen würde.

---

289 Vgl. *Tchendjou*, La patrimonialisation des actes d'entraide familiale, Gaz. Pal. 13-15.1.2002, 3 ff.

290 *Maine*, Ancient Law, S. 182.

291 *Tchendjou*, La patrimonialisation des actes d'entraide familiale, Gaz. Pal. 13-15.1.2002, 4.

292 *Jamin*, D. 2002, 902.

293 Vor dem Gesetz vom 8.1.1993 hieß er noch *juge aux affaires matrimoniales*.

294 Loi n°2004-439 du 26 mai 2004 relative au divorce, J.O. n°122 vom 27 mai 2004, S. 9319.

295 Vgl. *Wagner*, FamRZ 2003, 807: „Diesem Willen der Parteien sollte Priorität eingeräumt werden".

296 Siehe *De Boer*, Facultative Choice of Law, 257 Recueil des Cours (1996), S. 332-333; vgl. Art. 1 Abs. 4 im Gesetz vom 25.3.1981 über die Kollisionsnormen im Scheidungsrecht (Staatsblad 1981, 166): Das niederländische Scheidungsrecht wird

Mit der Frage der Fakultativität im internationalen Wettbewerbsrecht, haben sich *Müller-Graff* und *Paefgen* auseinandergesetzt[297]. *Müller-Graff* gelang zu einer tendenziell positiven Antwort, die den Fakultativitätsgedanken als eine „systemgerechte Lösung" würdigt. Er fügte jedoch eine Bemerkung hinzu, die heute noch gut zutrifft: „Seine Einreihung unter die konsentierten und Kurien bekannten Sätze im deutschen IPR steht freilich noch gleichermaßen aus, wie die Bestimmung seiner sachgerechten Grenzen im einzelnen Aufgabe bleibt"[298]. Für *Paefgen* lautet die Kernfrage, ob und welche Rolle man der Parteiautonomie im Wettbewerbskollisionsrecht zuzugestehen bereit ist. Die Wettbewerbsstreitigkeiten seien nach herrschender Meinung der Wettbewerbs- und IPR-Lehre keine Privatrechtsangelegenheiten (mehr), sondern fielen in der Kategorie des *„actiones pro institutione"*, wo der Kläger als *„procurator in rem"* auftrete. Sollte man die Fakultativität nicht ablehnen, gerate die Rechtsanwendungsgleichheit und die Entscheidungsharmonie gegenüber dem sehr weit ausgedehnten Kreis der Mitbewerber in Gefahr. Es sei also an einem „überindividuellen" Charakter des Wettbewerbsrechts festzuhalten. Die disparaten Partikular- und Kollektivinteressen der Mitbewerber, der Verbraucherschaft und der Allgemeinheit in ein Verhältnis praktischer Konkordanz zu bringen, sei schon ein genügend komplexer Abwägungs- und Entscheidungsvorgang und dürfe nicht durch die Anerkennung unparitätischer Kollisionsregeln zusätzlich erschwert werden[299]. Im Wettbewerbs- und Kartellrecht hängen so viele Interessen voneinander ab, insbesondere staatliche, dass umstrittene Rechte nicht unabhängig voneinander und deshalb grundsätzlich nur als indisponibel betrachtet werden können, wobei der Richter sie natürlich trotz dieser Vermutung *in concreto* zu qualifizieren hat.

(2) Subjektive Rechte und objektives Recht

Das „objektive Recht" umfasst die Gesamtheit der Regeln, die das gesellschaftliche Leben ausmachen und von der öffentlichen Gewalt gesichert werden.

---

angewandt „wenn die Parteien sich gemeinsam für dieses Recht entscheiden, oder wenn eine der Parteien diese Option ausübt und die andere sie nicht widerspricht".

297 *Müller-Graff*, RabelsZ. 48 (1984), 289 ff; *Paefgen*, WRP 1991, 447, 456 ff.

298 *Müller-Graff*, RabelsZ. 48 (1984), 317.

299 *Paefgen*, WRP (7/8) 1991, 456 und 458.

Die Behauptungen der Parteien bezüglich ihrer subjektiven Rechte[300] bestimmen im Verhältnis zueinander das maßgebende objektive Recht, d.h. den Kreis der potentiell anwendbaren Regeln und somit die Disponibilität[301].

Es hat sich herausgestellt, dass die Disponibilität der streitbefangenen subjektiven Rechte als Grundsatz zu betrachten war; dreierlei Einschränkungen ergeben sich aus dem objektiven Recht:

Zum einen setzt sich die Indisponibilität in *ordre public* Bereichen durch, in denen wesentliche kulturelle Werteinstellungen (Personalstatut, Rechts- und Geschäftsfähigkeit) oder öffentlich-rechtlich relevante Fragen (Übertragung von Grundstücken, staatliche Unterstützung im Wirtschaftssektor) normiert sind. Die *ordre public* Eigenschaft wird eingesetzt, um eine Rechtsnorm, und nicht um eine rechtliche Situation, zu definieren[302]. Alle Rechtssätze setzen sich nicht mit der gleichen Intensität im Verfahren durch: Die Parteien können über dispositive Rechtssätze *ex ante* frei verfügen und über imperative *ex post*, währenddessen *ordre public* Regeln von ihrer Gestaltungsstrategie völlig unberührt bleiben[303]. Geht man zunächst davon aus, dass die Beurteilung der Disponibilität aufgrund der inländischen Rechtsordnung stattfindet, ist auch der inländische *ordre public* maßgeblich, was die Einschränkung der Disponibilität anbelangt. Nicht relevant an dieser Stelle ist der *ordre public international*, eine auf das wesentliche reduzierte, international taugliche Form des inländischen *ordre public*. Der *ordre public international* liefert bei der Vollstreckbarerklärung keinen Maßstab zur Begrenzung der prozessualen Dispositionsfreiheit der Parteien, sondern bezweckt die Durchsetzung nach inländischem Verständnis unverzichtbarer Mindestgarantien gegenüber dem ausländischen Prozessrechtsgesetzgeber sowie dem dessen Wertungen umsetzenden ausländischen Richter[304], sei es anlässlich der Anerkennung ausländischer Urteile (§ 328 Abs. 1 Nr. 4 ZPO) oder der Anwendung ausländischen Rechts durch deutsche Gerichte (Art. 6 EGBGB)[305].

Zum anderen legen manche zwingende Vorschriften ausdrücklich fest, dass die Disposition über bereits entstandene Ansprüche ausgeschlossen wird. Zum Beispiel sieht § 4 Abs. 4 S. 1 TVG vor, dass ein Verzicht auf entstandene tarifliche Rechte – außer bei einem von den Tarifvertragsparteien gebilligten Vergleich – unwirksam ist; ferner entzieht § 77 Abs. 4 S. 1, 2 BetrVG den Arbeit-

300 Im Streitverfahren geht es gerade darum, ein „subjektives Recht" durchzusetzen, eine Befugnis also, wodurch man in die Lage versetzt wird, eine Sache oder einen Vermögenswert nutzen oder die Leistung eines anderen verlangen zu können.

301 Siehe A.

302 *Fauvarque-Cosson*, Libre disponibilité des droits et conflits de lois, 57.

303 *Mostermans*, De processuele behandeling van het conflictenrecht, S. 181.

304 *Wagner*, Prozessverträge, S. 66.

305 *Wagner*, Prozessverträge, S. 110 f.

nehmern die Befugnis, ohne Zustimmung des Betriebsrats auf durch eine Betriebsvereinbarung begründete Rechte zu verzichten; und im Aktienrecht ist ein Verzicht der Gesellschaft auf Ersatzansprüche gegen Gründer, Vorstands- und Aufsichtsratsmitglieder erst nach Ablauf einer Frist von drei Jahren nach Eintragung im Handelsregister gestattet (§§ 50, 93 Abs. 4 S. 3 AktG.)[306].

Als dritte Grenze der Disponibilität kommen solche unausgewogenen Rechtsverhältnisse in Betracht, in denen eine der beiden Parteien von der anderen abhängig[307], ihr unterworfen oder schwächer ist, wie etwa der Verbraucher[308], der Arbeitnehmer, der Wettbewerbsteilnehmer oder der Mieter. Es sollte keine Parteidisposition möglich sein, wenn zwingende Schutzregeln zugunsten der unterlegenen Partei auf den Fall anwendbar sind.

b) Nach der lex fori

Die Disponibilität soll sowohl aus theoretischen als auch aus praktischen Gründen nach der *lex fori* überprüft werden.

(1) Eine prozessuale Frage

Das Kriterium der Disponibilität an sich zieht Wertungen des materiellen Rechts heran. Doch die Überprüfung der Disponibilität kann nur in Bezug auf einen präzisen Sachverhalt geschehen.

Zudem wird auf dieses Kriterium nur in Anlehnung an eine prozessuale und kollisionsrechtliche Frage zurückgegriffen, nämlich die der prozessualen Herrschaft der Parteien über die Anwendung des Kollisionsrechts. Das Kriterium wird eingesetzt, um den prozessualen Status der Kollisionsnorm zu definieren.

Prozessuale Fragen werden prinzipiell von der *lex fori* geregelt. „Der Grundsatz, dass das anzuwendende Verfahrensrecht stets dasjenige des mit der Sache befassten Gerichts sein soll, ist so alt wie das internationale Privatrecht selbst“[309]. Zwei Hauptgründe existieren hierfür: Erstens haben Verfahrensregeln einen öffentlich-rechtlichen Gegenstand und werden von staatlichen Einrichtungen angewandt, die nur nach dem Gesetz des einrichtenden Staates funktionieren

---

306 *Wagner*, Prozessverträge, S. 114 f.

307 *Fauvarque-Cosson*, Libre disponibilité des droits et conflits de lois, 57.

308 Über die öffentliche Resonanz von Fragen des Verbraucherschutzes herrscht europäischer Konsens; in seiner *Océano* Entscheidung hielt es der EuGH angesichts des Verbraucherschutzes für erforderlich, dass nationale Gerichte eine missbräuchliche Klausel von Amts wegen prüfen können: EuGH 27.6.2000, IPRax 2001, 128 ff.

309 *Heldrich*, Internationale Zuständigkeit, S. 14 ff. mit weiterem Nachweis; *Huet*, JCl. Droit Intl. Vol. 8, Fasc. 582-10, RdNr. 7 f.

können[310]; insbesondere kann das Amt des nationalen Richters nur durch das nationale Recht festgelegt werden[311]. Zweitens stehen Verfahrensregeln in keinem Zusammenhang mit der Substanz des Rechtsstreites. Die Überprüfung der Disponibilität sollte somit nach der *lex fori* durchgeführt werden. Die Maßgeblichkeit der *lex fori* wird noch durch die formelle Grundlage der hier vertretenen These[312] bestätigt (3. Teil).

(2) Chronologisches Argument

Ein chronologisches Argument kommt zum eben dargestellten hinzu: Die Verweisung auf die *lex causae* hängt mittelbar von der Verfügbarkeit ab, und die Bestimmung der Verfügbarkeit findet chronologisch vor diesem Verweisungsvorgang statt.

Eine noch nicht existierende *lex causae* kann nicht das Kriterium bestimmen, von dem ihre Existenz abhängt. Die *lex causae* kann erst nach Betätigung der Kollisionsnorm herangezogen werden und im Moment der Bestimmung der Verfügbarkeit keine Auskunft geben; daher muss sich die *lex fori* alleine festlegen[313].

(3) Prozesseffizienz

Der Umgang mit dem Kriterium der Disponibilität stützt sich – ebenso wie die Anwendung der *lex fori* auf Verfahrensfragen – auf die Prämisse der Prozesseffizienz[314].

In der deutschen Dogmatik wird sogar behauptet, das öffentliche Interesse an einem effizienten Einsatz von knappen Justizressourcen sei die einzige normativ tragfähige Grundlage für die Geltung der *lex fori* im Bereich des Verfahrensrechts[315].

---

310 Vgl. *Bolze*, D. 2001, 1821 RdNr. 18: „Lois unilatérales de droit public dont l'effet générateur est une situation litigieuse, les normes processuelles ne doivent rien au droit international privé“.

311 *Lagarde*, Anm. Civ. 1ère 11.6.1996, *Agora Sopha*, Rev. Crit. 1997, 68.

312 Vgl. *Lagarde*, Rev. Crit. 1994, 337 f.; vgl. *Reichert-Facilides*, Fakultatives und zwingendes Kollisionsrecht, Fn. 219 S. 48 und S. 60 f.

313 Vgl. *Lagarde*, Trav. du Com. fr. de DIP 1990-1991, S. 34 und Rev. Crit. 1990, 320; contra: *Mayer*, Anm. Civ. 1ère 1.7.1997, *Driss A.* und *Karl Ibold*, Rev. Crit. (87) 1998, 70.

314 *Muir Watt*, Répertoire Dalloz de droit international, v° Loi étrangère Nr. 58; Cass. civ. 1ère 18.11.1992 *Makhlouf*, Rev. Crit. 1993, 276, Anm. *Ancel*; JDI 1993, 309, Anm. *Lequette*; Dalloz 1993, 213, Anm. *Courbe*.

315 *Wagner*, Prozessverträge, S. 355 ff.

Das Gericht verfährt stets nach seiner eigenen Verfahrensordnung, um einen schnellen und reibungslosen Verfahrensablauf zu gewährleisten. Müsste der Richter ausschließlich fremde Prozessregeln befolgen, bräuchte er die ständige Unterstützung und Begleitung eines Juristen aus dem fremden Staat. Sollte er auch nur einige dieser fremden Regeln importieren, würde der Richter die meiste Zeit damit verbringen, heterogene Verfahrensschritte aufeinander abzustimmen.

Die Überzeugungskraft eines solchen teleologischen Arguments kann sicherlich nicht geleugnet werden: Die Einschätzung der Verfügbarkeit nach ausländischem Recht ist in der Praxis schlicht und einfach unmöglich, denn sie erfordert vom Richter sowohl Überblick als auch Fingerspitzengefühl, Eigenschaften, die er nur im Hinblick auf eine ihm vertraute Rechtsordnung entfalten kann.

(4) Gemeinsame Nenner

Die Frage der Verfügbarkeit der Rechte stellt sich unmittelbar nach der Feststellung der Internationalität des Rechtsstreits und noch vor der tatsächlichen Anwendung der Kollisionsnorm.

Die Antwort ist also entscheidend im Hinblick auf eine spätere Urteilsanerkennung. Deshalb sollte die *lex fori* eine breite Definition der Unverfügbarkeit bieten, um diesem Problem der Anerkennung vorzugreifen.

Der Status der Kollisionsnorm ergibt sich, wie gesehen, erst nach der Beantwortung der Frage der Verfügbarkeit. Dies bedeutet, dass sowohl die *lex fori* als auch die *lex causae* potentiell noch zur Anwendung kommen können[316].

Somit könnte man versuchen zu abstrahieren und sich mit den „konkurrierenden" Ländern, deren Rechtsordnung als *lex causae* in Frage kommt, auf gemeinsame Nenner zu einigen. Man sollte, wie es die Santiago Beschlüsse des Institut de Droit International bereits für die Gestaltung künftiger Kollisionsnormen empfiehlen[317], international harmonisierbare Kriterien („*critères susceptibles d'internationalisation*") entwickeln. Das Kriterium der Disponibilität ist auf universelle Geltung im internationalen Privatrecht ausgerichtet[318].

Es ist sicherlich wünschenswert bezüglich dieser Frage möglichst weitgehende Einigkeit zwischen den einzelnen Rechtssystemen anzustreben, zum Beispiel

316 *Muir Watt* will daher den *accord procédural* über das anwendbare Recht nur dann zulassen, wenn die Rechte nach beiden Rechtsordnungen disponibel sind; siehe Anm. *Masson/Sarkis*, Rev. Crit. 1992, 323 und Justices 1997, 267 f.

317 7. Erwägungsgrund der „Résolution sur l'égalité de traitement entre la loi du for et la loi étrangère", Institut de Droit International, session de St Jacques-de-Compostelle 1989, RabelsZ. 54 (1990), 160-175 und IPRax 1990, 71.

318 Gleicher Gedanke bei *Alexandre* in Les problèmes actuels posés par l'application des lois étrangères, S. 21.

im Rahmen einer europäischen Rechtsakte. Die *lex fori* hat auf ein harmonisierbares Kriterium hinzuwirken. *Mayer* vertritt eine vergleichbare Ansicht mit dem Begriff „*droit type*“[319].

Im Ergebnis sollten die IPR-Regeln den Parteien zugänglich sein, wenn es sich in ihrem Streitfall um verfügbare Rechte handelt. Nur ausnahmsweise, bei einer Überlegenheit öffentlicher Interessen, wäre das Kollisionsrecht zwingend.

II. Prinzip des Dispositiven Kollisionsrechts

1. Differenzierung zu den bisherigen Ansätzen

A. Fakultatives Kollisionsrecht

Die Lehre vom fakultativen Kollisionsrecht wurde von *Flessner* vor über dreißig Jahren in die deutsche Rechtswissenschaft eingeführt[320].

Nach dieser Lehre entscheiden die Parteien im Prozess weitgehend darüber, ob die Gerichte bei sogenannten „heterogen verknüpften Sachverhalten“ deutsches oder ausländisches Recht anwenden. Werfen die Parteien bei einem Prozess mit Auslandsberührung die kollisionsrechtliche Frage nicht auf, so soll das Gericht den Rechtsstreit ausschließlich nach deutschem Recht beurteilen. Darin besteht der große Unterschied zu der hier vertretenen Theorie. Nach *Flessner* muss sich eine Partei auf die Kollisionsnorm berufen, damit ausländisches Recht berücksichtigt wird. Dieser Leitsatz wird umgedreht: Beide Parteien müssen sich auf die Anwendung der *lex fori* einigen, damit die fremde *lex causae* ausscheidet.

Im Fakultativitätssystem wird die *lex fori* grundsätzlich primär herangezogen, und das Kollisionsrecht erst auf Verlangen einer Partei angewandt. Nach dispositivem Kollisionsrecht ist die Kollisionsnorm primär anwendbar und die Parteien müssen beide die *lex causae* abwählen, um die Anwendung der nicht designierten *lex fori* zu erreichen.

Darüber hinaus setzt die Parteibefugnis disponible Rechte voraus. Diese Beschränkung auf disponible Rechte ist im System des fakultativen Kollisionsrechts nicht vorgesehen.

---

319 *Mayer*, Anm. Civ. 1ère 1.7.1997, *Driss A.* und *Karl Ibold*, Rev. Crit. (87) 1998, 70 ff.

320 *Flessner*, RabelsZ. 34 (1970), 545 f.

B. Die französische Gerichtsfakultativität

Das zweite grundlegende Kennzeichnen der Fakultativitätsthese im Kollisionsrecht behandelt die Frage, für wen die Anwendung der Kollisionsnorm fakultativ sein kann. Stellt man auf die Perspektive der Parteien ab, werden ihre Interessen den kollisionsrechtlichen Vorgang bestimmen. Aus dem Standpunkt des Richters wäre die Fakultativität der einfachste Weg zurück zu der vertrauten *lex fori*. Die französische Rechtsprechung betrachtet die Fakultativität in erster Linie aus richterlicher Sicht.

Dies kann man für bedenklich halten, insbesondere im Hinblick auf eine eventuelle Willkür der Gerichte. Wenn der Richter sie betreibt, erscheint die Kollisionsnormumgehung als Mittel zum Zweck der Bequemlichkeit, als nahliegende Methode, die praktischen Vorteile, die bei Anwendung der *lex fori* entstehen, für sich zur Entlastung seiner Aufgabe in Anspruch zu nehmen.

Im *arrêt Bisbal* aus dem Jahr 1959, in dem es um die Anwendung des Scheidungsverbots nach spanischem Recht ging, stellte sich die Cour de cassation erstmals auf den Standpunkt, der Tatrichter sei nicht gehalten, die Regeln des französischen Kollisionsrechts auch dann anzuwenden, wenn sich keine der Parteien auf die Anwendung ausländischen Rechts berufe[321]. Die französischen Kollisionsnormen seien nicht *d'ordre public*, hieß es. Wenig später, wurde in der *Compagnie algérienne de Crédit et de Banque*[322] Entscheidung über die Anerkennung eines ausländischen Rückzahlungsurteils hinzugefügt, dass es dem Richter nicht verwehrt ist, das ausländische Recht selbst dann anzuwenden, wenn keine der Parteien ihn darum ersucht. Die französischen Gerichte waren also berechtigt, nicht aber verpflichtet, den Rechtsstreit nach dem durch eine Kollisionsnorm berufenen ausländischen Recht zu entscheiden, solange kein entsprechendes Begehren vorhanden war. „Gerichtsfakultatives" Kollisionsrecht wurde somit zugelassen.

1988 änderte die *1ère chambre civile* gleich in zwei Entscheidungen ihre Rechtsprechung, beseitigte das Ermessen des Tatrichters und verpflichtete ihn zur Anwendung *ex officio*[323].

Mitten in die Neuausrichtung der Dogmatik, die beide Entscheidungen zur Folge hatten, platzt Ende 1990 das *arrêt Coveco*, das die Rechtsprechung weitgehend wieder auf den Stand von vor 1988 zurückwarf: Ein hollandischer Fleischhersteller klagte gegen ein französisches Transportunternehmen auf

321 Cass. civ. 12.5.1959, Rev. Crit. 1960, 62, 63, *Batiffol*; *Ancel/Lequette*, GAJDIP, 32-34.

322 Cass. civ. 2.3.1960, Rev. Crit. 1960, 97; *Ancel/Lequette*, GAJDIP, 32-34.

323 Cass. civ. 1ère 11.10.1988 *Rebouh*, 18.10.88 *Schule*, Grands arrêts de la jurisprudence française de DIP, S. 566.

Schadensersatz nach holländischem Recht, nachdem die Ware an der spanischen Grenze beschlagnahmt wurde. Die Cour de cassation meinte, der Tatrichter sei nicht verpflichtet von Amts wegen die Kollisionsnorm anzuwenden, soweit sie eine Streitsache betrifft, in der die Parteien über ihre Rechte disponieren könnten und die nicht von einer staatsvertraglichen Kollisionsnorm beherrscht werde[324].

Bis vor kurzem hatte sich die Rechtsprechung auf dieser vermittelnden Ebene stabilisiert. Inzwischen ist die Cour de cassation noch einen Schritt weiter gegangen. 1999 verloren internationale Übereinkommen durch die *Mutuelle du Mans* Entscheidung ihre privilegierte Autorität[325]. Der Rückforderungsanspruch des Versicherers eines französischen Lieferanten gegen den schweizerischen Importeur und den deutschen Hersteller einer defekten Ware wurde nach französischem Recht vom Berufungsgericht zurückgewiesen. Die Cour de cassation folgte den Tatrichtern, weil der Rechtsstreit verfügbare Rechte betraf und keine der Parteien sich auf die Kollisionsnorm des anwendbaren Haager Übereinkommens vom 15.6.1955 berufen hatte. Seitdem ist der französische Richter also nur noch in zwei Konstellationen verpflichtet, das Kollisionsrecht anzuwenden: Entweder wenn eine der Parteien sich auf ausländisches Recht beruft oder wenn die Parteien über das streitbefangene Recht nicht disponieren können.

Der Ansatz der französischen Doktrin – wie übrigens auch der dänischen[326] – nimmt Bezug auf das *Gericht*. Das Kollisionsrecht ist für den Richter fakultativ, weil er zwar die Befugnis (*faculté*) hat, das ausländische Recht anzuwenden, ihn aber keine Verpflichtung (*obligation*) trifft dies, zu tun. Die Aufgaben des Gerichts richten sich in Frankreich nun ausschließlich nach der Disponibilität der streitbefangenen Rechte: Dieses Kriterium ist im heutigen System der französischen Rechtsprechung zum Leitfaden geworden für die Abgrenzung zwischen gerichtsfakultativem und zwingendem Kollisionsrecht[327].

Die aktuelle Ausgestaltung der französischen Rechtsprechung ist eindeutig abzulehnen, weil sie dem Richter eine Befugnis einräumt, die ihm überhaupt

---

324 Cass. civ. 1ère 4.12.1990 *Coveco*, Rev. Crit. 1991, 558, *Niboyet-Hoegy*; JDI 1991, 371, *Bureau*; Grands arrêts de la jurisprudence française de DIP, S. 566.

325 Cass. civ. 1ère 26.5.1999 *Mutuelle du Mans*, Bull. civ. I, Nr. 172; *Muir Watt*, Répertoire Dalloz de droit international, v° Loi étrangère Nr. 86: Spricht sogar vom Ende des „statut dichotomique de la règle de conflit"; Rev. Crit. 1999, 707 Anm. *Muir Watt*; JCP 1999, IV, Nr. 2325; Gaz. Pal. 61 1.3.2000, 39 Anm. *Niboyet*; *Loussouarn/Bourel*, Droit international privé, RdNr. 242 S. 287; *Hartenstein*, Neues vom fakultativen Kollisionsrecht in Frankreich, IPRax 2001, 477 f.

326 *Normand* in Storme, Rapprochement du Droit Judiciaire de l'Union Européenne, S. 95.

327 *Lemontey/Réméry*, Rapport de la Cour de cassation 1993, S. 85: „…la disponibilité ou non des droits litigieux, qui sert de fil conducteur pour la compréhension du système actuel de la jurisprudence sur l'application d'office de la règle de conflit".

nicht zustehen kann. Er hat hinsichtlich des Status der Kollisionsnorm keinen Spielraum. Er trägt eine Verantwortung für völkerrechtliche Verpflichtungen, die aus der *Comitas*[328] und aus den Staatsverträgen entstehen und sich auf zwisschenstaatlicher Ebene auswirken könnte. Er ist verpflichtet, Kollisionsrecht, wie das gesamte inländische Recht, *ex officio* anzuwenden, was wiederum nicht unbedingt bedeutet, dass er die *lex causae* auch gegen den Willen der Parteien anwenden wird.

Der entscheidende Unterschied des hier vertretenen Systems mit der französischen Rechtsprechung ist die Auffassung, dass Kollisionsrecht – wenn überhaupt – dann nur für die Parteien fakultativ sein kann.

Zwar hatte sich die Cour de cassation 1988 für eine prozessuale Dispositionsfreiheit der Parteien über das Kollisionsrecht ausgesprochen. Im *Roho* Fall[329] wurde den französischen Parteien nach einem Unfall im Ausland die Anwendung ihres nationalen Rechts zugebilligt. Zur Begründung dieser Entscheidung stützte sich das Gericht auf Art. 12 Abs. 3 der französischen Zivilprozessordnung (NCPC), der den Richter an eine ausdrückliche Vereinbarung (*accord exprès*) der Parteien über Tatsachen und präjudizielle Rechtsverhältnisse bindet[330]. Allerdings könnte die Anfang 1998 ergangene Entscheidung *Ababou* so ausgelegt werden[331], dass die Ergebnisse der *Roho*-Rechtsprechung heute nicht mehr gelten würden: Der Richter ist vermeintlich an eine prozessuale, ausdrückliche oder stillschweigende Vereinbarung der Parteien nicht mehr gebunden und darf entscheiden, ob er die Kollisionsnorm anwenden will oder nicht. Es ist jedoch zu betonen, dass eine solche Auslegung für die Praxis wenig bedeutet, da der französische Richter sich bei einer prozessualen Vereinbarung zugunsten der *lex fori* nicht lange überlegen wird, ob er sein Heimatrecht statt ein fremdes anwenden will oder nicht.

In seinem *rapport de synthèse* beim *colloque austro-franco-germano-suisse* 1986 in Straßburg wollte *Bischoff*, ausgehend von der Rechtslage in Frankreich, eine gewisse Konvergenz der Beiträge beobachtet haben, die er mit folgendem Satz zusammenfasste[332]: „*L'application nécessaire de la règle de conflit ne*

---

328 Siehe 1. Teil V.1.B.b).

329 Cass. civ. 1ère 19.4.1988 *Roho*, Rev. Crit. 1989, 68.

330 *Lagarde*, Rev. Crit. 1997, 70; dagegen *Bureau*, L'accord procédural à l'épreuve, Rev. Crit. 1996, 587.

331 Cass. civ. 1ère 27.1.1998 *Ababou*, JCP 1998 II Nr. 10098, Anm. *H. Muir Watt*: Der Entscheidung liegt Art. 12 Abs. 1 NCPC zugrunde, obwohl dieser Text seit Cass. civ. 1ère 18.11.1992 *Makhlouf*, Rev. Crit. 1999, 276, nicht mehr erwähnt worden war.

332 *Bischoff* in Les problèmes actuels posés par l'application des lois étrangères, S. 132 f.

s'imposerait que dans les situations où les parties n'ont pas la libre disposition de leurs droits; elles pourraient en revanche renoncer à cette règle [...] dans les situations où elles peuvent librement disposer de leurs droits"[333]. Dieses Zitat trifft ziemlich genau den Ansatz, dem jetzt gefolgt wird.

2. Darstellung des eigenen Ansatzes

Die Amtsermittlungspflichten des Richters stehen mit den Befugnissen der Parteien in keinem Zusammenhang. Die sinnvollste Lösung ist sicherlich diejenige, die den Richter verpflichtet, die Kollisionsnorm von Amts wegen anzuwenden, egal um welche Art von Rechten es geht[334]. Eine Rechtsnorm kann für die Parteien imperativ oder dispositiv sein, aber für den Richter ist sie immer obligatorisch[335].

Ein Fehler besteht darin, das Schweigen der Parteien mit deren Verzicht auf die Vorschrift zu verwechseln[336]. Die Kollisionsnorm sollte auch deshalb systematisch als zwingend für den Richter betrachtet werden, weil damit gewährleistet ist, dass die Parteien in vollem Bewusstsein entscheiden, ob sie von ihr absehen wollen oder nicht[337].

Ancel und *Lequette* fragen sich ebenfalls, ob die Lösung, nach der es für den Richter immer verpflichtend ist, das Kollisionsrecht anzuwenden, nicht theoretisch die beste wäre. Diese These würde nämlich die bilaterale Struktur der Kollisionsnorm wahren; den dispositiven Normen ihrer Rechtsstreitigkeit könnten

---

333 Übersetzung: „Die zwangsläufige Anwendung der Kollisionsnorm würde sich nur in Situationen durchsetzen, in denen die Parteien nicht über ihre Rechte verfügen; sie könnten dagegen auf diese Norm verzichten [...] in Situationen, in denen sie über ihre Rechte frei disponieren können".

334 *Menjucq*, JCP 2000, Nr. 10, 421.

335 *Motulsky*, L'évolution récente de la condition de la loi étrangère en France, Mélanges Savatier, S. 686: Une règle de droit peut être supplétive ou impérative (pour les parties), mais elle est toujours obligatoire pour le juge.

336 Ähnlicher Ansicht: *Bureau*, Anm. zu Cass. civ. 1ère 4.12.90, JDI 1991, 371; *Menjucq*, JCP 2000, Nr. 10, 421: „L'arrêt Sté Mutuelle du Mans du 26 mai 1999 est un exemple très révélateur de cette confusion puisque la Cour de cassation déduit de l'absence de revendication par les parties du droit étranger en application de la règle de conflit conventionnelle que le juge n'est pas tenu d'appliquer d'office la loi étrangère".

337 Ebenso: *Boschiero*, Riv. dir. int. 1993, 571 f.; dies ist übrigens ein System, das in Ungarn gesetzlich geregelt ist. Dort sind die Kollisionsnormen für den Richter zwingend und stets heranzuziehen (§ 9 IPR-VO). Die Parteien dürfen jedoch erklären, dass sie auf ihre Anwendung verzichten.

die Parteien dennoch zuwiderhandeln[338]. Die prozessuale Dispositionsbefugnis wäre von der Ebene der Kollisionsnormen auf diejenige der Anwendung des materiellen Rechts verschoben. Die Kollisionsnorm würde immer angewandt und der Richter müsste gleich nach Bestimmung des maßgebenden Rechts vereinbarte Abweichungen zum designierten Recht hinnehmen. Die Autoren kommen zu dem Schluss, dass die *lex fori* nur dann zur Anwendung kommen könne, wenn das fremde Recht es zulässt, mit der Folge, dass dem Richter die Ermittlung ausländischen Rechts nicht erspart wäre.

Sie entfernen sich somit von der hier vertretenen Auffassung, nach der die Kollisionsnorm – und nicht die relevante materielle Norm im designierten Recht – dispositiv sein könnte.

Die Dispositivität der Kollisionsnorm ermöglicht den Parteien, durch eine prozessuale Vereinbarung (A), die sich auf den Rechtsstreit beschränkt (B), die Anwendung ausländischen Rechts zu verhindern. Kommt eine solche Vereinbarung nicht zustande, stellt sich die Frage der Beweislast bezüglich der fremden *lex causae* (C).

A. Die prozessuale Vereinbarung

Die These der Disposivität zu befürworten, bedeutet auf keinen Fall, dass man das IPR als System in Frage stellen will. Einige Merkmale der Materie sollten jedoch deutlicher betont werden.

Das IPR ist im engen Sinne ein *systematisches und technisches* Recht, das bei der Regelung von *privatrechtlichen* Sachverhalten mit internationalem Einschlag zur Anwendung kommt, um mittels *Standardregeln* auf diejenige Rechtsordnung eines Landes zu verweisen, die nach den *Vorstellungen des entscheidenden Gerichts (Forum)* die *engsten Kontakte* mit dem Sachverhalt aufweist, damit dank des Einschaltens und der Durchschaubarkeit dieses Systems im *Interesse der Parteien* sowohl *Rechtssicherheit* bezüglich der Handhabung solcher Sachverhalte durch öffentliche Einrichtungen des Forumstaats als auch Aussicht auf *internationale Anerkennung* bestehen können.

Das Kollisionsrecht strebt nach wie vor diese Ziele an. Insbesondere sollte darauf hingewiesen werden, dass die Verweisung nach den engsten Kontakten bereits die abstrakte Gestaltung der Kollisionsnormen bestimmt. Angesichts der hervorgehobenen Merkmale ist nicht ersichtlich, weshalb die Kollisionsnorm selbst gegen den Parteiwillen durchzusetzen ist. Letztendlich wurde sie ja im Interesse der Parteien geschaffen.

---

338 *Ancel/Lequette*, GAJDIP, 32-34 RdNr. 11.

Oben wurde dargestellt, dass bei überragenden öffentlichen Interessen die Parteien nicht mehr über ihre Rechte verfügen und der Rechtskonflikt durch seine diplomatische Dimension geprägt wird[339]. Aber bei disponiblen Rechten ist die Kollisionsnorm nur noch das Instrument der Rechtssicherheit im Interesse der Parteien und dieses Anliegen kann auch ohne obligatorische Anwendung der Kollisionsnorm unterstützt werden.

Es ist jetzt zu untersuchen, nach welchem prozessualen Vorgang die Parteien ihre gemeinsamen Interessen bewahren können: Zeit- und Kostenaufwand, Qualität der Entscheidung, Rechtssicherheit. In Frankreich wurde dafür der Begriff des *accord procédural* entwickelt, eine prozessuale Einigung zwischen den Parteien über das anwendbare Recht[340].

Der *accord procédural* wird die nachfolgenden Überlegungen inspirieren. Der Ausdruck „prozessuale Vereinbarung" wird als übereinstimmender Sachvortrag (b) unter Aufsicht des Richters zur Umgehung der Kollisionsnorm zu verstehen sein. Ein solcher Begriff könnte sich in jedes Rechtssystem einfügen.

Zunächst muss der systematische Kontext beschrieben werden, in dem die prozessuale Vereinbarung zustande kommen wird (a).

a) Systematik

Das System des dispositiven Kollisionsrechts funktioniert nach einem einfachen Schema: Die anwendbare Kollisionsnorm ist bekannt; der Richter wirft das kollisionsrechtliche Problem *ex officio* auf; die Anwendung der Kollisionsnorm ist nicht zwingend für die Parteien, wenn sie über ihre Rechte verfügen. Die prozessuale Vereinbarung soll ihnen ermöglichen, von der Kollisionsnorm bzw. von der Internationalität des Streitfalles abzusehen, um einen Rückzug auf die *lex fori* zu bewirken.

(1) Die Kollisionsnorm als Norm der lex fori

An dieser Stelle muss betont werden, dass der Begriff *lex fori* in den vorliegenden Ausführungen nicht nur als ein kollisionsrechtlicher betrachtet wird, sondern auch als Synonym für das Recht des entscheidenden Gerichts. Daher wird der Ansicht widersprochen, die Anwendung der *lex fori* sei nur kollisionsrechtlich zu erreichen. Die *lex fori* darf nicht nur dann angewandt werden, wenn die Kollisionsnorm auf das Recht des Forumstaates verweist, das heißt wenn sie

339 Siehe I.3.A. und I.2.C.

340 Vgl. Formulierungen bei *Hartenstein*, Die Privatautonomie im IPR als Störung des europäischen Entscheidungseinklangs, S. 48 und 56.

zugleich die *lex causae* ist[341]. Ihr kommt eine ergänzende Rolle hinzu, sie hat eine Auffangfunktion für alle Sachverhalte, worauf das Kollisionsrecht mangels Auslandsbezuges nicht anwendbar ist.

Art. 3 I S. 1 EGBGB sieht vor, dass die Regeln des internationalen Privatrechts nur zur Anwendung kommen, wenn ein Auslandsbezug vorliegt: „Bei Sachverhalten mit einer Verbindung zum Recht eines ausländischen Staates bestimmen die folgenden Vorschriften, welche Rechtsordnungen anzuwenden sind (Internationales Privatrecht)".

Wenn der Richter keinen Auslandsbezug feststellen konnte, ist das Kollisionsrecht irrelevant und die *lex fori* kcmmt nicht kollisionsrechtlich, sondern prozessrechtlich unter Geltung des Prinzips *iura novit curia* zum Zuge. Das Kollisionsrecht kann nicht als primär heranzuziehendes Normengebilde verstanden werden: Es ist zwar richtig, dass die *lex fori* angewandt wird, wenn alle Tatbestandmerkmale einer Kollisionsnorm im Forumstaat liegen, aber der Umweg über die Kollisionsnorm bedeutet notwendigerweise das Vorhandensein eines Auslandsbezugs.

Ein Beispiel soll den Unterschied verdeutlichen: Ein französisches Auto prallt gegen einen deutschen Lkw auf einer deutschen Autobahn; der deutsche Richter wird einen Rechtsstreit in diesem Fall anhand seiner Kollisionsnormen nach der deutschen *lex fori* entscheiden wollen; ein Auslandsbezug (zu Frankreich) ist vorhanden, doch die relevanten Tatbestandmerkmale liegen in Deutschland. Wenn es sich jetzt um zwei deutsche Autos gehandelt hätte, wäre das Kollisionsrecht nicht einmal anwendbar gewesen. Der Auslandsbezug ist eine Voraussetzung für die Anwendung der Kollisionsnormen. Unter dem Gesichtspunkt, dass die *lex fori* nur sekundär wäre im Vergleich zum Kollisionsrecht, ist der Rückgriff auf *ordre public* Regeln und zwingende materielle Vorschriften, um die kollisionsrechtliche Verweisung gegebenenfalls auszuschalten, schwer zu rechtfertigen.

Das Heranziehen ausländischen Rechts stützt sich auf die Kollisionsnorm oder auf eine entsprechende Vertragsvereinbarung. Prozessrechtlich gesehen ist die Kollisionsnorm die einzige Tür zu fremden Rechtsordnungen. Wenn die Kollisionsnorm im Prozess ausgeschaltet wird, kann der Richter nicht mehr zum ausländischen Recht gelangen.

---

341 Contra: *Hartenstein*, Die Privatautonomie im IPR als Störung des europäischen Entscheidungseinklangs, S. 36: „Es kann [...] keine *lex fori* angewandt werden, wenn die Parteien keine Tatsachen vorgetragen haben, die die Anknüpfung an die *lex fori* gestatten", insbesondere auch S. 38 f., 91, 115, 135.

Wenn das Kollisionsrecht trotz Anwendbarkeit letztendlich nicht zur Anwendung kommt, kann der Richter nur noch das inländische materielle Recht seiner Entscheidung zugrunde legen.

(2) Ausblendung der Internationalität

Sachrechtlich gesehen könnte die *lex fori* auf jeden Sachverhalt Anwendung finden. Der Auslandsbezug räumt dem Kollisionsrecht nur einen Vorrang ein. Mit der prozessualen Vereinbarung wird von der Internationalität des Rechtsstreits abstrahiert. So verhindert man die Zwischenschaltung des Kollisionsrechts.

Diese Vereinbarung schränkt den Kreis der potentiell anwendbaren Rechtsnormen ein, die Rechtslage wird auf eine inländische reduziert. Dem Richter wird nicht aufgezwungen, ein unanwendbares Recht oder eine Vorschrift, dessen Voraussetzungen nicht erfüllt sind, anzuwenden[342]. Man hindert ihn nur daran, die Kollisionsnorm anzuwenden, indem man auf den Auslandsbezug verzichtet.

b) Begriffserläuterung

Die Frage ist, ob die Parteien einverständlich über das Kollisionsrecht disponieren können, um den Richter zu zwingen, die inländische Rechtsordnung anzuwenden, obwohl das EGBGB oder das relevante internationale Übereinkommen auf das ausländische Recht verweist. Es geht nicht um eine kollisionsrechtliche Rechtswahl, die vom Gesetz in bestimmten Bereichen erlaubt, im Übrigen aber ausgeschlossen wird, sondern um einen Sachvortrag (1), wodurch beide Parteien die Auslandsbezüge ausblenden, um das Kollisionsrecht zu umgehen (2) und somit den Streitgegenstand der *lex fori* zu unterstellen.

(1) Übereinstimmender Sachvortrag

Vor dem Hintergrund, dass die Vereinbarung im Ergebnis auf die Umgehung des ausländischen Rechts abzielt, muss zunächst entschieden werden, welche Rechtsordnung die rechtliche Grundlage für eine solche prozessuale Vereinbarung über das Kollisionsrecht liefert.

Hier ist auf die Aufspaltung der kollisionsrechtlichen Bewältigung verfahrensbezogener Vereinbarungen hinzuweisen[343].

---

342 Vgl. *Bureau*, L'accord procédural à l'épreuve, Rev. Crit. 1996, 596.
343 Vgl. *Wagner*, Prozessverträge, S. 348 ff., insb. 352 und 388.

Die *Zulässigkeit und Wirkungen* der prozessualen Vereinbarung sind aus drei Gründen nach der für das Prozessrecht zuständigen *lex fori* zu entscheiden: erstens bezweckt die Vereinbarung den Rückzug auf die *lex fori* und die Umgehung der Kollisionsnorm, also einer einheimischen Norm; zweitens hängt sie, wie oben gesehen, unmittelbar von der Einschätzung der Disponibilität nach der *lex fori* ab; drittens harmoniert diese Lösung mit der Tatsache, dass die Grenzen der Dispositionsfreiheit im Prozess anders als die Grenzen der materiellen Privatautonomie von der *lex fori* bestimmt werden.

Das für das *Zustandekommen* der prozessualen Vereinbarung maßgebliche Recht könnte hingegen etwas mehr Schwierigkeiten bereiten. Für die *prozessuale* Vereinbarung genügt es, dass die Sachvorträge der Parteien übereinstimmen. Sie löst ihre Wirkung aus im Augenblick ihrer Entstehung. Es ist keine positive und antizipierende vertragliche Vereinbarung. Die Untrennbarkeit von Zustandekommen und Wirkung dieses Prozesshandelns, die eine prozessuale Handhabung des Kollisionsrechts darstellt, spricht für die Maßgeblichkeit der *lex fori*[344].

Im deutschen Recht ist auf den ersten Blick keine Grundlage für eine prozessuale Vereinbarung (über das Kollisionsrecht) festzustellen.

In Frankreich hätte die Bindung des Gerichts an den von den Parteien vorgetragenen Sachverhalt auch mit Blick auf die kollisionsrechtliche Fragestellung bereits im Jahr 1961 in der *Bertoncini*-Entscheidung erkannt werden können[345]. In diesem Fall wurde das italienische Scheidungsverbot mangels Berücksichtigung der Kollisionsnorm außer Acht gelassen. Die Parteien hatten weder die Auslandsberührungen des Sachverhalts noch die kollisionsrechtliche Frage erwähnt. Nach Art. 7 Abs. 1 NCPC ist es dem französischen Richter verwehrt, solche Tatsachen zu berücksichtigen, die nicht Gegenstand der streitigen Verhandlung der Parteien, also nicht Inhalt der Akten waren. Das Gericht kann zwar gemäß Art. 7 Abs. 2 NCPC Elemente des Akteninhalts berücksichtigen, die nicht von den Parteien vorgetragen worden sind, ist dazu jedoch nicht verpflichtet. Sollte der nicht erwähnte Akteninhalt berücksichtigt werden, verlangt Art. 16 Abs. 2, 3 NCPC, dass den Parteien gemäß dem *principe du contradictoire* Gelegenheit zur Stellungnahme gegeben wird. Diese Entscheidung ist auch im Sinne der Gerichtsfakultativität zu verstehen.

Die Cour de cassation hat sich dann 1988 deutlich für eine prozessuale Dispositionsfreiheit der Parteien über das Kollisionsrecht ausgesprochen. Im bereits

---

344 Zum gleichen Ergebnis, allerdings bei einer abändernden Rechtswahl, gelangen *Hohloch/Kjelland*, Abändernde stillschweigen Rechtswahl und Rechtswahlbewußtsein, IPRax (1) 2002, 31.

345 Cass. civ. 11.7.1961 *Bertoncini*, Rev. Crit. 1962, 124, Anm. *Batiffol*; JDI 1963, 132, Anm. *Goldman*.

erwähnten *Roho* Fall[346] wurde den französischen Parteien nach einem Unfall im Ausland die Anwendung ihres nationalen Rechts zugebilligt. Zur Begründung dieser Entscheidung stützte sich das Gericht auf Art. 12 Abs. 3 NCPC[347]: Der Richter ist an eine ausdrückliche Vereinbarung (*accord exprès*) der Parteien über Tatsachen und präjudizielle Rechtsverhältnisse gebunden[348].

Wenn die Parteien über die streitbefangenen Rechte verfügen können, ist also die eindeutig feststellbare[349] prozessuale Vereinbarung erlaubt[350]. In ihrer neuesten Rechtsprechung begann sich die Cour de cassation von den strikten Erfordernissen des Art. 12 Abs. 3 zu distanzieren. In der Sache *Hannover international*[351] ist keine Rede mehr von dem Erfordernis eines *accord exprès*[352]. Die Cour lässt es für den Rückzug auf die *lex fori* ausdrücklich ausreichen, dass sich die Parteien in ihrem Vorbringen jeweils allein auf französisches Recht gestützt haben. Mit anderen Worten für die Anwendung der *lex fori* genügt eine stillschweigende Vereinbarung (*accord tacite*), die dadurch gekennzeichnet ist, dass keine Partei die Anwendung der einschlägigen Kollisionsnorm verlangt.

Die prozessuale Vereinbarung, um die es in der folgenden Analyse gehen wird, steht diesem *accord procédural* der französichen Rechtsprechung nah, insofern dass sie nicht ausdrücklich erfolgen muss und vielmehr aus einer Übereinstimmigkeit resultiert.

(2) Abwahl des Kollisionsrechts

Durch die Rechtswahl wirken die Parteien rechtskonstruktiv, sie kommen aufeinander zu, sie wollen ihr Rechtsverhältnis gestalten.

346 Cass. civ. 1ère 19.4.1988 *Roho*, Rev. Crit. 1989, 68.

347 Kritisch dazu *Muir Watt*, Justices 1997, 264 ff.

348 *Lagarde*, Rev. Crit. 1997, 70; nur bei Gerichtsfakultativität *Bureau*, L'accord procédural à l'épreuve, Rev. Crit. 1996, 609: „la vocation première de l'accord procédural, par la nécessaire liaison qu'il entretient avec la libre disposition des droits, est de jouer là où le juge n'a pas le devoir d'appliquer la règle de conflit".

349 Über die Ausdrucksweise dieser Vereinbarung wird viel diskutiert. Schlichte übereinstimmende Vorträge könnten ausreichen, vorausgesetzt, dass sich die Parteien der Normenkollision bewusst waren. Vgl. *Ancel/Lequette*, GAJDIP, 78 RdNr. 9; Vergleich mit der Regel im inländischen Recht: Der Verzicht auf eine suppletive Regel kann aus dem bloßen Schweigen der Parteien entstehen (siehe z.B. Cass. civ. 1ère 24.3.1998, Defrénois 1998, 1407, obs. *Delebecque*).

350 *Fauvarque Cosson*, Dalloz 2000 Nr. 8, Le juge français et le droit étranger, 127.

351 Cass. civ. 1ère 6.5.1997 *Hannover international*, Rev. Crit. 1997, 514, Anm. *Fauvarque-Cosson*; JDI 1997, S. 804, Anm. *Bureau*; *Ancel/Lequette*, GAJDIP, 78.

352 Bestätigend *Mayer*, Anm. Cass. civ. 1ère 1.7.1997, *Driss A.* und *Karl Ibold*, Rev. Crit. (87) 1998, 66.

Während sich die Gestaltungsmöglichkeiten der Parteien bei einer Rechtswahl positiv nach materiell-rechtlichen Motivationen auf das designierte Recht beziehen, wirkt die prozessuale Vereinbarung negativ durch die Abwahl des an sich anwendbaren Rechts. Im einen Fall errichtet der Parteiwillen als Anknüpfungspunkt die Kollisionsnorm, im anderen Fall baut er als prozessuale Vereinbarung Kollisionsrecht ab[353].

Die Vertragsvereinbarung kreiert. Sie ist die autonome und positive Wahl von Regeln, um ein Rechtsverhältnis zu gestalten. Bei einer Rechtswahl ist alles möglich, die Parteien können jede Rechtsordnung wählen, irgendeine *lex causae* bestimmen, denn diese Rechtwahl *ist* die in der Kollisionsnorm integrierte Rechtsfolge, sie konstituiert die Kollisionsnorm.

Bei dispositivem Kollisionsrecht können die Parteien entscheiden, ob die Kollisionsnorm zur Anwendung kommen soll oder nicht, die Anwendung der fremden *lex causae* hängt dann von dieser Entscheidung ab[354]. Die prozessuale Vereinbarung ist eine Abwahl der Kollisionsnorm im Laufe eines Prozesses, keine konstituierende Wahl, die Heranziehung eines Drittrechts ist ausgeschlossen. Wenn die Parteien bei der prozessualen Vereinbarung nicht nur abbauend die Kollisionsnorm ausblenden, sondern auch konstruktiv eine beliebige Rechtsordnung heranziehen könnten, wäre der Richter Komplize einer Rechtsanwendung, die keine rechtliche Grundlage hat.

Zu dieser technischen Begründung gegen eine Befugnis der Parteien, durch eine prozessuale Vereinbarung die Anwendung eines beliebigen Drittrechts zu erreichen, kommen praktische Argumente hinzu.

In Frankreich kommt die Abwahl der *lex fori* zugunsten einer ausländischen Rechtsordnung wenig in Betracht. Aber das Problem spaltet die *Doctrine* und wird zum Fall erweitert, in dem die Kollisionsnorm auf ein ausländisches Recht hinweist, von dem die Parteien unter Berufung eines „Drittrechts" bzw. eines anderen ausländischen Rechts abweichen wollen. Es zeigt sich jedoch in der Praxis, dass die Parteien mit einem *accord procédural* nur sehr selten ein anderes Recht als die *lex fori* wählen wollen.

In der dogmatischen Diskussion setzen einige Autoren den Akzent auf die Disponibilität der Rechte und die Gleichbehandlung französischen und fremden Rechts und sind der Ansicht, die Parteien dürften ein anderes Recht als die *lex*

353 *Ancel/Lequette*, GAJDIP, 78 RdNr. 7: „L'accord de fond est constitutif de la règle de conflit" alors que „l'accord procédural est élisif de la règle de conflit".

354 Vgl. *Bischoff* in Les problèmes actuels posés par l'application des lois étrangères, S. 134.

fori wählen, außer bei betrügerischer Kollusion, solange sie dessen Inhalt beweisen[355].

Die Rechtsprechung hat sich noch nicht ausdrücklich festgelegt, aber die Redundanz „*loi française du for*" im bereits erwähnten *Hannover* Urteil spricht offensichtlich gegen die unbeschränkte prozessuale Wahlfreiheit.

Zudem strebt das fakultative Kollisionsrecht einen Rationalisierungseffekt an und würde ohne prozesswirtschaftliche Dimension keinen Sinn mehr machen. Der Aufwand für die Justiz würde sich erheblich erhöhen, wenn die Parteien das Gericht durch entsprechende Vereinbarung dazu zwingen könnten, ihren Streit nach jeder x-beliebigen Rechtsordnung zu entscheiden. *Mayer* unterstreicht dabei die Aufgaben und Funktionen des Richters: Der Richter sei kein „intellektueller Akrobat", der sich, nur weil die Parteien es so wollen, mit jedem Problem befassen muss, sobald ihm die Fakten vorliegen[356]. Die prozessuale Vereinbarung ist eine Chance für die Parteien, die Qualität des Urteils zu steigern.

c) Ausschluss bei indisponiblen Rechten

(1) Leitende Rolle des Richters

Es wurde gezeigt, dass der Richter seinerseits einen IPR-Fall immer aufklären muss, sobald er die Internationalität vermutet, um gegebenenfalls die Kollisionsnorm durchsetzen zu können, wenn die Rechte indisponibel sind[357].

Wurde ein Auslandsbezug identifiziert, muss sich dann der Richter in einem ersten Schritt bemühen, in objektiver Weise die sachnächste Rechtsordnung zu bestimmen, damit eine gerechte, kollisionsrechtliche Lösung des Falles vorliegt, wenn sich die Parteien nicht einigen wollen oder können.

Der zweite Schritt sollte darin bestehen, die subjektiven Parteiinteressen zu berücksichtigen und dadurch zugleich eine effiziente Justizverwaltung zu fördern. Der IPR-Gerechtigkeitsgehalt, der „Sitz" des Rechtsverhältnisses, bedarf einer Ergänzung, die auf die Parteiinteressen abgestimmt ist.

Der Richter muss überprüfen, ob die Voraussetzungen für eine prozessuale Vereinbarung gegeben sind. Er schafft also die Grundlage für die prozessuale Vereinbarung, indem er sagt, ob die Rechte verfügbar sind oder nicht. Er entscheidet im Vorfeld nach objektiven Kriterien und unabhängig von jedem Parteiwillen, ob er den Parteien die Möglichkeit gibt, die Kollisionsnorm auszu-

---

355 *Fauvarque-Cosson*, Libre disponibilité des droits et conflits de lois, Nr. 480 f., S. 288 f.; vgl. *Lagarde*, Trav. Com. fr. de DIP 1990-91, S. 36.

356 *Mayer*, Le juge et la loi étrangère, Rev. suisse de droit international et européen 1991, 488.

357 Siehe I.1.A

schalten. Ohne ihn ist eine solche Vereinbarung nicht denkbar, weil er allein in der Lage ist, die diplomatischen Konsequenzen und vor allem das Anerkennungsproblem einzuschätzen.

Der Richter wirft zunächst die kollisionsrechtliche Frage auf, damit die Parteien gleich auf einer nachhaltigen Basis argumentieren können. Sodann weist er die Parteien auf die Möglichkeit hin, die Kollisionsnorm „stillzulegen“. Zuerst sorgt er also für Rechtssicherheit und Urteilsfreizügigkeit, dann erinnert er die Parteien an die Konsequenzen der Verweisung durch die Kollisionsnorm, bzw. den materiellen und zeitlichen Aufwand. Letztendlich entscheiden allein die Parteien, ob die Kollisionsnorm zur Anwendung kommen soll oder nicht.

Es sollte auch sichergestellt werden, dass die Parteien sich ihrer aus dem Prinzip der Disponibilität entstehenden Befugnis bewusst sind: Gemeinsam können sie den Richter auffordern, die *lex fori* statt der *lex causae* anzuwenden[358]. Die Parteien werden vom Richter quasi vor der Wahl gestellt zwischen *lex causae* und *lex fori*. Er muss dann gegebenenfalls sicherstellen, dass beide Parteien tatsächlich von der Kollisionsnorm absehen wollen.

Der Richter könnte rein theoretisch versuchen, um sich Arbeit zu ersparen, auf die schwächere Partei Einfluss zu nehmen, aber dies wäre mit seiner Pflicht zur Unparteilichkeit nicht zu vereinbaren. Man kann den Richter, der seiner öffentlich-rechtlichen Aufgabe bewusst ist, nicht daran hindern, den Parteien die praktischen Vorteile der *lex fori* darzustellen. Wenn der Richter die kollisionsrechtliche Frage aufwirft, ist *Flessner* der Auffassung, er müsse die Sachlage so darlegen, dass jede Partei die Vorteile der Anwendung einheimischen Rechts gegen die Risiken der Reise ins ausländische Recht verständig abwägen kann[359].

Diese Vorteile sind wie gesehen vielfältig: Zuerst sind es die Zeit- und Geldersparnisse, dann die Qualität der Entscheidung aufgrund der *lex fori*, die zu einem weniger zufälligen Ergebnis führt als diejenige, die auf ausländischem Recht beruht. Zum einen besteht im letzteren Fall keine Sicherheit, was die Treue zum positivem Recht angeht; zum anderen könnte eine „gut“ beratene Partei das fremde Recht so hinbiegen, wie sie es gerne hätte.

Dazu weiß der Richter auch, ob das ausländische Recht einfach zu erkunden ist oder nicht. Er vermittelt also die prozessuale Vereinbarung, er wirkt mit, bringt eigene Gesichtpunkte, ähnlich wie bei einer gütlichen Einigung. Er macht den Parteien deutlich, dass sie im Falle der Verfügbarkeit bei der Ermittlung des

358 *Fauvarque-Cosson*, Libre disponibilité des droits et conflits de lois, RdNr. 540 S. 455: „on pourrait considérer que le juge devrait, non seulement signaler aux parties qu'une loi étrangère est compétente, mais également leur faire savoir qu'elles ont la faculté d'exclure conventionnellement la règle de conflit et, partant, la loi étrangère qu'elle désigne“.

359 *Flessner*, RabelsZ. 34 (1970), 583.

von der Kollisionsnorm designierten Rechts mitwirken müssen, wenn sie sich prozessual nicht zugunsten der *lex fori* einigen.

(2) Liste der indisponiblen Rechte

Die Kollisionsnormen bleiben nach wie vor unentbehrliche Regeln. Eine Partei kann nicht gezwungen werden, mit der anderen irgendein Abkommen im Laufe des Prozesses abzuschließen. Man braucht im voraus festgelegte Kollisionsnormen bei disponiblen Rechten, falls die Parteien nichts vereinbaren wollen oder können. Diese Regeln ermitteln das Recht, das mit dem Sachverhalt aus objektiver Sichtweise die engste Verbindungen aufweist, falls die Subjektivitäten der Parteien nicht übereinstimmen. Rechtssicherheit und Vorhersehbarkeit verlangen, dass eine Partei sich immer auf die Kollisionsnorm, von der sie meist über ihren Anwalt Kenntnis hat, verlassen kann.

Sowohl die Rechtssicherheit, als auch die internationale Anerkennung fordern zudem dazu auf, Transparenz bei der Vorgehensweise des Richters in der Überprüfung der Disponibilität zu befürworten.

Es gibt wie bereits erwähnt keine klare Definition der Disponibilität, dafür aber einzelne Kategorien, in die man die unverfügbaren Rechte einteilen könnte.

Für die Praxis ist die entscheidende Frage letztendlich nicht *wie* die Grenze zwischen Kann und Muss gezogen wird, sondern *wo*[360]. Es wäre sinnvoll, angesichts der entscheidenden Rolle, die dem Kriterium zuteil wird und des doch begrenzten Ausmaßes der Indisponibilität im Privatrecht (Zivil- und Handelsrecht), eine unverbindliche „Liste der Indisponibilität" zusammenstellen und dann die Disponibilität als Grundsatz zu errichten[361].

Eine solche deklaratorische Liste würde stichwortartig Rechtsgebiete aufzählen, in denen regelmäßig unverfügbare Rechte entstehen. Die Parteien hätten damit ein Mittel, die richterliche Entscheidung bezüglich der Disponibilität zu antizipieren und nachzuvollziehen.

Eine Stellungnahme, die von den bisherigen, unverbindlich aufgelisteten Ergebnissen abweichen würde, wäre vom Richter zu begründen. Die Existenz eines offiziellen schriftlichen Anhaltspunkt hätte den weiteren Vorteil, die „sensiblen" Domänen in das Bewusstsein der Richters zu bringen, so dass er bei seiner Entscheidung kein ausschlaggebendes Element übersehen würde.

---

360 *Fentiman*, Foreign law in English courts, S. 274.

361 Vgl. *Bellet* in Bezug zum Vortrag von Alexandre in Les problèmes actuels posés par l'application des lois étrangères, S. 115: „...il faudrait arriver à établir une liste distinguant les matières dans lesquelles le choix des parties est possible de celles dans lesquelles il ne l'est pas".

Wie *Schiedermair* feststellen musste, ist das öffentliche Interesse in erheblichem Maße relativ zum jeweils vorherrschenden Zeitgeist[362]. Um Schwankungen und Entwicklungen in der Sozial- und Wirtschaftspolitik fortlaufend umzusetzen zu können, sollte die unverbindliche Liste ein zugänglicher und leicht abänderbarer Text sein. Diese Aufgabe könnte von der Exekutive bzw. vom Justizminister am ehesten übernommen werden. Die Form einer ministeriellen Richtlinie würde sich empfehlen. Da nur herausragende öffentliche Interessen die Unterdrückung von Privatinteressen im IPR rechtfertigen, ist allerdings nicht zu erwarten, dass eine Aktualisierung allzu oft notwendig sein würde.

Aufgrund dessen, dass die Disponibilität ein international harmonisierbares Kriterium sein sollte[363], wäre darüber hinaus an eine von der EU-Kommission geführte Liste zu denken.

In die Liste aufzunehmen sind praxisorientierte Kategorien regelmäßig anerkannter indisponibler Rechte wie etwa:

- Personalstatut bzw. Statussachen,
- Rechts- und Geschäftsfähigkeit,
- Arbeitnehmer[364]-, Verbraucher-[365], Mietschutz, Schutz der Kinderrechte,
- Kartell- und Wettbewerbsrecht, Insolvenzrecht,
- Rechte an Grundstücken.

Außerhalb dieser Liste sind Rechte prinzipiell als disponibel zu betrachten, zum Beispiel Forderungsrechte, Gesellschaftsrechte, Vertragsrechte, Urheberrechte.

B. Beschränkung auf den Rechtsstreit

a) Gültigkeit der Vereinbarung für den gesamten Prozess

Wenn die Parteien entscheiden dürfen, ob das kollisionsrechtlich berufene fremde oder einheimisches Recht angewandt werden soll, so sei laut *Flessner* die Berufung der Parteien auf das eine oder das andere Recht ein prozessuales Angriffs- oder Verteidigungsmittel im Sinne von §§ 279, 529 ZPO genauso wie etwa der Vortrag von Tatsachen oder die Verjährungseinrede. Wie daher ein Pro-

---

362 *Schiedermair*, Vereinbarungen, S. 58, 59.

363 Siehe I.3.B.b)(4).

364 In Frankreich gelten beispielsweise die Vorschriften über Lohn, Sozialversicherung, Arbeitsstunden und Arbeitsbedingungen nach Art. L 341-5 des Code du Travail (franz. ArbeitsG) als *lois de police*.

365 Vgl. *Lando*, Consumers contracts and party autonomy in the conflict of laws in Festschrift Malmström, S. 147 und 151 f.: „The interests of the society [...] [*are*] generally stronger in consumers contracts than in commercial contracts".

zess noch in der Berufungsinstanz auf eine neue tatsächliche Grundlage gestellt werden kann, so könne auch die rechtliche Grundlage von den Parteien bis dahin noch erneuert werden, indem sie vom deutschen auf ausländisches oder vom ausländischen auf deutsches Recht „umschalten“ [366].

Diese Auffassung überzeugt nicht. Sie impliziert gerade dies wieder, zu dessen Verringerung man die Theorie aufgestellt hat, nämlich den Verfahrensaufwand.

Die Klärung der kollisionsrechtlichen Frage und die materiell-rechtliche Debatte sollten vielmehr als zwei sukzessive Etappen betrachtet werden. Der Richter muss das kollisionsrechtliche Problem von Amts wegen erörtern, sobald er Auslandsbezüge feststellen kann, um keine Zeit zu verschwenden. Das Verfahren sollte vereinfacht werden; es wäre zu umständlich, abzuwarten bis die Parteien eine Diskussionsgrundlage (die materiell-rechtliche) erschöpft haben und die nächste dann aufgreifen (die Rechtsordnung, die von der Kollisionsnorm designiert wurde). Ehe man eine Verfahrensverschleppung in Kauf nimmt und die Parteien verhandeln und langsam debattieren lässt, sollte man die jeweiligen Standpunkte abklären, damit sich die Debatte gleich und ohne Verzögerung auf das Wesentliche konzentrieren kann[367].

Natürlich ist die Vereinbarung lediglich eine Befugnis. Jede Partei sollte zwar dazu berechtigt sein, die von der Kollisionsnorm designierte Rechtsordnung heranzuziehen, sei es nur, weil sie Zugang zum nationalen Recht haben und alle auf dem nationalen Recht beruhenden Rechtsgründe zunächst gestattet sind. Das Kollisionsrecht ist ein Teil des nationalen Rechts, das Rechtsanwälte also beherrschen müssen.

Man kann allerdings die Auffassung vertreten, dass die Parteien sich auf die Anwendung ausländischen Rechts nicht mehr berufen können, sobald sie im Rechtsstreit die Geltung deutschen Rechts vereinbart haben.

Aus den geschilderten prozessökonomischen Gründen sollten die Parteien, die von der Kollisionsnorm absehen wollen, dies im Vorfeld bekannt geben. Sobald es dann um die inhaltliche Anwendung einer Rechtsordnung geht, würden sie das Recht verlieren, sich über das Kollisionsrecht im weiteren Verlauf des Prozesses zu streiten bzw. zu einigen.

Man könnte auch die neue Regelung zum internationalen Deliktrecht in Art. 40 I S. 3 EGBGB aufgreifen – wonach das (allerdings einseitige) Bestimmungsrecht „nur im ersten Rechtszug bis zum Ende des frühen ersten Termins oder dem Ende des schriftlichen Vorverfahrens“ ausgeübt werden kann – und die

366 *Flessner*, RabelsZ 34 (1970), 567 und 568.

367 *Normand* in Storme, Rapprochement du Droit Judiciaire de l'Union Européenne, S. 91

Vereinbarung einer prozessualen Disposition also auch nur bis zu einem gewissen Zeitpunkt zulassen.

Die zeitliche Begrenzung dieser Option durch die sehr frühe *deadline* dient der Prozessökonomie. Außerdem wird der Richter durch diese Änderung entlastet, da er im Gegensatz zur bisherigen Rechtslage nicht mehr von Amts wegen mehrere Rechtsordnungen ermitteln und diese in mehreren Instanzen daraufhin überprüfen muss, welche den vom Kläger geltend gemachten Anspruch rechtfertigt[368].

Da Auslandsbezüge in der Regel kaum zu übersehen sind, kann die prozessuale Vereinbarung nur gleich zu Beginn der ersten Instanz stattfinden. Sie wirkt sich auf die Tatsachengrundlage aus, indem sie ein Absehen von der internationalen Dimension des Rechtsstreits bedeutet. Es kann nicht zulässig sein, eine Behauptung und ihr Gegenteil im Laufe des Prozesses beliebig abwechselnd heranzuziehen.

Hier muss man mit der Kritik rechnen, dass somit prozessuale Befugnisse schon vor Eintritt der prozessualen Situation, auf die sie sich beziehen, eingesetzt werden. Man solle die Entschlussfreiheit der Parteien gegenüber vorzeitigen, übereilten und daher unüberlegten Bindungen schützen[369]. Der eventuellen Leichtsinnigkeit einer der Parteien wird jedoch durch die richterliche Hinweispflicht ausreichend entgegengewirkt, indem sichergestellt wird, dass sich die Parteien der Internationalität des Rechtsstreits und der Anwendbarkeit eines fremden Rechts bewusst sind.

Diese Sicherungen wären nicht gegeben, wenn eine prozessuale Vereinbarung auch in Form einer vorprozessualen Abrede erfolgen könnte. Die vorprozessuale Abrede ist aber kein einverständliches Parteihandeln im Prozess, sondern ähnlich wie die Prorogation ein Prozessvertrag[370], der der Richter nicht mit einbezieht[371]. Der Gedanke einer Umgehung der Kollisionsnorm durch eine vor-

368 Bisher galt ja bei einer Divergenz von Handlungs- und Erfolgsort das dem Verletzten günstigere Recht, was der Richter – vorbehaltlich einer entsprechenden Wahl des Anspruchstellers – von Amts wegen zu ermitteln hatte („Günstigkeitsprinzip"): BGH NJW 1981, 1606 = BGHZ 80, 199; BGHZ 132, 105 (117 f.).

369 *Baumgärtel*, Wesen und Begriff der Prozesshandlung einer Partei im Zivilprozess, S. 189 ff.; *Nikisch*, Zivilprozessrecht, § 55 II, S. 219; *Schlosser*, Einverständliches Parteihandeln im Zivilprozess, S. 44 ff.

370 Zöller Komm. ZPO *Volkommer*, § 38 ZPO RdNr. 4.

371 Daher wäre die Übervorteilung durch Ausnutzung asymmetrischer Verhandlungspositionen mittels der Sicherungen der materiell-rechtlichen Privataunomie und die Prinzipien der allgemeinen Rechtsgeschäftslehre verhindert und der Prozesspartei einen angemessenen Schutz vor einem Missbrauch der Vertragsfreiheit durch den Gegner gewährleistet: *Wagner*, Prozessverträge, S. 68, 92, 96, 121 f.

prozessuale Abrede ist also abzuweisen; die Bedingung der Disponibilität der Rechte bedarf einer Stellungnahme des Richters.

Nach heutiger Rechtsprechung überprüfen der BGH und die Cour de cassation , ob der Tatrichter seiner Pflicht nachgekommen ist, das geeignete Recht zu designieren und seine Ermittlung zu veranlassen. Richter des französischen obersten Gerichts bedauern, dass die erstmalige Argumentation aufgrund des ausländischen Rechts nicht zurückgewiesen werden kann, auch wenn sie offensichtlich nur darauf abzielt, ein Revisionsverfahren einzuleiten, um den Prozess hinauszuzögern[372]. Es handelt sich dabei weder um die Bequemlichkeit der höchsten Richter noch um die Entlastung der Cour de cassation, sondern um die Verhinderung bösgläubigen Verhaltens, das den Prozess nur in die Länge ziehen soll.

Man kann dennoch aus französischer Hinsicht die Auffassung vertreten, dass das erstmalige Heranziehen des ausländischen Rechts vor dem Revisionsgericht verboten sei, denn es wäre ein neuer Rechtsgrund, der eine Analyse des Sachverhalts erfordern würde[373].

Mit dem vorgeschlagenen System, in dem der Richter das kollisionsrechtliche Problem von Amts wegen aufwerfen muss, sobald er es erkennt, müsste die Frage der Argumentation aufgrund des ausländischen Rechts bereits in der ersten Instanz geklärt worden sein.

Diese Auffassung entspricht dem Sinn des Verfahrens vor den deutschen Berufungsgerichten nach §§ 529 ff. ZPO: Man wird die Kollisionsnorm nicht erst in der Berufungsinstanz als Angriffs- oder Verteidigungsmittel nach § 531 ZPO geltend machen können; entweder wird das Gericht die nicht übersehene kollisionsrechtliche Frage aufgeworfen haben oder wird man der vortragenden Partei Nachlässigkeit vorwerfen können.

Insbesondere kommt auch § 535 ZPO eine wichtige Bedeutung im System des dispositivem Kollisionsrechts zu, weil sich die Figur des Geständnisses im Nachhinein als gesetzliche Grundlage für die Theorie erweisen wird[374]. Diese Vorschrift steht mit der bisherigen Analyse im Einklang: „Das im ersten Rechtszuge abgelegte gerichtliche Geständnis behält seine Wirksamkeit auch für die Berufungsinstanz“.

---

372 *Lemontey/Réméry*, Rapport de la Cour de cassation 1993, S. 81.

373 *Alexandre* in Les problèmes actuels posés par l'application des lois étrangères, S. 29: „Mais un pourvoi en cassation ne peut être formé pour non-application de la loi étrangère compétente si ce moyen est invoqué pour la première fois devant la Cour de cassation, car il s'agit alors d'un 'moyen nouveau', 'mélangé de fait et de droit'“.

374 3. Teil II.

Die Entscheidung der Parteien über das anzuwendende Recht kann nur anlässlich eines Gerichtsverfahrens und in Bezug auf eine bestimmte Rechtsfrage Gültigkeit haben[375]. Die prozessuale Vereinbarung ist im Gegensatz zur Rechtswahl nur ein übereinstimmender Sachvortrag, ein einverständliches Parteihandeln in einem ganz bestimmten Verfahren. Sie gilt für die im Verfahren streitbefangenen Rechte und geht also auch mit dem Prozess zu Ende.

Die prozessuale Vereinbarung ist durch die Fokussierung auf die umstrittenen Rechte materiell-rechtlich abgegrenzt[376]. Eine vertragliche Rechtswahl hingegen[377] gilt für die Gesamtheit des Vertrags, es sei denn, die Parteien haben etwas anderes vereinbart (*dépeçage*). Sie besteht im Regelfall über den Prozess hinaus auch für die Zukunft und muss ausdrücklich widerrufen werden, um ihre Wirkung zu verlieren[378].

Wenn die Parteien das fremde Recht vermeiden wollen, heißt dies also nur, dass die Anwendung der *lex fori* für den anstehenden Streitfall, nicht aber auch, dass sie für andere Streitfälle vor möglicherweise anderen Gerichten ihrem Interesse entspricht.

Jeder Lebenssachverhalt bietet Zündstoff für mehr Streitigkeiten als die gerade anstehende. Neue Streitigkeiten könnten sogar in einem anderen Land rechtshängig werden, wenn nicht gerade ein ausschließlicher Gerichtsstand vereinbart wurde. Nachdem der Prozess unter Geltung einer prozessualen Vereinbarung beendet wurde, kann es tatsächlich dazu kommen, dass der Verlierer sich bei der nächsten Streitigkeit zum gleichen Sachverhalt überlegt, die Anwendbarkeit des ausländischen Rechts geltend zu machen. Bei einem späteren Verfahren zum gleichen Sachverhalt wäre eine neue prozessuale Disposition möglich.

Diese Überlegungen stehen im Mittelpunkt der juristischen Auseinandersetzung zwischen *Lorenz*[379] und *von Hein*[380] bezüglich der Auslegung des neuen Art. 40 I EGBGB.

Lorenz kommt zum Schluss, dass das Optionsrecht des Verletzten ausschließlich einen prozessualen Charakter habe, und sich klar von der kollisionsrechtlichen Rechtswahl (Art. 42 EGBGB)[381] unterscheide. Demnach könne der

---

375 So auch *Alexandre* in Les problèmes actuels posés par l'application des lois étrangères, S. 116.

376 Vgl. hierzu, Cass. civ. 1ère 8.02.2000, Anm. *Audit*, D. 2002, 1401, insb. die Ausführungen zum neuen Art. 5-1 EuGVVO.

377 *Lagarde*, Rev. Crit. 1990, 320 f.

378 *Fauvarque-Cosson*, Libre disponibilité des droits et conflits de lois, S. 328; *Lagarde*, Rev. Crit. 1990, 321 f.

379 *Lorenz*, NJW 1999, 2215.

380 *v. Hein*, NJW 1999, 3174.

381 *Lorenz*, NJW 1999, 2217.

Verletzte in einem späteren Prozess mit anderem Streitgegenstand, aber gleichem Lebenssachverhalt, erneut und abweichend vom früheren Verfahren die Option ausüben.

V. Hein führt gegen diese „Rosinentheorie" entscheidende Argumente auf. Art. 40 I S. 2 EGBGB lasse grundsätzlich keine Teilrechtswahl zu, weil die Einzelfragen des Deliktsrechts im Rahmen einer Rechtsordnung funktional aufeinander abgestimmt seien. Die Abspaltung von Teilfragen führe zu einer disharmonischen Gesamtlösung, wenn z.B. der Ausschluss eines Unterlassungsanspruchs – aufgrund einer Genehmigung – durch eine Schadensersatzpflicht als Surrogat des ursprünglich negatorischen Anspruchs kompensiert werde. Hinter diesem inneren Zusammenhang müssten prozessuale Erwägungen zurücktreten. Abgesehen davon würde eine Multiplikation von Schadensersatzprozessen der mit der Reform angestrebten Prozessökonomie widersprechen. Die Ausübung des Bestimmungsrechts binde also den Verletzten auch in Folgeprozessen[382].

Diese Auseinandersetzung betrifft eine für einen bestimmten Fall gesetzlich vorgesehene Alternative zu einer kollisionsrechtlichen Verweisung. Die Ausübung des Options- oder „Wahlrechts"[383] aus Art. 40 I Satz 2 ist jedoch keine prozessuale Vereinbarung. Erstens ist diese Option zugunsten einer besonders schutzwürdigen Partei einseitig, während die prozessuale Vereinbarung, *per se* nur zwischen zwei Parteien möglich ist. Zweitens, und vor allem, beruht eine solche Rechtswahl[384] entscheidend auf materiell-rechtlichen Gründen. Während die kollisionsrechtliche Rechtswahl auf das materiell-rechtliche Rechtsverhältnis Bezug nimmt, betreffen prozessuale Dispositionen nur den anhängigen Prozess und dessen Streitgegenstand.

Die geschilderte Diskussion um die Konzequenzen dieses Optionsrechts des Art. I Satz 2 fordert dazu auf, die Unterschiede zwischen materieller Rechtswahl und prozessualer Vereinbarung zu erörtern.

b) Keine Rechtswahl im Prozess

Wenn die Parteien eines Vertrages sich im Rechtsstreit auf deutsches Recht berufen oder auch nur stillschweigend von seiner Anwendung ausgehen, genügt

382 *v. Hein*, NJW 1999, 3175.

383 Palandt-*Heldrich*, Bürgerliches Gesetzbuch, Art. 40 EGBGB RdNr. 4.

384 In der Regel spricht man im Kollisionsrecht bei einer Vereinbarung zwischen zwei Personen über das auf ihr Rechtsverhältnis anzuwendede Recht nicht mehr vom eben besprochenen einseitigen Wahlrecht sondern von Rechtswahl.

das der Rechtsprechung, um weitere kollisionsrechtliche Fragen zu unterdrücken und schlicht das eigene Recht anzuwenden[385].

Dabei versuchen die Gerichte allerdings immer noch, diese Praxis in die traditionellen Verweisungsregeln des internationalen Vertragsrechts einzuordnen, indem sie in dem Verhalten der Parteien eine nachträgliche stillschweigende Wahl deutschen Rechts oder das maßgebende Indiz dafür sehen, dass der Schwerpunkt des Vertrags im deutschen Rechtsbereich liegt.

Das Abweichen von der Kollisionsnorm wird also immer als kollisionsrechtliche Rechtswahl gedeutet. Man muss es allerdings jedes Mal an einem Artikel des EGBGB knüpfen, denn die Rechtswahl ist im Kollisionsrecht nur dann gestattet, wenn sie gesetzlich vorgesehen ist, wie zum Beispiel unter Art. 15 II, Art. 27 und 42 EGBGB[386].

Die kollisionsrechtliche Rechtswahl kann unabhängig von einem Streitverfahren vorgenommen werden, und sie kann auch nach seiner Anhängigkeit erfolgen. Die Parteiautonomie gestattet die nachträgliche, gegebenenfalls auch rückwirkende Vereinbarung des auf einen Vertrag anwendbaren Rechts im Prozess[387]. Die Parteien können sich im Prozess dafür entscheiden, dass die *lex fori* und nicht die ursprünglich vereinbarte oder durch schlüssige bzw. hypothetische Auslegung bestimmte Rechtsordnung angewandt wird[388].

Eine kollisionsrechtliche Rechtswahl im Prozess ist aber eher selten, denn die kollisionsrechtliche Rechtswahl findet immer im Hinblick auf ein besonderes materielles Recht statt. Sie berücksichtigt weder kollisionsrechtliche noch ver-

---

385 Das Verhalten der Parteien im Prozess, insbesondere die beiderseitige Behandlung der Sache nach deutschem Recht ist ein Indiz für eine nachträgliche Rechtswahl (z.B. BGH NJW 1991, 1293; BGH RIW 1995, 412; BGH NJW 1999, 951), die nach heutiger Rechtsprechung zum § 27 EGBGB konkludent erklärt werden kann, sofern sich ein entsprechender realer Parteiwille mit hinreichender Sicherheit aus den Bestimmungen des Vertrages oder den Umständen des Falles ergibt, vgl. dazu BGH NJW-RR 2000, 1004.

386 Auch Art. 6 des Wiener Übereinkommens der Vereinten Nationen über Verträge über den internationalen Warenkauf vom 11.04.1980 ist als Rechtswahlmöglichkeit zu verstehen. Es handelt sich um eine *opting out* Klausel, die es den Parteien ermöglicht, von den konventionellen Regelungen abzusehen: Cass. civ. 1ère 26.01.2001 *Muller École et Bureau*, Petites Affiches 8.02.2002, Anm. *Malan*, 19 f.; *Muir Watt*, Rev. Crit. 2002, 99: Versteht Art. 6 als subsidiäre („supplétive") Regelung; vgl. Cour d'appel de Paris 19ème ch. A 6.11.2001, D. 2002, Anm. *Witz*, 2795 ff.

387 *Schack*, Rechtswahl im Prozeß?, NJW 1984, 2740

388 *Raape*, Nachträgliche Vereinbarung des Schuldstatuts in Festschrift Boehmer, S. 111 (114-116); *Tomaszewski*, La désignation, postérieure à la conclusion du contrat, de la loi qui le régit, Rev. Crit. 1972, 567 ff.

fahrensrechtliche Interessen. Die Parteien wählen im Rahmen der Parteiautonomie eine Rechtsordnung, weil sie beide an deren Inhalt interessiert sind.

Es ist offensichtlich, dass sich die Parteien auf die Anwendung irgendeiner Rechtsordnung im Streitverfahren kaum einigen werden, wenn sie im Grunde genommen entgegengesetzte materielle Interessen haben.

In diesem Sinne ist eine Rechtswahl im Laufe des Verfahrens kaum möglich.

Die prozessuale Vereinbarung wäre die geeignete Grundlage für einen Rückgriff auf die *lex fori* im Laufe des Verfahrens: Im Prozess liegen die Interessen der Parteien, die vom ausländischen Recht absehen wollen, hauptsächlich in der Erleichterung des Verfahrens. Ein Rückzug auf das Recht des Forums ist konsensfähig wegen der Objektivität prozessualer Interessen[389].

Die prozessuale Vereinbarung hat eine verfahrensrechtliche Voraussetzung, nämlich die Disponibilität der umstrittenen Rechte. Sie bezieht sicht auf das Streitverfahren und hat den Vorteil, dass sie eingreift, wenn die einschlägige Kollisionsnorm bereits bestimmt wurde, auch wenn keine Rechtswahl möglich ist.

C. Beweislast bezüglich des ausländischen Rechts

In Deutschland wird die Idee einer Beweislast hinsichtlich der Anwendung ausländischen Rechts überwiegend abgelehnt[390]. Ist der ausländische Rechtszustand trotz aller eingesetzten Mittel nicht zu klären, darf keine abweisende Entscheidung ergehen.

Doch hängt die Anwendung des Kollisionsrechts und somit die Anwendbarkeit einer fremden Sachnorm weiterhin von dem Nachweis von Anknüpfungspunkten ab[391]: Beruft sich beispielsweise ein Erbberechtigter nach Art. 25 EGBGB auf die Anwendbarkeit eines bestimmten ausländischen Sachrechts, so obliegt ihm zunächst die Beweislast für die Staatsangehörigkeit des Erblassers[392]. Gelingt dies der interessierten Partei nicht, ist zwar keine Abweisung, aber eine Ersatzanknüpfung vorzunehmen, so dass der Zugang zur ausländischen Sachvorschrift, die sie heranziehen wollte, entfällt.

In Frankreich ist die Beweislast hinsichtlich der Anwendung ausländischen Rechts Gegenstand einer ausführlichen Rechtsprechung. Ausgangspunkt der Überlegung wird hier diese Rechtsprechung sein, die kurz davor steht, die Beweislast nur noch nach dem Kriterium der Verfügbarkeit der Rechte zu bestim-

389 Siehe 1. Teil IV.1.A.

390 MünchKomm/*Sonnenberger*, Einl. IPR, RdNr. 578; Palandt-*Heldrich*, Bürgerliches Gesetzbuch, Einl. v. Art. 3 EGBGB RdNr. 34.

391 *Heß*, Intertemporales Privatrecht, S. 356 f.

392 *Heß*, Intertemporales Privatrecht, S. 357.

men (a). Die Beweislast hat den entscheidenden Vorteil, die Parteien zur Mitwirkung bei der Ermittlung ausländischen Rechts zu veranlassen (b). Sie führt im System des dispositiven Kollisionsrechts weitere prozessökonomische Rationalisierungseffekte herbei.

a) Die französische Rechtsprechung

Nach der früheren französischen Rechtsprechung[393] oblag die Darlegungs- und Beweislast hinsichtlich des Inhalts ausländischen Rechts derjenigen Partei, deren *Begehren* (*prétention*) *nach diesem Recht zu beurteilen* war, und zwar selbst dann, wenn letzteres von der Gegenpartei geltend gemacht wurde. Dieser Grundsatz ermöglichte dem Beklagten, den Abschluss eines nach der *lex fori* entscheidungsreifen Rechtsstreits durch die bloße Berufung auf ausländisches Recht in die Länge zu ziehen und den Kläger zur Ermittlung und zum Nachweis des für seinen Anspruch maßgeblichen ausländischen Rechts zu zwingen. Wegen dieser praktischen Schwierigkeiten musste die Rechtsprechung teilweise den Begriff *prétention* verbiegen, um den Beklagten bei der Ermittlung des fremden Rechts miteinzubeziehen[394].

Von dieser Rechtsprechung hat sich die Cour de cassation 1993 verabschiedet. Im Fall *Amerford* musste geklärt werden, wer für die Beschädigung einer Ware auf dem Weg von den USA nach Frankreich zu haften hatte[395]. Der Kommissionär hatte sich auf das ausländische Recht berufen, aber nicht nachgewiesen, inwiefern dieses Recht von der *lex fori* abgewichen hätte. Sein Verteidigungsmittel scheiterte an der neuen, der Rechtsprechung über den prozessualen Status des Kollisionsrechts angepassten Auffassung der Richter: Soweit die Parteien über ihre Rechte disponieren dürfen, trifft die Darlegungs- und Beweislast für den Inhalt ausländischen Rechts diejenige Partei, die sich *darauf beruft*.

Diese Entscheidung rationalisiert das Ermittlungsverfahren und setzt auf eine gewisse Loyalität der Prozessbeteiligten[396]. Die Partei, die sich auf einen ausländischen Rechtssatz beruft, ist besser in der Lage, darzustellen, weshalb der Anspruch des Gegners zurückzuweisen ist. Umgekehrt ist es viel schwieriger, das Fehlen an Hindernissen zur Durchsetzung des Anspruches zu beweisen.

393 Cass. civ. 25.5.1948 *Lautour*, Rev. Crit. 1949, 89 f., *Batiffol*; Cass. civ. 1ère 24.1.1984 *Thinet*, Rev. Crit. 1985, 89, 91 f., Anm. *Lagarde*.

394 *Lemontey/Réméry*, Rapport de la Cour de cassation 1993, S. 86 f.

395 Cass. com. 16.11.1993 *Amerford*, *Ancel/Lequette*, GAJDIP, 77.

396 Vgl. *Lemontey/Réméry*, Rapport de la Cour de cassation 1993, S. 88.

Die beauftragte Partei muss darlegen, inwiefern das ausländische Recht von der *lex fori* abweicht[397]. Falls es ihr nicht gelingt, wird die *lex fori* subsidiär angewandt[398]. Diese Vorgehensweise stützt sich auf die Äquivalenztheorie: Es wird vermutet, dass das ausländische Recht zum gleichen Ergebnis führt wie das inländische; das Interesse an der Anwendung ausländischen Rechts hätte sonst zu dessen Darlegung geführt[399].

Im Umkehrschluss könnte sich aus der *Amerford*-Entscheidung entnehmen lassen, dass der Richter, wenn er von sich aus die Kollisionsnorm anwendet oder wenn die Parteien nicht über die streitbefangenen Rechte disponieren, das fremde Recht ermitteln muss. Dieses Ergebnis wurde 1997 durch die *arrêts Driss Abou*[400] und *Ababou*[401] bestätigt.

Die Cour de cassation hat im bereits erwähnten *arrêt Agora Sopha* aus dem Jahr 1996 der interessierten, über ihre Rechte verfügenden Partei die Darlegungs- und Beweislast auferlegt, nur in bezug auf das ausländische Recht, das seine Anwendbarkeit nicht einer Norm des Völkervertragsrechts verdankte.

Die letzte Etappe der Harmonisierung dieser Judikatur mit der neuen Rechtsprechung zum prozessualen Status der Kollisionsnorm steht also noch bevor. Sollte ein *arrêt* die damals (1995) abweichende Entscheidung *La Préservatrice foncière* jedoch bestätigen[402], dann würden die Aufgaben des Richters bei der Ermittlung des ausländischem Rechts sowie bei der Anwendung der Kollisionsnorm nur noch von der Disponibilität der streitbefangenen Rechte abhängen. Nach der weiter oben zitierten *Mutuelle du Mans* Entscheidung ist zu erwarten, dass diese Harmonisierung sehr bald vollzogen wird.

---

397 Bereits vor *Amerford*: Cass. com. 14.6.1983 *Soc. MAN*, Rev. Crit. 1984, 119, Anm. *Batiffol* und Cass. civ. 1ère 22.4.1986 *Djenangi*, Rev. Crit. 1988, 303, Anm. *Bischoff*; JDI 1986, 1025, Anm. *Sinay-Cytermann*; JCP 1987 II, Nr. 20878, Anm. *Agostini*.

398 Cass. civ. 1ère 11.6.1996 *Soc. Agora Sopha*, Rev. Crit. 1997, 65, Anm. *Lagarde;* durchaus vergleichbar mit der Situation in England, *Cheshire and North*, Private International Law, S. 100.

399 *Mayer*, Trav. Com. fr. de DIP 1990-91, S. 42.

400 Cass. civ. 1ère 1.7.1997 *Driss Abou*, Dalloz 1999, Jur. 275, Anm. *Massip*; Rev. Crit. 1998, 60, Anm. *Mayer*.

401 Cass. civ. 1ère 27.1.1998 *Ababou*, JCP 1998 II Nr. 10098, Anm. *Muir Watt*.

402 Cass. civ. 1ère 5.12.1995, Rev. Crit. 1996, 100: Die Cour de cassation hatte damals „vergessen", dass der Tatrichter wegen der privilegierten Stellung der in einem internationalen Übereinkommen vorgesehenen Kollisionsnorm verpflichtet ist, das fremde Recht zu ermitteln.

b) Mitwirkung der Parteien

Diese Entwicklung antizipiert *Bénédicte Fauvarque-Cosson*, indem sie für die Ermittlung des ausländischen Rechts eine Abwägung zwischen privaten und öffentlichen Interessen vorschlägt[403]. Bei überwiegenden privaten Interessen wäre das Einschreiten des Richters nicht erforderlich. Dadurch wird er entlastet und kann die Parteien beauftragen, ihm den Inhalt der maßgebenden ausländischen Rechtsnorm vorzutragen.

Diese Aufgabe der Parteien, sich an der Ermittlung fremden Rechts zu beteiligen, ist in § 293 ZPO vorgesehen. In Frankreich könnte man sie von Art. 11 Abs. 1 NCPC ableiten[404].

(1) Verantwortung und Methode

Die Anwendbarkeit eines ausländischen Rechts bedeutet zwangsläufig, dass eine Kollisionsnorm zum Zuge gekommen ist[405].

Also trägt der Richter bei angewandter Kollisionsnorm immer die Verantwortung für die Ermittlung des designierten Rechts; er muss wegen der Anwendung der Kollisionsnorm sicherstellen, dass das ausländische Recht angewandt wird. Er wurde zu keiner Zeit durch eine Vereinbarung der Parteien von seinem Amt entbunden. Die Anwendung des Kollisionsrechts und des designierten ausländischen Rechts geschieht in einem einzigen „Rechtsanwendungsschritt". Dies entspricht der Betrachtung ausländischen Rechts als *Recht*.

Dass der Richter das ausländische Recht kennen muss, bedeutet nicht unbedingt, dass die Parteien nicht zur Feststellung von dessen Inhalt beizutragen haben[406]. Vielmehr darf er aufgrund von § 293 ZPO die Parteien auffordern mit-

---

403 *Fauvarque-Cosson*, Le juge français et le droit étranger, D. 2000, Nr. 8, 130.

404 Diese Vorschrift räumt dem Richter die Befugnis ein, „jede Konsequenz" aus einem Unterlassen oder einer Verweigerung der Parteien, den Ermittlungen des Richters beizusteuern, zu ziehen; vgl. *Lemontey/Rémćry*, Rapport de la Cour de cassation 1993, S. 91; *Lando*, Länderbericht in Die Anwendung ausländischen Rechts im internationalen Privatrecht, S. 138.

405 Siehe II.2.A.a)(1).

406 Vgl. Art. 2 vom *preliminary draft Bill on consolidation of Dutch private international law*, zitiert von *Jessurun d'Oliveira* in Law and Reality, Essays in Honour of C.C.A. Voskuil, S. 124: „The judge applies *ex officio* the foreign law. If he is not able to ascertain the contents of that law on his own, he may request the parties or one of them to give information about this law. This information does not bind the judge".

zuwirken[407] und die Konsequenzen aus ihrer Passivität ziehen[408]. Diese Aufgabe ist eine Sache, die Art und Weise, sie zu lösen, eine andere. Die Mithilfe der Parteien im Rahmen eines Beweisverfahrens ist durchaus in Erwägung zu ziehen, weil dem ausländischen Recht prozessual ein Status als *Tatsache* zugewiesen wird dadurch, dass es beweisbedürftig ist.

Der grundlegende Gedanke für die Art und Weise der Ermittlung ist also der, sowohl die Rechtsnatur als auch die prozessuale Behandlung von ausländischem Recht zu berücksichtigen. Im Verfahren gilt der Satz: *Da mihi factum, dabo tibi ius*.

Es wurde dargestellt, dass bei indisponiblen Rechten der Richter die Anwendung ausländischen Rechts durchsetzen muss, während bei disponiblen die Parteien es in der Hand haben, das Heranziehen fremden Rechts zu verhindern.

Im ersteren Fall ist die Rechtsnatur ausschlaggebend, weil eben der Richter die aktivere Rolle hat; im zweiten Fall wird das ausländische Recht eher als Fakt betrachtet, weil es in den Machtkreis der Parteien fällt.

Im Rahmen eines Systems, das durch den Grundsatz der Disponibilität die Anwendung ausländischen Rechts in den meisten Fällen vom Prozessverhalten der Parteien abhängig macht, sollte ein Mitwirken der Parteien in der Ermittlungsphase zum Prinzip werden. Anders gesagt: Es wäre eine objektive Beweislast bei disponiblen Rechten zu befürworten[409].

Für die Zuteilung der Beweislast unter den Parteien könnte man das praxisnahe Kriterium der aktuellen französischen Rechtsprechung einsetzen: Diejenige Partei, die sich auf das von der Kollisionsnorm designierte ausländische Recht beruft, weil es ihrem Interesse entspricht, muss auch die Beweislast tragen, falls das Mitwirken der Parteien verlangt wird.

Im Grunde genommen erweist sich das Mitwirken der Parteien oft als unentbehrlich[410].Es ist prozessökonomisch nur vorteilhaft, eine Beweislast den Parteien zu überlassen. Sie haben es in der Regel leichter wegen ihrer eigenen Beziehung zum Ausland, an das Recht heranzukommen als der Richter. Sie ent-

407 Zöller Komm. ZPO *Geimer*, § 293 RdNr. 16.

408 Ebenso *Huet* in Les problèmes actuels posés par l'application des lois étrangères, S. 114 f.

409 Contra: Cass. civ. 1ère 19.10.1999 *Cie d'assurances Rhin et Moselle*, Bull. Nr. 280, 182, Gaz. Pal. 2.3.2000, 41 Anm. *Niboyet*. Diese Entscheidung stellte nicht auf die Disponibilität ab, sondern vermutlich auf die Tatsache, dass sich eine Partei auf die Kollisionsnorm berufen hatte und dass der Richter somit seinem Amt nicht entbunden wurde. Er musste also weiterhin von Amts wegen verfahren, ohne dass eine Beweislast für die Parteien bestünde.

410 *Nagel/Gottwald*, Internationales Zivilprozessrecht, S. 370.

lasten ihn zum Beispiel durch die Kenntnis der Sprache oder der effizienteren Informationswege.

(2) Indisponible Rechte

Bei indisponiblen Rechten ist der Richter für die Ermittlung des fremden Rechts nicht nur verantwortlich, sondern er darf seine Ermittlung nicht von einer Mitwirkung der Parteien abhängig machen[411]. Der Rechtscharakter des ausländischen Rechts muss im Vordergrund stehen und dementsprechend das Amt des Richters. Die Unverfügbarkeit setzt vielmehr eine zwischenstaatliche Zusammenarbeit voraus, da es sich um sensible Fragen handelt.

Die Anwendung einer unbekannten oder unzugänglichen Rechtsordnung erweist sich manchmal als unumgänglich, weil sie eine politische Bedeutung hat und dementsprechend von der etablierten internationalen Praxis verlangt wird. Im Ergebnis muss das nach objektiven, im voraus festgelegten, zum Teil auch konsensfähigen Kriterien designierte Recht auch tatsächlich angewandt werden, egal, wie laienhaft der entscheidende Richter damit umgehen muss.

Gelingt es dem Richter nicht, den maßgebenden Inhalt der fremden Rechtordnung zu ermitteln, und erweist sich die Ermittlung als objektiv unmöglich, dann wäre im Sinne des vorgeschlagenen Systems auf die *lex fori* und nicht auf „Ersatzrechtsordnungen bzw. -konstruktionen", wie etwa das „nächst verwandte" Recht, das „wahrscheinlich geltende Recht" oder das nach anderen Anknüpfungsmerkmalen des Sachverhalts zuständige Recht[412], auszuweichen[413]. Dies entspricht der Lösung der österreichischen und schweizerischen IPR-Gesetze, die sich für die *lex fori* ausdrücklich ausgesprochen haben[414]. Es ist hier anzumerken, dass der Rückgriff auf die Rechtsordnung, die dem an sich berufenen Recht als „nächst verwandte" gilt, mittlerweile keine zuverlässige Lösung bietet. Seit der Unabhängigkeit der alten Kolonien und seit den letzten Übernahmen von Kodifikationen – sei es der französischen durch Belgien, der deutschen durch Japan oder der schweizerischen durch die Türkei, haben sich die Rechts-

411 Höchstens könnte das Gericht zum Nachteil der sich auf das ausländische Recht berufenden Partei davon ausgehen, dass keine durchgreifend neuen Erkenntnisse zu gewinnen sind, wenn diese Partei es aus Böswilligkeit oder Nachlässigkeit an einer ihr zumutbaren Mitwirkung fehlen lässt; BGH NJW 1976, 1581, 1583; vgl. Zöller Komm. ZPO *Geimer*, § 293 RdNr. 16.

412 Vgl. Art. 14 Abs. 2 des Gesetzes vom 31.5.1995 zur Reform des italienischen Systems des internationalen Privatrechts, übersetzt in IPRax 1996, 358.

413 Natürlich sollte dann ein Nachweis, der eingesetzten Mittel vorliegen.

414 Siehe § 4 Abs. 2 des österreichischen IPR-Gesetzes vom 15.6.1978, in *Riering*, IPR-Gesetze in Europa, 82; Art. 16 Abs. 2 des schweizerischen IPR-Gesetzes vom 18.12.1987.

ordnungen der übernehmenden Staaten mehrere Jahrzehnte autonom weiterentwickelt.

Ein solches Ergebnis wäre bei indisponiblen Rechten selten, weil durch die begrenzte Anzahl der Konstellationen, in denen das Kollisionsrecht zwingend ist, eine gewisse Regelmäßigkeit entsteht, wodurch die erstmals schwer ermittelte Information beim nächsten Mal zugänglicher ist.

(3) Disponible Rechte

Bei disponiblen Rechten, wenn die Parteien das von der Kollisionsnorm designierte ausländische Recht angewandt haben wollen, ist der Richter natürlich weiterhin mit der Aufgabe der Ermittlung des ausländischen Rechts beauftragt. Aber in diesem Fall wird das ausländische Recht prozessual eher als *factum* behandelt und weniger als Recht. Die Ermittlung des ausländischen Rechts sollte auch als Anliegen der Parteien betrachtet und die Mitwirkung der Parteien jedem anderen (zwischenstaatlichen) Hilfskanal bevorzugt werden. Der Richter spielt zwar weiterhin die Rolle eines Impulsgebers[415], aber kann gemäß § 293 ZPO die Mitwirkung der Parteien verlangen[416]. Da die Ermittlung ausländischen Rechts trotz allem etwas anderes bleibt als der bloße Beweis von Tatsachen, kann sie auch auf dem Wege einer Zusammenarbeit zwischen Richter und Parteien sinnvoll erfolgen[417].

Wenn eine Partei die Anwendung des ausländischen Rechts wünscht, ist sie sozusagen psychologisch darauf eingestellt, dass sie zu dessen Ermittlung beitragen wird. Zudem wird sie oft in der fremden *lex causae* irgendeinen Vorteil erkannt haben, der sie dazu motiviert, den Inhalt dieser Rechtsordnung darzulegen. Ein Scheitern dabei wird daher meistens auf eine objektive, externe Hürde zurückzuführen sein. Im Falle eines materiellen Hindernisses oder eines zumutbaren Scheiterns, ist die subsidiäre Anwendung der *lex fori* angebracht. Für Ersatzquellen – verwandte Rechtsordnungen usw. – steht bei disponiblen Rechten schon kollisionsrechtlich zu wenig auf dem Spiel.

---

415 *Mayer*, Anm. Civ. 1ère 1.7.1997 *Driss A.* und *Karl Ibold*, Rev. Crit. 1998, 64: „D'où la nécessité de confier au juge au moins un rôle d'impulsion dans la recherche de la preuve".

416 Diese Lösung geht bewusst über eine bloße „Einladung" des Vorschlags der Storme-Kommission hinaus, in Art. 3.7 Abs. 2: „Il [der Richter] peut *inviter* les parties à coopérer à la recherche du contenu et de l'interprétation de la loi étrangère considérée", Storme, Rapprochement du Droit Judiciaire de l'Union Européenne, S. 195; vgl. *Lando*, Länderbericht in Die Anwendung ausländischen Rechts im internationalen Privatrecht, S. 132 f.

417 *Zajtay*, Länderbericht in Die Anwendung ausländischen Rechts im internationalen Privatrecht, S. 19.

Im Ergebnis sollte die ausländische *lex causae* im Falle verfügbarer Rechte nur angewandt werden, wenn die sich darauf berufende Partei es vortragen konnte. Ein Rückgriff auf die *lex fori* wäre anlässlich der Ermittlungsphase somit alternativ wegen fehlender Mitwirkung oder unzureichender Darlegung zu erreichen.

Nach *Mayer* führe die *Amerford*-Entscheidung im heutigen französischen System zur Sinnlosigkeit des *accord procédural*: Die Anwendung der *lex fori* sei praktisch bei der Ermittlungsphase durch Nichteinschreiten der Parteien zu erreichen; die Passivität der Parteien reiche für einen Rückgriff auf die *lex fori* aus[418].

Die Nutzlosigkeit des *accord procédural* für das Ausschalten der Kollisionsnorm kann aus der *Amerford*-Rechtsprechung nicht abgeleitet werden. Ein *accord procédural* ist zwar nicht nötig um die Anwendung einer ausländischen *lex causae* zu vermeiden, aber er bleibt erforderlich für die Nicht-Anwendung einer Kollisionsnorm. Die prozessuale Vereinbarung der Parteien bleibt der einzig mögliche Ansatz für eine rechtlich wirksame Begründung des Ausschaltens der Kollisionsnorm.

Geht man davon aus, dass die Parteien sich der Kollisionsfrage bewusst sind, kann ihr Nicht-Einschreiten durchaus als prozessuale Vereinbarung betrachtet werden, die die Kollisionsnorm ausschaltet. Eine solche Vereinbarung braucht nicht ausdrücklich formuliert zu werden, aber sie muss vorhanden sein. Der Konsens zwischen den Parteien wäre durch ein systematisches Aufwerfen der kollisionsrechtlichen Frage durch den Richter sichergestellt[419]. Eine solche Aufklärung, wofür die hier vertretene Theorie plädiert, bedeutet, dass sich beide Parteien der Kollisionsfrage notwendigerweise bewusst sind und dass es sich beim Nichteinschreiten bei der Ermittlung des einschlägigen Rechts daher nur um einen – wenn auch stillschweigenden – *accord procédural* handeln kann. Eine solche Analyse in der Hypothese der Passivität der Parteien erscheint zunächst widersprüchlich, denn chronologisch erfolgt die Ermittlung ausländischen Rechts nach dem Einschalten der Kollisionsnorm und setzt also das Fehlen einer prozessualen Vereinbarung voraus, die wie gesehen gleich zu Beginn der Ver-

418 So auch *Mayer*, Anm. Civ. 1ère 1.7.1997, Driss A. und Karl Ibold, Rev. Crit. (87) 1998, 69: „Il n'y aurait guère d'inconvénient à supprimer la possibilité d'un accord procédural"; „Son utilité serait à vrai dire réduite, en raison de la possibilité reconnue [...] aux parties de rendre applicable la loi française en n'établissant pas la teneur de la loi étrangère".

419 *Mayer*, Anm. Civ. 1ère 1.7.1997, Driss A. und Karl Ibold, Rev. Crit. 1998, 69: „Dans un système qui nous paraîtrait ideal, le juge, constatant que la règle de conflit désigne une loi étrangère, mais que les parties se réfèrent à la loi française, attirerait leur attention sur ce fait".

handlung stattfinden muss. Die fehlende Mitwirkung bei der Ermittlung, die zum Rückgriff auf die *lex fori* führt, wäre also einer verspäteten und vor allem *rückwirkenden* prozessualen Vereinbarung gleichzustellen. Sie entspricht dem seltenen Fall, in dem die Parteien sich den Aufwand der Darlegung erst nach ersten Ermittlungen bewusst geworden sind.

Bilanz-Skizze: „Dispositives Kollisionsrecht"

Disponibilität der Rechte	Anwendung der Kollisionsnorm	Ermittlung des ausländischen Rechts
indisponible Rechte	Der Richter ist verpflichtet, die *lex causae* anzuwenden.	Der Richter darf die Ermittlung nicht von der Mitwirkung der Parteien abhängig machen. Objektive Unmöglichkeit = Anwendung der *lex fori*
disponible Rechte	* Wenn eine der Parteien sich auf die Kollisionsnorm beruft, ist der Richter verpflichtet, die *lex causae* anzuwenden. * Wenn keine der Parteien sich auf die Kollisionsnorm beruft, ist der Richter zunächst verpflichtet die kollisionsrechtliche Frage aufzuwerfen. Wenn die Parteien dann eine prozessuale Vereinbarung treffen, muss er die *lex fori* anwenden. Wenn nicht, hat er wieder die Pflicht, die *lex causae* anzuwenden.	Der Richter kann die Mitwirkung der Parteien immer verlangen: Die Darlegungs- und Beweislast für den Inhalt ausländischen Rechts trifft diejenige Partei, die sich darauf beruft; der Richter muss vor allem Betrug verhindern. Scheitern oder fehlende Mitwirkung (wenn verlangt) = Anwendung der *lex fori*.

Bringt das dispositive Kollisionsrecht der schwächeren bzw. ärmeren Partei einen Nachteil? Nein, beide Parteien, egal ob unter- oder überlegen, wissen meistens, was zumindest eine beider möglichen Rechtsordnungen (*lex fori* oder *lex causae*) vorsieht, entweder weil sie ihre einheimische ist oder weil sie mit ihrer Anwendung gerechnet haben. Jede Partei hat es in der Hand, die Option auszuüben, da es für das Heranziehen der *lex causae* ausreicht, wenn eine einzige Partei sich auf die Kollisionsnorm beruft. In einem System, in dem die Parteien dem Richter bei der Ermittlung des ausländischen Rechts helfen, muss der Richter nur dafür sorgen, dass die stärkere Partei über das fremde Recht keine falsche Auskunft liefert[420].

III. Gemeinschaftsrechtliche Ausgangslage

Aus der vorliegenden Untersuchung wird sich herausstellen, dass dispositives Kollisionsrecht im heutigen europäischen Rechtsraum noch einzuführen ist.

1. Europäischer Ansatz: Begründung, Grundlage und Umsetzung

A. Inhalt

Theorie und Praxis bleiben zwei verschiedene Sphären. Die in Europa herrschende Theorie ist sicherlich die eines imperativen Kollisionsrechts, auch wenn die Praxis, wie gezeigt, oft ihren eigenen Weg geht.

Mittlerweile hat die Unabdingbarkeit der Kollisionsnormen den Rang der Selbstverständlichkeit erreicht. Wie es dazu kam, ist unklar.

Von der zwingenden Geltung der Kollisionsnorm geht der europäische Gesetzgeber aus, obwohl dieser Ansatz weder verdeutlicht noch in Frage gestellt worden ist. Die Diskussion zielt vielmehr auf die kollisionsrechtliche Angleichung ab als Mittel zu diesem nicht aufgeklärten Zweck. Die europäischen Harmonisierungsbemühungen tendieren in Richtung Vereinheitlichung der Kollisionsnormen der Mitgliedstaaten, vor allem seit der Vergemeinschaftung der Zusammenarbeit in Zivilsachen. Zwei Hauptziele des IPR werden auf europäischer Ebene angeführt, um die Harmonisierung bzw. die Vereinheitlichung von Kollisionsnormen zu begründen: Rechtssicherheit und Entscheidungseinklang. Zunächst wird an einer weitreichenden Urteilsfreizügigkeit gearbeitet.

Der Amsterdamer Vertrag ersetzt die bisherige zwischenstaatliche Zusammenarbeit im Zivilrecht[421] durch eine in Titel IV EGV eingeführte Zuständigkeit der Gemeinschaft. Diese Vergemeinschaftung scheint notwendig geworden zu sein, insbesondere im Kollisionsrecht, seitdem einheitliches materielles Recht

420 Siehe *De Boer*, Facultative Choice of Law, 257 Recueil des Cours (1996), S. 379 ff.
421 Art. 220/293 EGV und nach Maastricht, Art. K3 EGV.

auf gemeinschaftlicher also supranationaler Ebene durch Richtlinien oder Verordnungen geschaffen wird[422].

Auf die Frage, ob eine zunehmende Vereinheitlichung von Sachrecht überhaupt wünschenswert ist, wird hier, trotz größter Skepsis[423] – vor allem angesichts der Grundprinzipien der Subsidiarität (Art. 5 Abs. 2 EGV)[424] und der Verhältnismäßigkeit (Art. 5 Abs. 3)[425] –, nicht eingegangen.

Trotz der globaleren Arbeit der Haager Konventionen ist eine derartige „EU-Regionalisierung" der Harmonisierungsbemühungen grundsätzlich möglich. Sie ist in den neueren Haager Übereinkommen vorgesehen in Form von Abkoppelungsklauseln (*clauses de déconnexion*), die den Vertragsstaaten gestatten, untereinander Übereinkommen über das gleiche Sachgebiet zu schließen, wenn sie sich Drittstaaten gegenüber an die existierenden Haager Übereinkommen halten[426]. Die Römer Konvention von 1980 konnte auf diese Weise zustande kommen.

Der Rat und die Kommission haben auf ihr Ziel im „Aktionsplan zur bestmöglichen Umsetzung der Bestimmungen des Amsterdamer Vertrags über den Aufbau eines Raums der Freiheit, der Sicherheit und des Rechts" hingewiesen: Es geht um die Schaffung eines „europäischen Rechtsraums, der den Bürgern greifbare Vorteile bringt"[427].

Grundlage dieser neuen Gemeinschaftszuständigkeit ist Art. 61 c) des EG Vertrags von Amsterdam, wonach der Rat zum „schrittweisen Aufbau eines Raumes der Freiheit, der Sicherheit und des Rechts [...] Maßnahmen im Bereich der justitiellen Zusammenarbeit in Zivilsachen nach Art. 65" ergreift.

Art. 65 des EG Vertrags von Amsterdam spricht von „grenzüberschreitenden Bezügen" der betroffenen Zivilsachen. Dies bedeutet, dass nationales Sachrecht von den Harmonisierung- oder gar Vereinheitlichungsabsichten des Art. 65 aus-

---

422 *Basedow*, The communitarization of the conflict of laws under the treaty of Amsterdam, CMLRev. 2000, 688

423 Vgl. *Gaudemet-Tallon*, Quel droit international privé pour l'Union Européenne? in International Conflicts of Laws for the Third Millennium, S. 319: „Il est en tout cas clair, après plus de trente ans de fonctionnement des institutions communautaires qu'il est utopique (et qu'il serait d'ailleurs sans doute regrettable) de vouloir une unification totale des droits substantiels"; *Malinvaud*, D. 2002, 2551: „le code civil européen ne se fera que s'il répond à une culture commune, une culture européenne qui reste à construire".

424 Vgl. *Jayme*, RabelsZ. 67 (2003), 213.

425 *Lequette*, D. 2002, 2203; *Malinvaud*, D. 2002, 2543.

426 Zum Beispiel Art. 52 des Haager Kinderschutzübereinkommens von 1996; *Jayme/Kohler*, Europäisches Kollisionsrecht 2000: Interlokales Privatrecht oder universelles Gemeinschaftsrecht?, IPRax 2000, 454 ff.

427 Amtsblatt EG C 19 vom 23.1.1999, S. 1, 4 RdNr. 16.

geschlossen wird, soweit es nur für inländische Zivilsachen relevant ist[428]. Die Harmonisierung des materiellen Zivilrechts kann nicht auf Art. 65 EGV gestützt werden. Es ist nur die Rede von Zivilverfahrens- und Kollisionsrecht. Dies ergibt sich außerdem aus dem Gesamtzusammenhang der Vorschrift, der eindeutig ausschließlich prozess- und kollisionsrechtlichen Normen umfasst, auch wenn Art. 65 kein geschlossener Katalog ist[429].

Dennoch existieren konkurrierende Zuständigkeitsgrundlagen. Soweit bisher Rechtssetzungsakte mit internationalen privat- und verfahrensrechtlichen Regelungen ergangen waren, handelte es sich zumeist um eine gemäß Art. 95 (früher 100 a) erlassene Richtlinie[430]; ansonsten konnten auch Art. 47, 55, 71, 80 oder sogar 308 EGV[431] für einen Rechtsakt mit diesem Inhalt herangezogen werden.

B. Grundlagen für europäisches IPR: Art. 61 c) i.V.m. 65 und Art. 95 EGV

Art. 94 und 95 EGV dienen hauptsächlich, aber nicht nur, der sogenannten *reaktiven* Rechtsangleichung, also der Beseitigung von Hindernissen für die Grundfreiheiten. Demgegenüber besteht die sogenannte *aktive* Rechtsangleichung aus der Schutzpolitik zugunsten jeweils bestimmter Gruppen (etwa Verbraucher oder Arbeitnehmer) oder Medien (Umwelt)[432]. Diese Unterscheidung hat den Sinn, dass die Zuständigkeitseinteilung zwischen Gemeinschaft und Mitgliedstaaten nicht nach Sachgebieten erfolgt – was der Supranationalität widersprechen würde, sondern vielmehr nach rechtspolitischen Zweckmäßigkeitserwägungen.

Wenn und soweit eine andere Rechtsgrundlage fehlt, können Maßnahmen der *aktiven* Rechtsangleichung jedoch auf Art. 95 gestützt werden, auch wenn die Harmonisierung der Wettbewerbsbedingungen nicht in deren Vordergrund steht wie es diese reaktive Vorschrift eigentlich verlangt[433]; anders bei Art. 94,

---

428 Vgl. *Basedow*, The communitarization of the conflict of laws under the treaty of Amsterdam, CMLRev. 2000, 702.

429 Vgl. *Leible/Staudinger*, Art. 65 EGV im System der EG-Kompentenzen, The European Legal Forum 2000/01, 228.

430 Richtlinie 98/27/EG über Unterlassungsklagen zum Schutz der Verbraucherinteressen, Amtsblatt EG L 166 vom 11.6.1998, S. 51 oder Art. 5 der Richtlinie 2000/35/EG zur Bekämpfung von Zahlungsverzug im Geschäftsverkehr, Amtsblatt EG L 200 vom 8.8.2000, S. 35.

431 *Basedow*, The communitarization of the conflict of laws under the treaty of Amsterdam, CMLRev. 2000, 696.

432 *Steindorff*, Quo vadis Europa? in Weiterentwicklung der Europäischen Gemeinschaft und der Marktwirtschaft, 11, 24; *Franzen*, Privatrechtsangleichung durch die Europäische Gemeinschaft, 108.

433 *Franzen*, Privatrechtsangleichung durch die Europäische Gemeinschaft, 112, 116.

dessen Wortlaut (*„pour" le rapprochement... qui ont une „incidence")* die aktive Gestaltung, die nach Art. 95 (*„relatives au" rapprochement... qui ont „pour objet"*) möglich ist, ausschließt. Art. 95 beschränkt sich offenbar auch nicht auf die Form der Richtlinie als Rechtssetzungsakt.

Dass Art. 95 eine tragfähige Grundlage für die aktive Rechtsangleichung ist, bestätigt auch die Verweisung auf Art. 14, auf den sich die *actions communes* stützen.

Wenn man jetzt die Angleichung des IPR und IZVR in Erwägung zieht, denkt man zunächst an Art. 61 c) i.V.m. Art. 65. Die Regelung wurde gemeinsam mit Vorschriften über Visa, Asyl und Einwanderung unter Titel IV erfasst, was zunächst bedenkenswert ist.

Da diese Vorschriften, welche die Harmonisierung des IPR und IZVR ausdrücklich ermöglichen, in Bezug auf den freien Personenverkehr erlassen wurden, stellt sich die Frage, ob Art. 65 die Harmonisierung auch in Bezug auf die anderen Verkehrfreiheiten und für das IPR und IZVR im Allgemeinen erlaubt.

Der Platz der Gemeinschaftszuständigkeit ist mit systematischen Gründen zu erklären. Art. 95 ist nämlich so formuliert, dass sich eine IPR- und IZVR-Harmonisierung auf ihn hätte stützen können. Art. 95-2 schließt jedoch insbesondere Bestimmungen über die Freizügigkeit der Menschen ausdrücklich aus. Eine derartige *aktive* Harmonisierung im Bereich des Personenverkehrs war vor Amsterdam also nicht durchführbar. Da der Personenverkehr einen wesentlichen Bestandteil des Kollisionsrechts darstellt (Personalstatut, familiäre Verhältnisse, Erbschaft...), hat man einen Rückgriff auf Art. 95 als Grundlage für die Harmonisierung des IPR und des IZVR vielleicht nicht gewagt. Wie es Rom II[434] und Brüssel II bzw. IIa[435] zeigen, sind Angleichungsbemühungen heute auch auf diesem Gebiet erwünscht. Deshalb kam die neue Gemeinschaftskompetenz mit der Fokussierung auf die bisher fehlende Angleichungsmöglichkeit für Fälle, die den freien Personenverkehr betreffen.

---

434 Vorschlag der Kommission für eine Verordnung des europäischen Parlaments und des Rates über das auf ausservertragliche Schuldverhältnisse anzuwendende Recht vom 22.07.2003, COM (2003) 427 final - 2003/0168 (COD), http://europa.eu.int/eur-lex/en/com/pdf/2003/com2003_0427en01.pdf (abgerufen am 30. Juli 2003).

435 Die EG-VO Nr. 1347/2000 des Rates vom 29. Mai 2000 über die Zuständigkeit und die Anerkennung und Vollstreckung von Entscheidungen in Ehesachen und in Verfahren betreffend die elterliche Verantwortung für die gemeinsamen Kinder der Ehegatten, Amtsblatt EG L 160 vom 30.6.2000, S. 19, wird von der gleichnamigen EG-VO Nr. 2201/2003 des Rates vom 27. November 2003, Amtsblatt EG L 138 vom 23.12.2003, S. 1, ab dem 1.3.2005 ersetzt und fortentwickelt.

Seit Amsterdam muss Art. 95 parallel zu dieser Neuerung weiter ausgelegt werden[436]. Die ausdrückliche Novellierung im Art. 65 zieht stillschweigend eine neue Interpretation des komplementären Art. 95 nach sich. Er kann genauso wie die Vorschriften des Titels IV als Grundlage für Maßnahmen der Angleichung von Vorschriften im internationalen Privat- und Zivilverfahrensrecht in den übrigen Bereichen wie z.B. beim freien Verkehr von Ware und Dienstleistungen herangezogen werden.

An dieser Stelle kann hervorgehoben werden, dass Art. 65 vom „Binnenmarkt" spricht, und somit das gleiche Regelungsziel wie Art. 95 hat. Anders in Art. 94, der den „Gemeinsamen Markt" betrifft. Der Binnenmarkt wird in Art. 14 Abs. 2 als ein Begriff aufgefasst, der sich auf die Verwirklichung der Grundfreiheiten bezieht. Angesichts dieser Vorschrift und des Weißbuches der Kommission[437] erweist sich der Begriff „Gemeinsamer Markt" als umfassender – zumindest bezüglich der Politiksektoren wie Agrar-, Verkehrs-, Wettbewerbs- und Gemeinsame Handelspolitik[438]. In Art. 65 und 95 geht es um eine binnenmarktfinale Rechtsangleichung, wodurch die europäische Integration fortgesetzt werden soll, z.B. durch das Prinzip der gegenseitigen Anerkennung; die Gemeinschaftspolitik kann also (noch) nicht von dem Binnenmarktkonzept ausgenommen werden[439]. Die Integrationsfunktion dieser Angleichungsartikel und deren Aufgabe, die Grundfreiheiten zu verwirklichen, spricht für die Zuständigkeit der Gemeinschaft.

Im Vergleich zu Art. 95 bietet Art. 65 nur eine aufgelockerte Grundlage[440]. Die Vorschrift zielt „auf das reibungslose Funktionieren des Binnenmarktes" (*bon fonctionnement*) ab. Der Binnenmarkt soll also nicht nur funktionieren, sondern optimal funktionieren. Das geringste Hemmnis ist auszuräumen.

Es stellt sich die Frage, inwiefern gemeinschaftsrechtliche Kollisionsnormen erforderlich sind, um das reibungslose Funktionieren des Binnenmarkts zu gewährleisten.

Solange das materielle Recht eines Mitgliedstaates zur Anwendung kommt, werden auftretende Hemmnisse meist durch reaktive Angleichung materiellrechtlich behoben. Eine bilaterale Kollisionsnorm kann jedoch auf ein nicht

---

436 Vgl. *Basedow*, The communitarization of the conflict of laws under the treaty of Amsterdam, CMLRev. 2000, 707.

437 Weißbuch zur Vollendung des Binnenmarktes, KOM (85) 310, 14.6.1985; siehe Einheitliche Europäische Akte (1987), Amtsblatt EG L 169 vom 29.6.1987, S. 1.

438 *Franzen*, Privatrechtsangleichung durch die Europäische Gemeinschaft, 94 ff.

439 Der am 29. Oktober 2004 von den Staats- und Regierungschefs unterzeichnete Vertrag über eine Verfassung für Europa hat diesen Zusammenhang aufgehoben.

440 Vgl. *Leible/Staudinger, Art. 65 EGV im System der EG-Kompentenzen*, The European Legal Forum 2000/01, 229.

harmonisiertes Drittstaatsrecht[441] verweisen und einen Sachverhalt erfassen, der keinen starken Bezug zum Gebiet der Gemeinschaft aufweist. Wenn ein drittstaatlicher Kläger die Wahl zwischen unterschiedlichen Mitgliedstaatskollisionsnormen hätte, könnte die Anknüpfungsregel über den Grundsatz der Titelfreizügigkeit binnenmarktweite Relevanz erlangen[442]. Ein gemeinschaftsrechtliches Kollisionsrecht würde verhindern, dass Wettbewerbsverzerrungen deshalb entstehen, weil nicht alle Mitgliedstaaten aufgrund ihrer Kollisionsnormen das Drittstaatsrecht anwenden würden.

Mit den Art. 61 und 65 wollte man die Bereiche, in denen eine Vereinheitlichung des IPR und des IZVR in Frage kommt, erweitern. Diese Vorschriften sollen *sogar* die IPR-Harmonisierung im Bereich des Personalstatuts, der familiären Verhältnisse und der Erbschaft begründen[443]. Durch die Vergemeinschaftung wurde anerkannt, dass diese IPR Fragen grundsätzlich Auswirkungen auf die Freizügigkeit der Personen haben können; daher ist *Basedow* der Ansicht, die tatsächliche Erforderlichkeit für „das reibungslose Funktionieren des Binnenmarkts" sei zweitrangig[444]. Diese Vergemeinschaftung scheint in erster Linie Ausdruck des politischen Willens zu sein, das IPR weitgehend zu harmonisieren, insbesondere auch im Bereich des freien Personenverkehrs.

Die EuGVVO ist charakteristisch für diese Entwicklung. Sie beruht laut Veröffentlichungstext „insbesondere" auf Artikel 61 Buchstabe c und Artikel 67 Absatz 1[445], der „Politiken des freien Personenverkehrs" betrifft. Diese Formulierung bedeutet, dass die Grundlage der Verordnung auch andere Normen des EGV erfasst. Art. 65 mit seiner Überschrift des freien Personenverkehrs ist sicherlich eine zu schmale Grundlage für eine so umfassend-horizontale Maßnahme[446]. Aber die Ausdrucksweise des europäischen Gesetzgebers gibt zu verstehen, dass er Art. 61 und 65 als neue, aufklärende und nicht nur sachgebietsbeschränkte Zuständigkeitsgrundlage heranziehen wollte.

Hier ist zu bemerken, dass die „Förderung der Vereinbarkeit" der Kollisionsnormen im Sinne von Art. 65 b) nicht über Richtlinien erfolgen sollte: Anderen-

---

441 Vgl. *Basedow*, The communitarization of the conflict of laws under the treaty of Amsterdam, CMLRev. 2000, 704.

442 *Leible/Staudinger*, Art. 65 EGV im System der EG-Kompentenzen, The European Legal Forum 2000/01, 230.

443 *Basedow*, The communitarization of the conflict of laws under the treaty of Amsterdam, CMLRev. 2000, 697; contra: *Heß*, Aktuelle Perspektiven der europäischen Prozessrechtsangleichung, JZ 2001, 574.

444 *Basedow*, The communitarization of the conflict of laws under the treaty of Amsterdam, CMLRev. 2000, 701.

445 Amtsblatt EG L 12 vom 16.1.2001, S. 1.

446 *Jayme/Kohler*, Europäisches Kollisionsrecht 2000: Interlokales Privatrecht oder universelles Gemeinschaftsrecht?, IPRax 2000, 458.

falls wäre die Form der Richtlinie im Text des EGV ausdrücklich vorgeschrieben worden. Außerdem hängt die heutige Disharmonie des IPR gerade mit dem bei der Umsetzung einer Richtlinie nutzbaren Auslegungsspielraum zusammen[447]. Vielmehr, und die Vergemeinschaftung des EuGVÜ ist diesen Weg gegangen, ist die Verordnung der geeignete Rechtssetzungsakt.

C. Umsetzung in die Praxis

a) Angleichung der Verfahrensrechte

Die Gemeinschaftsrechtspolitik für den Aufbau einer Zusammenarbeit in Zivilsachen zur Verwirklichung der Marktfreiheiten, die auf vollem gegenseitigen Vertrauen beruht[448], hat sich zunächst auf das Verfahrensrecht fokussiert[449]. Das Zivilprozessrecht steht heute im Mittelpunkt der Harmonisierungsbestrebungen der Gemeinschaft[450].

Auf dem Gipfeltreffen von Tampere im Oktober 1999[451] wurde in Anwesenheit der Fachminister das gemeinschaftliche Prinzip der „gegenseitigen Anerkennung“ bekräftigt und Beschlüsse für den Ausbau eines *„espace judiciaire européen“* gefasst, die auch das Kollisionsrecht betreffen.

Diese auf das Zivilverfahrensrecht gesetzte Priorität ist durch ein vom Rat am 30.11.2000 beschlossenes Programm[452] weiter gefestigt worden, das auf die Abschaffung des Exequaturverfahrens abzielt und zur Schaffung eines europäischen Vollstreckungstitels für unbestrittene Forderungen geführt hat[453].

---

447 Gleicher Ansicht: *Leible/Staudinger*, Art. 65 EGV im System der EG-Kompentenzen, The European Legal Forum 2000/01, 233.

448 *Kohler*, Europäisches Kollisionsrecht zwischen Amsterdam und Nizza, Ludwig Bolzmann Institut für Europarecht, 17: „Die Gleichwertigkeit und Austauschbarkeit der [in den Mitgliedstaaten] vorgesehenen Verfahren zur Erwirkung vollstreckbarer Titel wird als Prämisse vorgegeben“.

449 *Jayme*, Zum Jahrtausendwechsel: Das Kollisionsrecht zwischen Postmoderne und Futurismus, IPRax 2000, 169.

450 *Heß*, Aktuelle Perspektiven der europäischen Prozessrechtsangleichung, JZ 2001, 573 ff.

451 Siehe die Schlussfolgerungen des Vorsitzes (15.-16.10.1999), insbesondere Nr. 33 ff; NJW (27) 2000, 1925.

452 „Maßnahmenprogramm zur Umsetzung des Grundsatzes der gegenseitigen Anerkennung gerichtlicher Entscheidungen in Zivil- und Handelssachen“, Amtsblatt EG C 12 vom 15.1.2001, S. 1.

453 EG-VO Nr. 805/2004 des Europäischen Parlaments und des Rates vom 21. April 2004 zur Einführung eines europäischen Vollstreckungstitels für unbestrittene Forderungen, Amtsblatt EG L 143 vom 30.4.2004, S. 15.

Das Programm beabsichtigt, das gegenseitige Vertrauen zwischen den Rechtssystemen der Mitgliedstaaten zu stärken, indem Verfahrensvorschriften festgelegt werden, die gemeinsame Mindestgarantien darlegen. Insbesondere wird die Notwendigkeit eines fairen Verfahrens hervorgehoben, dessen Voraussetzungen sich unmittelbar aus dem Art. 6 der Europäischen Konvention zum Schutz der Menschenrechte und Grundfreiheiten vom 4.11.1950 (faires Verfahren, rechtliches Gehör, Unparteilichkeit des Gerichts) ergeben.

Wenn vor nationalen Gerichten die Vollstreckbarerklärung von Entscheidungen aus anderen Vertragsstaaten zunehmend im Namen des *ordre public* bekämpft wird, dann nicht wegen einer angeblichen Verletzung kollisions- oder sachrechtlicher Grundsätze, sondern aufgrund einer Verletzung von Verfahrensgrundrechten, meistens unter Berufung des immer einflussreicheren[454] Art. 6 Abs. 1 EMRK[455].

Die EuGVVO untersagt zwar die Revision eines Urteils, das von einem anderen Mitgliedstaat erlassen worden ist[456]. Das kollisionsrechtliche Herkunftslandprinzip schließt eine gerichtliche Kontrolle im Bestimmungsland jedoch nicht aus; es wird lediglich auf den förmlichen Anerkennungsakt verzichtet. 1999 im Fall *Pordea*[457] hat die Cour de cassation die von einem englischen Gericht angeordnete Provision (Prozesskostensicherheit) reduziert[458]. Das oberste Gericht hat, um ein „frontales Zusammenprallen“[459] zweier Konventionen zu vermeiden, eine besondere Technik entwickelt, die vor kurzem die Zustimmung des EuGH in seiner *Krombach*-Entscheidung vom 28.3.2000 bekommen hat[460]: Die Prinzi-

---

454 *Storme* in Storme, Rapprochement du Droit Judiciaire de l'Union Européenne, S. 5 und 17.

455 *Jayme/Kohler*, Europäisches Kollisionsrecht 2000: Interlokales Privatrecht oder universelles Gemeinschaftsrecht?, IPRax 2000, 462; Beispiel: Cass. civ. 1ère 16.3.1999 *Pordea*, Bull. civ. I, Nr. 92, Anm. *Droz*, Rev. Crit. 2000, 181 ff; vgl. BGH EWiR 1/99, 841, *Klanten*; weitergehend *Jamin*, D. 2002, 902: „le débat à venir n'opposera peut-être pas tant les défenseurs du tout-État à ceux du tout-contrat que les tenants du couple État-social aux promoteurs d'un possible couple marché-droits de l'homme“.

456 EG-VO Nr. 44/2001 des Rates vom 22. Dezember 2000 über die gerichtliche Zuständigkeit und die Anerkennung und Vollstreckung von Entscheidungen in Zivil- und Handelssachen, Amtsblatt EG L 12 vom 16.1.2001, S. 1, Grund Nr. 16 und Art. 33.

457 Cass. civ. 1ère 16 mars 1999 *Pordea*, Rev. Crit. 2000, 223.

458 *Heß*, EMRK, Grundrechte-Charta und europäisches Zivilverfahrensrecht in Festschrift Jayme, S. 345.

459 *Droz*, Variations Pordea, Rev. Crit. 2000, 188.

460 28.03.2000 Rs. C-7/98 (*Dieter Krombach / André Bamberski*), EuGH Slg. 2000 I 1935 = EWiR 2000, 441 = RiW 2000, 626, EuGRZ 2000, 160; *Muir Watt*, Rev.

pien der EMRK sind nicht vorrangig, sondern fügen sich in die EuGVVO ein, über deren Art. 34 Nr. 1. Der *ordre public* Vorbehalt wird somit auf prozessrechtliche Fragen erweitert[461].

Allerdings bleibt das vorrangige Ziel im europäischen Jutizraum – nach dem Beispiel der Einführung des europäischen Vollstreckungstitels für unbestrittene Forderungen[462] – die Abschaffung der Exequaturverfahren durch gleichzeitige Angleichung der Verfahrensrechte.

Die bisher angewandte Technik der grenzüberschreitenden Verfahrenskoordinierung und Rechtshilfe (*entraide judiciaire*) muss offensichtlich durch die Vereinheitlichung der Zivilprozesse im Binnenmarkt abgelöst werden, zum Beispiel über standardisierte Formulare[463]. Die „Technizität" des Prozessrechts könnte die Rechtsvereinheitlichung erleichtern[464].

Es scheint sicherlich weniger mühsam, im europäischen Verfahrensrecht auf einen gemeinsamen Nenner zu kommen als im europäischen Kollisionsrecht. Gekennzeichnet wird das Prozessrecht in erster Linie von einer gemeinsamen kontinentalen Rechtstradition, nicht so sehr von der kulturellen Umgebung, in der es zum Einsatz kommt. Das japanische Zivilgesetzbuch konnte 1890 zum Beispiel die deutsche ZPO (1877) übernehmen und übersetzen[465]. Dagegen hindern die unterschiedlichen Verfahrensverständnisse diesseits und jenseits des Atlantiks die Überbrückung der Kluft zwischen europäischem und amerikanischem Prozessrecht[466].

Die Gemeinschaft verleiht der Vereinheitlichung des Zivilverfahrensrechts eine Integrationsfunktion. Die neue Kompetenz des Art. 65 bewirkt einen „Paradigmenwechsel". Das Zivilverfahrensrecht wird heute im wesentlichen aus der Sicht des teilharmonisierten europäischen Justizraumes gestaltet, in dem nationale Souveränitätsvorbehalte in den Hintergrund gerückt sind[467].

Crit. 2000, 481 ff.; *Heß*, EMRK, Grundrechte-Charta und europäisches Zivilverfahrensrecht in Festschrift Jayme, S. 342 f., 349 f.

461 *Kohler*, in Systemwechsel im europäischen Kollisionsrecht, S. 137.

462 EG-VO Nr. 805/2004 des Europäischen Parlaments und des Rates vom 21. April 2004 zur Einführung eines europäischen Vollstreckungstitels für unbestrittene Forderungen, Amtsblatt EG L 143 vom 30.4.2004, S. 15.

463 *Heß*, Aktuelle Perspektiven der europäischen Prozessrechtsangleichung, JZ 2001, 578.

464 *Kerameus*, RabelsZ. 66 (2002), 7 f.

465 *Storme* in Storme, Rapprochement du Droit Judiciaire de l'Union Européenne, S. 4.

466 *Heß*, Transatlantischer Rechtsverkehr heute: Von der Kooperation zum Konflikt?, JZ 2003, 923 ff.

467 Dazu *Heß*, Die Integrationsfunktion des Europäischen Zivilverfahrensrechts, IPRax 2001, 390.

Die Judikatur des durch die Vergemeinschaftung für die Fortentwicklung der einheitlichen Prozessregeln zuständigen EuGH deutet auf die Entstehung eines eigenständigen europäischen Zivilverfahrensrechts hin.

Die Vereinheitlichung der prozessualen Regeln innerhalb der EU wird in naher Zukunft höchstwahrscheinlich ziemlich umfassend sein.

Der Rat bezieht sich beim Erlass von Rechtsakten über europäisches Zivilprozessrecht scheinbar nur noch auf Art. 61 c), zum Beispiel bei den drei Verordnungen vom 29.5.2000 über Insolvenzverfahren[468], Zuständigkeit, Anerkennung und Vollstreckung in Ehesachen[469] und Zustellungen in Zivil- oder Handelssachen[470] und vor allem bei der Verordnung „Brüssel-I“[471], obwohl es sich um eine „horizontale“ Regelung handelt, die mit allen Gemeinschaftsfreiheiten gleichermaßen verknüpft ist.

b) Europäisches Kollisionsrecht

Die Kommission hat ihre neu gewonnene Kompetenz nach Artt. 61, 65 EGV in einem sehr hohen Tempo wahrgenommen. Das Internationale Prozessrecht bildete die erste Welle. Nun folgt das Internationale Privatrecht als zweite Welle nach.

Art. 61 c) wird im Vorschlag für eine Verordnung des Europäischen Parlaments und des Rates über das auf außervertragliche Schuldverhältnisse anzuwendende Recht („Rom II“) als Grundlage herangezogen[472].

Das Grünbuch über die Umwandlung des Übereinkommens von Rom aus dem Jahr 1980 über das auf vertragliche Schuldverhältnisse anzuwendende Recht in ein Gemeinschaftsinstrument, das seit Januar 2003 vorliegt, setzt den

468 EG-VO Nr. 1346/2000 des Rates vom 29. Mai 2000 über Insolvenzverfahren, Amtsblatt EG L 160 vom 30.6.2000, S. 1.

469 EG-VO Nr. 1347/2000 des Rates vom 29. Mai 2000 über die Zuständigkeit und die Anerkennung und Vollstreckung von Entscheidungen in Ehesachen und in Verfahren betreffend die elterliche Verantwortung für die gemeinsamen Kinder der Ehegatten, Amtsblatt EG L 160 vom 30.6.2000, S. 19; diese Verordnung wird von der gleichnamigen EG-VO Nr. 2201/2003 des Rates vom 27. November 2003, Amtsblatt EG L 138 vom 23.12.2003, S. 1, ab dem 1.3.2005 ersetzt und fortentwickelt.

470 EG-VO Nr. 1348/2000 des Rates vom 29. Mai 2000 über die Zustellung gerichtlicher und außergerichtlicher Schriftstücke in Zivil- oder Handelssachen in den Mitgliedstaaten, Amtsblatt EG L 160 vom 30.6.2000, S. 37.

471 EG-VO Nr. 44/2001 des Rates vom 22. Dezember 2000 über die gerichtliche Zuständigkeit und die Anerkennung und Vollstreckung von Entscheidungen in Zivil- und Handelssachen, Amtsblatt EG L 12 vom 16.1.2001, S. 1.

472 COM (2003) 427 final - 2003/0168 (COD) vom 22.07.2003, http://europa.eu.int/eur-lex/en/com/pdf/2003/com2003_0427en01.pdf (abgerufen am 30. Juli 2003).

Trend fort und stützt die Vergemeinschaftung von „Rom I“ ebenfalls auf diese Vorschrift[473].

Die Kollisionsnormangleichung erscheint ideell vielleicht sinnvoll, weil die europäische Vielfalt im Kollisionsrecht potentielle Hemmnisse für die Verkehrsfreiheiten bietet[474]. Sie ist aber ein überdimensionales Unterfangen.

In seinem Aktionsprogramm stellt der Rat fest, dass die „Harmonisierung“ der Kollisionsnormen dazu „beitragen“ kann, die gegenseitige Anerkennung zu „vereinfachen“[475]. Aber diese Harmonisierung erscheint an achter und letzter Stelle auf dem Katalog der flankierenden Maßnahmen[476], und in den Ausführungen über die „Verbesserung der justitiellen Zusammenarbeit insgesamt“ ist die gewählte Ausdrucksweise auch ein Zeichen: „*Im Übrigen* könnte die Umsetzung des Prinzips der gegenseitigen Anerkennung durch die Harmonisierung der Kollisionsnormen erleichtert werden“[477].

Seit der „Vergemeinschaftung“ der 3. Säule durch den Amsterdamer Vertrag und dem Abstellen auf Titel IV, wäre eine Vereinheitlichung der Kollisionsnormen in Europa (und das Ersetzen der Konventionen durch EU-Verordnungen) zwar vorteilhaft für den Aufbau eines Raums der Freiheit, der Sicherheit und des Rechts im Sinne des Art. 61[478]. Doch das Subsidiaritätsprinzip und die Grundsätze der Union verlangen, dass nationale und regionale Besonderheiten bewahrt werden. In Art. 5 EGV ist der wichtige Grundsatz niedergelegt, dass die Befugnisse der Gemeinschaft auf Einzelermächtigungen beruhen.

Ein „Protokoll über die Anwendung der Grundsätze der Subsidiarität und der Verhältnismäßigkeit“ wurde dem Amsterdamer Vertrag beigefügt und verlangt in Nr. 7, dass bei der Ausübung der gemeinschaftlichen Rechtssetzungsbefugnisse „bewährte nationale Regelungen sowie Struktur und Funktionsweise der Rechtssysteme der Mitgliedstaaten geachtet werden“.

Wenn sich die Verbindung zwischen der Identität eines Staates und seiner Rechtsordnung in jedem Rechtszweig wiederfindet, ist sie gerade im IPR besonders stark, da Kollisionsnormen sich in Bezug auf jede Rechtsinstitution festle-

---

473 KOM (2002) 654 endgültig vom 14.1.2003, http://europa.eu.int/eur-lex/de/com/gpr/2002/com2002_0654de01.pdf (abgerufen am 30. Juli 2003).

474 *Basedow*, The communitarization of the conflict of laws under the treaty of Amsterdam, CMLRev. 2000, 699.

475 „Maßnahmenprogramm zur Umsetzung des Grundsatzes der gegenseitigen Anerkennung gerichtlicher Entscheidungen in Zivil- und Handelssachen“, Amtsblatt EG C 12 vom 15.1.2001, S. 1, 2.

476 Amtsblatt EG C 12 vom 15.1.2001, S. 8.

477 Amtsblatt EG C 12 vom 15.1.2001, S. 6.

478 *Gaudemet-Tallon*, Quel droit international privé pour l'Union Européenne? in International Conflicts of Laws for the Third Millennium, S. 326.

gen müssen[479]. Es ist zu erwarten, dass einige Fragen in diesem Bereich keine Aussicht auf eine konsensfähige Antwort haben, vor allem diejenigen, die eng mit den Traditionen und der politischen Geschichte eines Landes zusammenhängen [480].

Die Angleichung der Kollisionsnormen ist ein nahezu kulturelles Anliegen, das nicht unmittelbar vom europäischen Gesetzgeber übernommen werden kann. Sie setzt weitgehende Vereinheitlichungen des zugrundeliegenden materiellen Rechts voraus, die nur in internationalen Abkommen wie den Haager Konventionen eine optimale Effizienz finden können[481].

Ohne Angleichung des dahinter verborgenen materiellen Rechts, würden die Gerichte von dem *ordre public* Vorbehalt regelmäßigen Gebrauch machen wollen, um die unerwünschte Kollisionsnorm zu umgehen, was im Rahmen des europäischen Justizraums, wo bald absolute Urteilsfreizügigkeit herrschen soll, natürlich nicht möglich sein wird.

Die für die Erarbeitung eines europäischen Kollisionsrechts erforderlichen materiell-rechtlichen Angleichungen bewirken, dass der kollisionsrechtliche Vorgang als solcher im Verhältnis der Mitgliedstaaten zueinander an Bedeutung verliert, da die kollisionsrechtlich in Frage kommenden Rechtsordnungen alle zum gleichen harmonisierten Ergebnis führen (*faux conflit*).

Nichtsdestotrotz wird in einem weiteren Schritt die Idee besprochen, gesamte materielle Rechtsgebiete europaweit zu vereinheitlichen[482], eine Idee, die zum Teil „unkontrollierte" Initiativen auslöst, wie die eines *code civil européen*, der jede europäische Rechtsordnung bis in ihren historischen und kulturellen Kern ablösen würde[483]. Bei einheitlichem materiellem Recht muss man schon eher von Fusion oder Globalisierung reden[484]. Es ist jedenfalls ein wesentlich fortge-

---

479 *Gaudemet-Tallon*, Quel droit international privé pour l'Union Européenne? in International Conflicts of Laws for the Third Millennium, S. 330.

480 Siehe das obengenannte Beispiel des Anknüpfungspunkts für das Personalstatut in England und in Frankreich: 1. Teil V.1.A.

481 Ein solches Vorhaben ist allerdings ein monumentales Vorhaben, siehe Problembeispiele bei *Sonnenberger*, RiW 2002, 491: Terminologische Unterschiede der Rechtssprachen, Unterschiede der Rechts- und Kodifikationsmethodologie, noch unzureichende rechtsvergleichende Ausbildung der Juristen.

482 Siehe in diesem Zusammenhang die Diskussion um die Europäisierung des Vertragsrechts: „Mitteilung der Kommission an das europäische Parlament und den Rat – Ein kohärenteres europäisches Vertragsrecht – Ein Aktionsplan", 12.02.2003, KOM (2003) 68 endgültig; *Sonnenberger*, RiW 2002, 490 ff.; *Staudenmayer*, JCP G 23.04.2003, 709.

483 *Lequette*, D. 2002, 2203: „on apprend en 2002 qu'une 'commission sur le droit européen de la famille a été récemment créée' qui doit prochainement œuvrer à l'unification de cette branche du droit civil"; *Wagner*, FamRZ 2003, 804.

484 *Delmas-Marty*, La mondialisation du droit: chances et risques, D. 1999, 43 ff.

schrittener Zustand der gemeinschaftlichen Integration. Selbst die Vereinigten Staaten haben diesen Schritt im Rahmen ihres sehr integrierten Föderalismus ausgelassen[485].

Der Kompetenzzuwachs der Gemeinschaft enthält außerdem die Gefahr einer „praxisfernen Bürokratisierung und sachfremden Politisierung" des IPR[486]. Die Aufgabenverteilung unter den Generaldirektionen – Justiz und Inneres, Binnenmarkt, Verbraucherschutz – der Kommission spricht nicht für eine kohärente und koordinierte Ausarbeitung des gemeinschaftlichen Kollisionsrechts.

Die Harmonisierung in Europa übt Druck auf die internationale Institutionen (Haager IPR-Konferenz, UNIDROIT, Commission Internationale de l'État Civil) aus[487]. Die neue Zuständigkeit der Gemeinschaft beschränkt sich nämlich nicht auf den Erlass regionalen Kollisionsrechts, sondern trägt zur Entwicklung eines universellen Gemeinschaftsrechts bei, das für reine Binnenfälle lediglich einige Besonderheiten vorsieht. Der Mechanismus der europäischen Harmonisierung beansprucht Geltung für die ganze Welt.

Im Prozessrecht gibt es kaum noch Bereiche, in denen die Mitgliedstaaten noch Raum für ein selbständiges Agieren gegenüber Drittstaaten hätten, und somit entsteht die Tendenz zum universellen Gemeinschaftskollisionsrecht. Seit der *Krombach*-Entscheidung dürfen Mitgliedstaaten aus Gründen des *ordre public* auch die Anerkennung eines Drittstaatenurteils gemäß Art. 27 Nr. 1 verweigern, wenn das Verfahren im Erststaat Menschenrechte im Sinne der EMRK verletzen würde[488]. Diese Rechtsprechung trägt zur Entwicklung eines universellen Gemeinschaftskollisionsrechts bei[489].

In dieser Situation erkennt man die Antriebskraft der europäischen Kernländer, der Impulsgeber bei der Erarbeitung internationaler Regelungssysteme, aber auch das Problem der künftigen Finanzierung der internationalen Institutionen durch diese Staaten[490].

Die Legitimität dieser lokalen „Musterharmonisierung" im Kollisionsrecht ist fraglich. In der EU sind die Souveränitätsvorbehalte weggefallen und es kann somit eine ganz andere Vernetzung der nationalen Gerichtssysteme erreicht wer-

485 *Malinvaud*, D. 2002, 2547.

486 *Schack*, ZEuP 1999, 808.

487 *Jayme*, Zum Jahrtausendwechsel: Das Kollisionsrecht zwischen Postmoderne und Futurismus, IPRax 2000, 167.

488 28.03.2000 Rs. C-7/98 (*Dieter Krombach / André Bamberski*), EuGH Slg. 2000 I 1935 = EWiR 2000, 441 = RiW 2000, 626, EuGRZ 2000, 160.

489 *Jayme/Kohler*, Europäisches Kollisionsrecht 2000: Interlokales Privatrecht oder universelles Gemeinschaftsrecht?, IPRax 2000, 456.

490 *Heß*, Die Integrationsfunktion des Europäischen Zivilverfahrensrechts, IPRax 2001, 395.

den[491]. Eine europaweite Vereinheitlichung der Kollisionsregeln verschiebt nur die mit der Vielfalt der IPR-Systeme zusammenhängenden Probleme außerhalb der europäischen Grenzen.

2. *Die Nicht-Durchsetzung der zwingenden Anwendung europäischer Kollisionsnormen*

Sowohl Gegner[492] als auch Befürworter[493] der Fakultativitätstheorie gehen davon aus, dass unter Anwendung einer europäischen Rechtsakte bzw. eines internationalen Abkommens die Kollisionsnorm notwendigerweise zwingend sei. Die zwingende Anwendung der europäischen Kollisionsnormen wird weder ausdrücklich formuliert noch durchgesetzt (a), und muss es auch nicht werden (b).

A. *Wegfall der Kontrolle über die Anwendung von europäischen Kollisionsnormen*

Wie will man nun europäische Kollisionsnormen als zwingend ansehen, wenn ihre Anwendung nicht mehr überprüft wird?

Der Gedanke, dass der Anerkennungsstaat nach „richtigem Recht" geurteilt haben muss, ist international auf dem Rückzug. Das Anerkennungs- und Exequaturverfahren nimmt immer weniger Rücksicht auf die angewandte Kollisionsnorm und überprüft vielmehr die Einhaltung fundamentaler Verfahrensgarantien. Nach den Verordnungen Brüssel I (Verordnung Nr. 44/2001 oder EuGVVO) und Brüssel II bzw. IIa (Verordnung Nr. 1347/2000 bzw. 2201/2003) besteht die Anerkennungspflicht, ohne dass es hierfür eines besonderen Verfahrens bedarf. Der 1. Abschnitt des Kapitels III der EuGVVO regelt die Anerkennung von Urteilen, die in einem anderen Vertragsstaat ergangen sind, und die Anwendung des Kollisionsrechts wird unter den Voraussetzungen nicht erwähnt. Der kollisionsrechtliche Vorgang wird grundsätzlich nicht geprüft.

---

491 *Heß*, Die Integrationsfunktion des Europäischen Zivilverfahrensrechts, IPRax 2001, 395.

492 *Von Overbeck*, Les questions générales du droit international privé à la lumière des codifications et projets récents, 176 Recueil des Cours (1982), S. 55.

493 *Sturm*, Fakultatives Kollisionsrecht: Notwendigkeit und Grenzen in Festschrift Zweigert, S. 342, er behauptet: „Wer kollisionsrechtlichen Abkommen beitritt, übernimmt auch die Verpflichtung, diese Normen in Fällen mit Auslandsberührungen anzuwenden, und zwar ohne Rücksicht darauf, ob die Parteien dies wollen oder nicht".

In der EuGVVO ist vorgesehen, dass eine vom Ursprungsstaat ausgestellte Amtsbestätigung alle für die Vollstreckbarerklärung wesentlichen Angaben enthält und nach Art. 41 die Verweigerungsgründe nur dann geprüft werden, wenn der verpflichtete Schuldner einen Rechtsbehelf gegen die Vollstreckbarerklärung einlegt[494]. Dies bedeutet, dass die Vollstreckbarerklärung in erster Instanz praktisch automatisch zu erteilen ist (und ermöglicht somit auch einen schnelleren Zugriff auf das Schuldnervermögen).

Wirkliche Urteilsfreizügigkeit ist erst dann vorhanden, wenn die Entscheidungen ohne vorherige Anerkennung direkt übernommen werden. „Jenseits der erreichten Vereinheitlichung der Gerichtsstände, Rechtshängigkeits- und Anerkennungsregelungen, geht es heute um eine regelrechte „Vernetzung" der Justizsysteme der am Justizraum teilnehmenden Mitgliedstaaten"[495].

Sobald man die Freizügigkeit der Entscheidungen gewährleistet, spielt die anwendbare Rechtsnorm eigentlich keine Rolle mehr[496]. In diesem Sinne ist ein weiterer Vorteil des dispositiven Kollisionsrechts darin zu erkennen, dass es klarstellt und absichert, dass sämtliche Interessen im Vorfeld, also kollisionsrechtlich, schon berücksichtigt worden sind.

Die rasche Vereinheitlichung des Prozessrechts in Europa konzentriert sich also auf gerichtliche Zuständigkeit, Vertrauen[497], Loyalität und gegenseitige Anerkennung. Zurecht wird die kollisionsrechtliche Blindheit in dieser Entwicklung kritisiert. Die gegenseitige und systematische Anerkennung und Vollstreckung gerichtlicher Entscheidungen von Mitgliedstaaten, ohne sie kollisionsrechtlich nachzuprüfen, wird für eine „politisch vorgegebene Zauberformel"[498] gehalten, mit der man die Unterschiede zwischen den mitgliedstaatlichen Rechten gleichsam zum Verschwinden bringen kann. Zudem bewirkt die systematische Anerkennung auch kollisionsrechtlich abweichender Entscheidungen „eine verdeckte Umgestaltung des IPR der Anerkennungsstaaten, die mit dem Postulat der Kohärenz und Widerspruchsfreiheit der Rechtsordnung nicht zu vereinbaren ist."[499]

---

494 *Kohler*, in Systemwechsel im europäischen Kollisionsrecht, S. 135.

495 *Heß*, Die Integrationsfunktion des Europäischen Zivilverfahrensrechts, IPRax 2001, 390.

496 *Gaudemet-Tallon*, Quel droit international privé pour l'Union Européenne? in International Conflicts of Laws for the Third Millennium, S. 331.

497 *Storme* in Storme, Rapprochement du Droit Judiciaire de l'Union Européenne, S. 10: „La confiance dans les institutions, et plus spécialement dans le pouvoir judiciaire, est le fondement principal de la maison européenne".

498 *Kohler*, Europäisches Kollisionsrecht zwischen Amsterdam und Nizza, Ludwig Bolzmann Institut für Europarecht, 23.

499 *Kohler*, Europäisches Kollisionsrecht zwischen Amsterdam und Nizza, Ludwig Bolzmann Institut für Europarecht, 22.

Einerseits verlangt man imperatives Kollisionsrecht, anderseits verschließt man die Augen vor dem tatsächlich angewandten Recht, weil man den Vertragsstaaten doch nicht alle Türen zur Flexibilität und Sachgerechtigkeit schließen will. Dispositives Kollisionsrecht ermöglicht vor allem eines, was zwingendes Kollisionsrecht nicht erlaubt: Sachadäquate Lösungen herbeizuführen[500].

B. Differenzierung zwischen Vereinheitlichung und prozessualem Status von Kollisionsnormen

In Frankreich hatte die konventionelle Kollisionsnorm lange Zeit allein wegen ihrer Herkunft eine prozessuale Sonderstellung. Die Rechtslage ist heute anders, weil ein Paradox inzwischen erkannt worden ist: Zunächst wird behauptet, dass die Kollisionsnormen fakultativ sein sollten, wenn die Parteien über ihre Rechte disponieren können. Doch werden internationale Konventionen meist gerade über solche Rechtsgebiete abgeschlossen, woraus verfügbare Rechte entstehen. Die Begründung für die zwingende Geltung konventioneller Kollisionsnormen wird dadurch zweifelhaft[501].

Diese Sonderstellung der konventionellen Kollisionsnorm wurde durch mehrere bereits erwähnte Entscheidungen der Cour de cassation aufgegeben: Seit dem *arrêt Mutuelle du Mans* vom 26. Mai 1999 ist der Richter nicht mehr verpflichtet, eine staatsvertragliche Kollisionsnorm von Amts wegen anzuwenden[502]; und bereits seit 1988 akzeptiert die Cour de cassation den *accord procédural* über die Kollisionsnorm eines internationalen Abkommens. Mittlerweile reicht sogar eine stillschweigende prozessuale Vereinbarung[503], um die

500 Vgl. *Heß*, Die Integrationsfunktion des Europäischen Zivilverfahrensrechts, IPRax 2001, 396: „Dabei wurde bisher die grundsätzliche Frage nicht diskutiert, ob die Übertragung öffentlich-rechtlicher Integrationskonzepte auf Privat- und Verfahrensrecht bei zunehmender Verdrängung überkommener, kollisionsrechtlicher Anknüpfungsmethoden zu sachadäquaten Lösungen führen kann".

501 *Fauvarque-Cosson*, Le juge français et le droit étranger, D. 2000, Nr. 8, 127; *Mayer*, Anm. Civ. 1ère 1.7.1997, *Driss A.* und *Karl Ibold*, Rev. Crit. 1998, 67: „en matière contractuelle, où la liberté des parties devrait être maximale, la Convention de Rome de 1980 et celles de La Haye de 1955 et 1978 obligent la Cour de cassation à sanctionner les juges du fond qui n'ont pas appliqué d'office la règle de conflit et imposé une recherche du contenu de la loi applicable".

502 Cass. civ. 1ère 26.5.1999 *Société Mutuelle du Mans assurances*, JCP G 1999 IV 2325; vgl. *Muir Watt*, Rev. Crit. 1999, 711; *Fauvarque-Cosson*, Le juge français et le droit étranger, D. 2000 Chron. 127; *Hartenstein*, Neues vom fakultativen Kollisionsrecht in Frankreich, IPRax 2001, 479.

503 Cass. civ. 1ère 6.5.1997 *Hannover international*, Rev. Crit. 1997, 514, Anm. *Fauvarque-Cosson*; JDI 1997, S. 804, Anm. *Bureau*; *Ancel/Lequette*, GAJDIP, 78.

Anwendung des nach dem einschlägigen internationalen Abkommen berufenen Rechts zu verhindern.

Somit wurde in Frankreich die Sonderstellung der konventionellen Kollisionsnormen aufgehoben. Die Gleichbehandlung aller Kollisionsnormen spricht für konzeptionelle Kohärenz und ist schon deshalb zu begrüßen.

Die neue *Doctrine*[504] macht deutlich, dass die Kollisionsnormen einer Konvention keinen prozessualen Sonderstatus haben sollten, allein deshalb, weil die Konvention keine Auswirkung auf das nationale Prozessrecht hat, es sei dann, sie sieht dies ausdrücklich vor[505].

Selbst die Santiago Beschlüsse des Institut de Droit International räumen ein, dass allgemeine Grundsätze des Prozessrechts bei den Bemühungen zur Umsetzung von zwingendem Kollisionsrecht unberührt bleiben sollten[506]. Die Frage, unter welchen Voraussetzungen ausländisches Recht in einem Gerichtsverfahren anzuwenden ist, gehört in der Tat zum Prozessrecht, das durch das jeweilige Übereinkommen regelmäßig nicht mitgeregelt wird. Darauf kann ein Staatsvertrag keinen Einfluss haben.

Common law Richter wenden das durch ein internationales Abkommen berufene ausländische Recht nur an, wenn es von einer Partei im Verfahren geltend gemacht und bewiesen wird.

Einen weiteren Beleg dafür könnte der *Van Schijndel* Fall des EuGH liefern[507]. Aus dieser Entscheidung ergibt sich, dass nationale Gerichtstände nicht dazu verpflichtet sind, von Amts wegen die Frage eines Verstoßes gegen Gemeinschaftsvorschriften aufzugreifen, wenn dies eine Verletzung der im nationalen Zivilprozessrecht beinhalteten Verhandlungsmaxime bedeuten würde.

Gegen die These von der Unabhängigkeit des Prozessrechts von IPR-Übereinkommen wird geltend gemacht, dass die Auslegung einer staatsvertraglichen Kollisionsnorm nur im Lichte des tragenden Übereinkommens erfolgen kann. Die Vorschriften der Übereinkommen seien zwingend und dürften nicht mittels nationaler Zivilprozessordnungen außer Kraft gesetzt werden[508].

Man könnte sich auf europäischer Ebene einen ähnlichen Einwand vorstellen, der sich auf dem sogenannten „Effektivitätsgebot“ stützen würde: Das na-

---

504 *Muir Watt*, Anm. zu Cass. civ. 1ère 27.1.1998 *Ababou*, JCP G 1998 II 10098.

505 siehe *Koerner*, Fakultatives Kollisionsrecht in Frankreich und Deutschland, S. 12 ff.

506 Résolutions adoptées par l'Institut de Droit International à sa session de St Jacques-de-Compostelle 1989, RabelsZ. 54 (1990), 160-175 und IPRax 1990, 71.

507 EuGH, 14.12.1995, C-430/93, *Van Schijndel v. Sichting Pensioenfonds voor Fysiotherapeuten*, Sammlung der Rechtsprechung des Gerichtshofes 1995, I 4728.

508 *Hartenstein*, Die Privatautonomie im internationalen Privatrecht als Störung des europäischen Entscheidungseinklangs, S. 39 ff.; *Ost*, EVÜ und *fact doctrine*, S. 220.

tionale Prozessrecht darf die Ausübung der durch das Gemeinschaftsrecht verliehenen Rechtspositionen nicht praktisch unmöglich machen oder vereiteln[509].

Das Wort „zwingend“ führt zu Unklarheiten. Soll es bedeuten, dass vereinheitlichte Kollisionsnormen imperativ sind, das heißt nicht dispositiv; oder handelt es sich um einen Hinweis auf die Normenhierarchie?

Im ersteren Fall fehlt die Begründung: Kein Übereinkommen, keine europäische Rechtsakte statuiert, dass die benannte Kollisionsnorm imperativ ist und auch gegen den Willen der Parteien durchzusetzen ist. Prozessuale Dispositionen der Parteien werden im europäischen Kollisionsrecht nicht ausgeschlossen. Also kann dispositives Kollisionsrecht auch auf europäischer Ebene praktiziert werden. Insofern wird gegen den vom EuGH als Mindeststandard festgelegten Grundsatz der „Nichtdiskriminierung“ nicht verstoßen: Das nationale Verfahrensrecht erschwert die Durchsetzung des Gemeinschaftsrechts nicht stärker als vergleichbare innerstaatliche Verfahren[510], denn das dispositive Kollisisonsrecht kann seine Wirkung auf beiden Ebenen entfalten.

Die Hypothese eines Hinweises auf die Normenhierarchie überzeugt auch nicht. Die Normenhierarchie dient nur der Lösung eines Konflikts zwischen einem internationalen und einem nationalen Gesetz. Besteht kein Konflikt, gibt es auch keinen Grund, auf die Normenhierarchie zurückzugreifen. Dass Gemeinschaftsrecht nationalem Recht übergeordnet ist, bedeutet für das Kollisionsrecht, dass die gemeinschaftsrechtliche Kollisionsnorm bei Vorliegen ihrer Anwendungsvoraussetzungen von den Staatsorganen eingehalten werden und Vorrang vor einer entsprechenden nationalen Kollisionsnorm haben muss. Dies wird hier gar nicht zur Diskussion gestellt!

Für die Abstimmung der schon existierenden nationalen Normen mit den neuen staatsvertraglichen sind die nationalen Staatsorgane zuständig.

Großbritannien pflegt wie Deutschland[511] eine *„conception dualiste“*, mit dem inländischen Recht einerseits und dem Staatsvertrag anderseits[512]. Man beruft sich auf das Gesetz zur Umsetzung des Staatsvertrags. In Frankreich dagegen wird seit 1946 eine *„conception moniste“* bevorzugt: Die französische Rechtsordnung integriert Staatsverträge direkt in das inländische Recht[513]. Man

---

509 *Heß*, RabelsZ. 66 (2002), 474.

510 *Heß*, RabelsZ. 66 (2002), 474.

511 Palandt-*Heldrich*, Bürgerliches Gesetzbuch, Art. 3 EGBGB RdNr. 6.

512 Vgl. Rev. Crit. 1992, 594: „... les traités internationaux [...] ne font partie du droit local [*du Québec*] que s'ils sont intégrés dans une loi, comme dans le système anglais“.

513 Zum Beispiel bildet das Wiener Übereinkommen der Vereinten Nationen über Verträge über den internationalen Warenkauf vom 11.04.1980 das französische Sachrecht auf diesem Gebiet („Mais attendu que la Convention de Vienne du 11 avril

beruft sich auf den Staatsvertrag. Die konventionelle Vorschrift ist in die nationale Rechtsordnung integriert und nicht anders zu behandeln als nationale Vorschriften gleicher Natur[514]. In Frankreich gibt es keine IPR-Kodifikation und folglich keine Inkorporation von Staatsverträgen, sondern ein Nebeneinander von Richterrecht und internationalen Übereinkommen[515]. Wichtig dabei ist aber nur, dass diese Regeln verschiedener Herkunft im Einklang bleiben und „Hand in Hand" zusammenwirken.

Der zwingende oder nichtzwingende Status der Kollisionsnorm – für die Parteien[516] – hängt von der Disponibilität der streitbefangenen Rechte ab, nicht von der Herkunft der Kollisionsnorm[517]. Diese prozessuale Frage stellt sich auf einer anderen Ebene als die der Internationalität einer Kollisionsnorm. Wenn das inländische Rechtssystem die Position vertritt, es entkräfte nicht die inländische Kollisionsnorm, wenn sie in bestimmten Konstellationen für die Parteien nicht zwingend sei, wird die Kollisionsnorm nach dieser Ansicht auch nicht verletzt, nur weil sie von einer Konvention stammt. Solange diese Auffassung nicht von einer übergeordneten ersetzt wird, kann sie bestehen bleiben.

Eine Kollisionsnorm ist nicht zwingend im Sinne von imperativ, weil sie vereinheitlicht wurde. Sie ist zwingend, weil die Parteien an sie gebunden sind. Auch wenn eine bestimmte Kollisionsnorm auf weltweiten Konsens stoßen würde, bliebe die Frage ihres prozessualen Status offen. Man könnte fast sagen „je fortgeschrittener die Vereinheitlichung der Kollisionsnormen, desto leichter sollte man sie wieder in Frage stellen können". Die systematische Anwendung abstrakter Weltregeln auf lokalisierte und konkrete Sachverhalte ist schon an sich ein Paradox. Die Kollisionsnorm wird durch die Vereinheitlichung noch

---

1980 [...] constitue le droit substantiel français de la vente internationale de marchandises"), Cass. civ. 1ère 26.01.2001 *Muller École et Bureau*, Petites Affiches 8.02.2002, Anm. *Malan*, 17.

514 *Mayer*, Anm. Civ. 1ère 1.7.1997, *Driss A.* und *Karl Ibold*, Rev. Crit. 1998, 68: „Il est tout simplement inexact que la source de la règle de conflit doive influer sur son régime procédural. [...] Une règle de source conventionnelle est intégrée dans l'ordre juridique français et doit y être traitée à l'instar des autres règles de même nature".

515 *Hartenstein*, Die Privatautonomie im IPR als Störung des europäischen Entscheidungseinklangs, S. 79.

516 An dieser Stelle soll nochmals betont werden, dass die französische Richterfakultativität abgelehnt wird; es geht in den folgenden Überlegungen nur um eine Verfügungsbefugnis der Parteien über die Kollisionsnorm.

517 So auch *Alexandre* in Les problèmes actuels posés par l'application des lois étrangères, S. 21: „Comment admettre que l'on puisse avoir des attitudes différentes à propos d'un même litige, relevant de la même loi étrangère, selon que la compétence de cette dernière résulte de tel ou tel type [conventionnel ou de droit commun] de règle de conflit?"

ferner von dem Rechtssuchenden gerückt, dessen Interesse sie eigentlich schützen müsste: Die neutrale und abstrakte Regel wird jetzt von internationalen Instanzen verfasst, sogar von supranationalen in der EU. Das vom IPR verlangte Näheverhältnis geht dadurch verloren.

Die kollisionsrechtliche Vereinheitlichung mag als wirksame Technik zur Rechtssicherheit und zur Beseitigung von widersprüchlichen Urteilen und vom *forum shopping* gelten. Dispositives Kollisionsrecht stellt aber nicht die Vereinheitlichung in Frage, sondern die zwingende Geltung der Kollisionsnorm für die Parteien.

Die konventionelle Kollisionsnorm kumuliert die Defizite einer abstrakten Verweisungsnorm als solchen, die bereits dargestellt wurden, und einer Konsensnorm, weil zwischenstaatlich, also weniger präzis. An den Erwägungen über die prozessuale Handhabung einer Kollisionsnorm hat sich dabei nichts geändert; nach wie vor stehen sie ganz im Zeichen der Parteiinteressen. Auch die kollisionsrechtliche Vereinheitlichung ist primär dafür gedacht, den Parteiinteressen zu dienen[518]. Es wäre für die konventionelle Kollisionsnorm widersinnig, gegen den Willen der Parteien, zur Wahrung von deren Interessen sie geschaffen wurde, durchgesetzt zu werden.

Die Vereinheitlichung verfolgt bestimmte Ziele, die Disposivität andere, komplementäre. Die Befürchtung, dass die Vereinheitlichung des Kollisionsrechts in Frage gestellt wird, indem die Parteien die Möglichkeit haben, die *lex fori* anstelle des designierten ausländischen Rechts heranzuziehen, ist völlig unbegründet.

Zuletzt wird aus einer öffentlich-rechtlichen Perspektive eingewendet, dass die Fakultativität einen Vertragsbruch bedeute, weil der Richter, Vertreter des Staates, nicht dafür sorgte, dass die Kollisionsnorm angewandt wird. Aber die Kollisionsnorm wird doch angewandt. Wie oben ausgeführt ist die Anwendung der Kollisionsnorm bei verfügbaren Rechten im engeren Sinne zu verstehen, da der Richter seine Amtsermittlungspflichten bereits nach Aufwerfen der kollisionsrechtlichen Frage und Bestimmung der anwendbaren Rechtsordnung erfüllt hat. Die über ihre Rechte verfügenden Parteien entlasten beim Absehen von der Kollisionsnorm den Richter von seiner Verantwortung. Ein Kommentar von *Rémery* drückt diesen Gedanken recht genau aus: „*Si l'absence d'application d'office par les tribunaux paraît être en droit international public, assimilable à une violation des engagements internationaux de la France*“, *il entre au contraire* „*dans les pouvoirs des particuliers de se soustraire à l'application des conventions qui sont de nature à affecter leurs droits et obligations. Si l'éviction au traité normalement applicable résulte, en effet, d'une initiative privée des par-*

518 *De Boer*, Facultative Choice of Law, 257 Recueil des Cours (1996), S. 366.

ties, la responsabilité internationale de l'État ne semble pas pouvoir être recherchée"[519].

Die allgemeinen Grundsätze des Völkergewohnheitsrechts wie *pacta sunt servanda* und der Grundsatz von Treu und Glauben – die auch in der Wiener Vertragsrechtskonvention vom 23. Mai 1969 unter Art. 26 kodifiziert worden sind – haben also keinen Anhaltspunkt, um einzugreifen.

Es gibt somit keine theoretische Begründung für einen Sonderstatus einer europäischen Kollisionsnorm. Die Korrelation „angeglichene Kollisionsnorm, zwingende Kollisionsnorm" ist nicht vertretbar. Beide Zustände stehen in keinem Zusammenhang.

Der europäische Gesetzgeber ist von einem privatrechtlichen Sachverhalt noch weiter entfernt als der nationale. Seine im voraus festgelegte Verweisung kann um so mehr fehlschlagen. Sollten aufgrund der neuen Gemeinschaftskompetenzen zunehmend einheitliche Kollisionsnormen angewandt werden, empfiehlt sich eine Anpassung auf Verfahrensebene wegen dieser zusätzlichen Abstraktion noch dringender. Das Abstellen auf den prozessualen Status der Kollisionsnorm würde einen Spielraum für eine sachgerechte Interessenabwägung bieten.

3. Dispositives Kollisionsrecht als Lösung

Das Wort „Vereinheitlichung" wird in Art. 65 nicht verwendet. Es ist die Rede von Zusammenarbeit, von Verbesserung und Vereinfachung, von Förderung der Vereinbarkeit. Diese Begriffe drehen sich vielmehr um die Idee der Harmonisierung, sie sind generell und unpräzis genug für eine flexible Auslegung. Was „Förderung der Vereinbarkeit der in den Mitgliedstaaten geltenden Kollisionsnormen" in Art. 65 b) bedeutet ist jedenfalls unklar. Nach dem sonstigen Sprachgebrauch des EGV schließt eine solche Bezeichnung Maßnahmen zur Rechtsangleichung oder gar Rechtsvereinheitlichung aus[520]. Eine Zwischenstufe zwischen unterschiedlichen und angeglichenen Kollisionsnormen ist jedoch kaum vorstellbar, was wiederum aus teleologischen Gründen für die Möglichkeit der Vereinheitlichung spricht; es sei denn, ein neues selbständiges kollisionsrechtliches System wurde beabsichtigt. Titel IV könnte in diesem Sinne eine Grundlage für dispositives Kollisionsrecht beinhalten.

519 *Fauvarque-Cosson*, Libre disponibilité des droits et conflits de lois, S. 277.

520 Gleicher Ansicht: *Gaudemet-Tallon*, Quel droit international privé pour l'Union Européenne? in International Conflicts of Laws for the Third Millennium, S. 326; *Kohler*, Europäisches Kollisionsrecht zwischen Amsterdam und Nizza, Ludwig Bolzmann Institut für Europarecht, 4.

Es geht in Europa zunächst um die völlige Abschaffung der Exequaturverfahren, damit um die Einführung des *„Herkunftslandprinzips"* in das Prozessrecht[521] und um die Urteilsfreizügigkeit: Man vertraut dem Gericht, das den Fall entscheidet und das Urteil exportiert. Vertrauen in dieses Gericht heißt auch, dass seine Rechtsordnung sowie die Möglichkeit der Anwendung der *lex fori* akzeptiert wird.

Vor diesem Hintergrund spricht nichts dagegen, aus der Theorie des dispositiven Kollisionsrechts einen europäischen Grundsatz zu machen. Wenn alle Staaten eine gemeinsame Position hinsichtlich des Status der Kollisionsnorm einnehmen und dispositives Kollisionsrecht einführen würden, wäre es schwierig, den ausgeübten kollisionsrechtlichen Vorgang zu bestreiten, den alle praktizieren und der ein gegenseitiges Vertrauen voraussetzt.

Die Fortschritte im Angleichungsprozess der Verfahren – Gerichtskompetenz, Anerkennung von Gerichtsentscheidungen, internationale Zusammenarbeit im Bereich Justiz – schaffen gute Bedingungen für das dispositive Kollisionsrecht.

A. Die prozessuale Behandlung von Kollisionsrecht: Ein Weg zu sachgerechten Urteilen

Dispositives Kollisionsrecht fügt sich in das Grundgerüst des heutigen europäischen IPR und IZVR reibungslos ein, weil es weder die Vereinheitlichung der Kollisionsnormen noch die Angleichung der Verfahrensrechte in Frage stellt.

Die Theorie des dispositiven Kollisionsrechts greift im Rahmen des Verfahrens ein. Sie bezieht sich also lediglich auf die Art und Weise, in der mit der Kollisionsnorm umgegangen wird. Sie behandelt die Frage, ob eine Kollisionsnorm zwingend ist oder nicht. Sie betrifft also den prozessualen Status der Kollisionsnorm, eine Problematik, die bisher erstaunlicherweise wissenschaftlich weder ernsthaft diskutiert noch untersucht wurde.

In den Santiago Beschlüssen des Institut de Droit International wurde der obligatorische Charakter der Kollisionsnorm betont[522], wobei leider nicht dargestellt wurde, auf welche Gründe eine solche Eigenschaft zurückzuführen ist. Diese Ausblendung der Frage des Status ist schwer nachzuvollziehen. Die Bundesregierung hat das fakultative Kollisionsrecht nicht zur Grundlage ihrer Re-

---

521 Dazu *Heß*, Die Integrationsfunktion des Europäischen Zivilverfahrensrechts, IPRax 2001, 391 und Aktuelle Perspektiven der europäischen Prozessrechtsangleichung, JZ 2001, 378 ff.

522 Résolutions adoptées par l'Institut de Droit International à sa session de St Jacques-de-Compostelle 1989, RabelsZ. 54 (1990), 160-175 und IPRax 1990, 70-71.

form von 1986 gemacht; sie überließ aber ausdrücklich sein weiteres Schicksal der wissenschaftlichen Diskussion[523].

Die Frage des prozessualen Status einer Kollisionsnorm stellt sich zwischen der Feststellung der Anwendbarkeit des Kollisionsrechts und der tatsächlichen Anwendung der letztendlich herangezogenen Sachvorschriften[524]. Dieses Gebiet, das von den ideellen Zielsetzungen des IPR meist ausgeblendet wurde, ist ein ganz entscheidendes, weil dort die Interessen der Parteien und der Allgemeinheit aufeinander stossen.

Die Umstände des Verfahrens können über den prozessualen Status mitberücksichtigt und mit den Erfordernissen des internationalen Kontexts abgewogen werden. Die von der Gemeinschaft angestrebte Urteilsfreizügigkeit ist weiterhin gesichert, weil den öffentlichen Interessen – wie oben dargestellt[525] – schon kollisionsrechtlich Rechnung getragen wird. Die Angriffspunkte für *ordre public* Vorbehalte bei der internationalen Anerkennung entfallen dadurch.

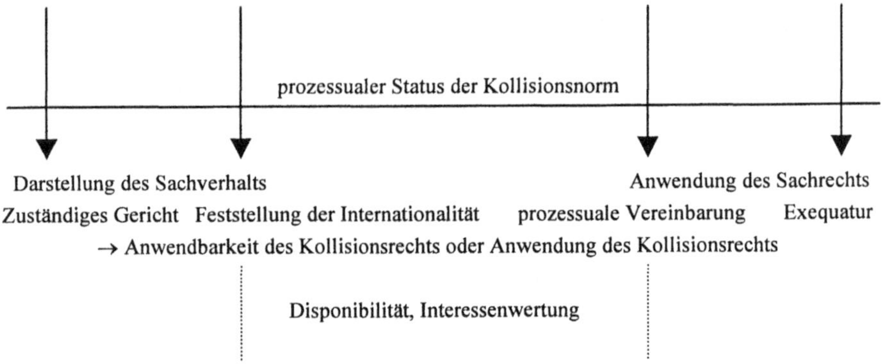

B. *Vereinbarkeit mit der herkömmlichen Zielsetzung der Entscheidungsharmonie*

Wenn jedes Gericht internationale Fälle nur noch anhand seiner *lex fori* entscheiden würde, wäre das im herkömmlichen IPR vorrangige Ziel der Entscheidungsharmonie gefährdet. Die kollisionsrechtliche Angleichung soll dieses Ziel

523 Begründung der Bundesregierung für den Entwurf eines Gesetzes zur Neuregelung des internationalen Privatrechts, BT-Drucks. 10/504 Bd. 296, S. 20, 26: „Unbeschadet einer hier nicht vorzunehmenden wissenschaftlichen Bewertung [...] kommen die dargelegten Reformvorschläge als Grundlage für eine gesetzgeberische Neuordnung des IPR [...] nicht in Betracht".

524 Vgl. *Bolze*, D. 2001, 1822 RdNr. 20.

525 Siehe I.2.B.

wieder neu beleben. Die Frage ist, inwiefern dieses Vorhaben überhaupt Sinn macht.

Vor der Rechtshängigkeit bleibt die Entscheidungsharmonie bei dispositivem Kollisionsrecht bestehen, weil die Partei, die auf die Rechtslage nach dem anwendbaren Kollisionsrecht vertraut hat, nur sich darauf zu berufen braucht, um die designierte Rechtsordnung ins Spiel zu bringen.

Für die Zeit nach der Rechtshängigkeit reduziert sich das Streben nach Entscheidungseinklang auf die Vermeidung einer hinkenden Entscheidung. Der Rechtssuchende erwartet, dass er sich auf eine ergangene Entscheidung auch im Ausland stützen kann. Dies ist durch Anwendung des Kollisionsrechts nur beschränkt möglich, weil die Anerkennung ausländischer Urteile in weitem Maße unabhängig davon ist, auf welchem materiellen Recht die Entscheidung fußt[526]. In diesem Sinne vertritt *Sturm* die Meinung, dass eine Anerkennung immer unsicher ist, egal ob die Kollisionsnorm zum Zuge kommt oder nicht. Die vom Kollisionsrecht angestrebte Entscheidungsharmonie sei lediglich ein Ideal, ein bisher nicht erreichtes Ziel[527]: „An Wunschträumen, die sich nicht verwirklichen lassen, sollte man sich nicht auf Kosten der Betroffenen festklammern und festbeißen"[528].

Selbst wenn die Anwendung des nach den eigenen Vorstellungen anwendbaren Rechts verlangt wird, gibt man sich auch zufrieden, wenn zwar nach „falschem" Recht, aber mit „richtigem" Ergebnis geurteilt wurde. Kollisionsrecht und Entscheidungsharmonie sind also auch nach der Rechtshängigkeit weitgehend voneinander unabhängig. Ausgehend von der Äquivalenztheorie hat die Cour de cassation neulich sogar die Nicht-Einhaltung der Kollisionsnorm zuungunsten des französischen Rechts toleriert: Dem Tatrichter, der die französischen und belgischen *codes civil* seiner Entscheidung zugrunde legte, obwohl die Kollisionsnorm eindeutig auf das französische Recht verwies, stimmte sie zu: Da der von den Tatrichtern ermittelte Sachverhalt nach beiden Rechtsordnungen die gleichen Rechtsfolgen habe, ist die Entscheidung, die ein anderes Recht als das designierte heranzieht, begründet[529].

---

526 Es ist hier lediglich von der materiellen Rechtsgrundlage einer Entscheidung die Rede; dagegen spielt das materielle Ergebnis dieser Entscheidung bisher noch weiterhin eine Rolle, wenn auch nur im Verhältnis zum *ordre public* Vorbehalt; vgl. Art. 18 der EG-VO Nr. 1347/2000 bzw. Art. 25 EG-VO Nr. 2201/2003.

527 *Sturm*, Fakultatives Kollisionsrecht : Notwendigkeit und Grenzen in Festschrift Zweigert, S. 334.

528 *Sturm*, StAZ 1977, 215.

529 Cass. civ. 1ère 13.4.1999 *Compagnie Royale belge contre Société Lilloise d'assurances*, Bull. civ. I, Nr. 130: „L'équivalence entre la loi appliquée et celle désignée par la règle de conflit - en ce sens que la situation de fait constatée par le juge aurait les mêmes conséquences juridiques en vertu de ces deux lois - justifie la décision

Es spricht innerhalb eines weitgehend harmonisierten Justizraumes nichts dagegen, eine ausländische Entscheidung in Privatsphären, in denen die Parteien über ihre Rechte verfügen, anzuerkennen. Die Frage des Entscheidungseinklangs hat an ihrer traditionellen Relevanz verloren. Das Ziel kann auch an Glaubwürdigkeit nur gewinnen, indem der internationale Einklang nicht mehr als Gegenstand nichtexistierender staatlicher Bemühungen angesehen wird, sondern vielmehr als sachbezogenes Parteibegehren.

Vor diesem Hintergrund überzeugt die Auffassung von *Sturm*, nach der das Ideal der Entscheidungsharmonie vom dispositiven bzw. fakultativen Kollisionsrecht keineswegs geopfert würde. Gerade die Parteien bemühen sich, eine Entscheidung zu erwirken, die auch im Ausland anerkannt und vollstreckt werden kann, also über die Grenzen hinaus wirkt, internationalisierbar ist. Sie haben die Kontrolle über das Verfahren und können alles gut vorausplanen und absichern, indem sie z.B. einen ausschließlichen Gerichtsstand vereinbaren, oder alle sachbezogenen Vorkehrungen im Hinblick auf die Anerkennung im identifizierten Ausland treffen. Alles hängt von den Parteien und ihrer Wachsamkeit ab[530].

C. Vorgeschlagener Weg: Dispositives Kollisionsrecht und Angleichung der Zuständigkeitsregeln

Wenn eine Vereinheitlichung der Kollisionsnormen nicht unbedingt gemeint ist, bleibt die Frage offen, wie es konkret möglich wäre, „die Vereinbarkeit" der in den Mitgliedstaaten geltenden Kollisionsnormen, wie in Art. 65 b) EGV vorgeschrieben, „zu fördern". Eine wirksame Lösung besteht darin, dispositives Kollisionsrecht als europäischer Grundsatz[531] einzuführen. Somit stellt die einheitliche prozessuale Behandlung der Kollisionsnormen zugunsten der Rechtssicherheit und der Urteilsfreizügigkeit die geförderte Vereinbarkeit dar.

Den Einwand des *forum shopping* wird man an dieser Stelle hervorheben.

Die Dispositivität der Kollisionsnormen kann jedoch nicht dadurch gekennzeichnet werden, dass es besondere Anreizwirkungen für das *forum shopping* entfaltet.

Erstens wird die Anwendung der *lex fori* zwar begünstigt, aber keineswegs zum Grundsatz errichtet. Dispositives Kollisionsrecht sieht prinzipiell nicht die

---

qui fait application d'une loi autre que la loi compétente"; Rev. Crit. 1999, 698, Anm. *Ancel* et *Muir Watt*; Dalloz 1999, IR, S. 135; JCP 1999 IV, Nr. 2072. Gaz. Pal. 61 1.3.2000, 39 Anm. *Niboyet; Agostini*, Dalloz 2000, Nr. 12, 268.

530 *Sturm*, Fakultatives Kollisionsrecht : Notwendigkeit und Grenzen in Festschrift Zweigert, S. 332.

531 Vgl. *Delmas-Marty*, La mondialisation du droit: chances et risques, D. 1999, 47: „'mise en compatibilité' des différences autour de principes communs".

Anwendung der *lex fori* vor, sondern die der *lex causae*: Die Parteien müssen sich in der Tat bei Abgabe ihres Sachvortrags abstimmen, damit die fremde *lex causae* zugunsten der *lex fori* überhaupt entfällt.

Zweitens zielt das *forum shopping* auf ein materielles Ergebnis ab: Wenn sie sich für ein bestimmtes *Forum* entscheiden, denken die Parteien auch an eine bestimmte Sachvorchrift der *lex fori*, deren Anwendung sie erreichen wollen. Die Dispositivität dient aber an erster Stelle der Erleichterung des Prozesses, nicht der Herbeiführung bestimmter sachrechtlicher Lösungen.

Darüber hinaus ist klar, dass die Begünstigung der *lex fori* an sich immer mit einem *forum shopping*-Risiko verbunden ist.

Durch den *lex-fori*-Trend wird die Problematik des Kollisionsrechts tatsächlich in das internationale Zivilverfahrensrecht verlagert[532].

Dem *forum shopping*-Risiko wird sodann am besten entgegengewirkt, indem die Gerichtstände im voraus festgelegt werden. Dies entspricht der heutigen Tendenz (EuGVVO), einheitliche Regeln über die Zuständigkeit der Gerichte im Justizraum herzustellen. Die Limitation der möglichen Gerichtsstände wird auch von der herrschenden Meinung verlangt[533]. Es wäre zu überlegen, ob man in diesem Zusammenhang nicht einige Erkenntnisse der Doktrin des *forum non conveniens* verwerten könnte[534]. Man denkt dabei an eine Mitwirkung der angerufenen Gerichte, die nach objektiven Kriterien prüfen würden, ob der Rechtsstreit nicht vor einem anderen international ebenfalls zuständigen Gericht in sachrechtlicher und prozessökonomischer Hinsicht besser aufgehoben wäre.

Darüber hinaus sinnvoll wäre die Regelung dieser Kompetenzen in internationalen Abkommen, mit Hinblick auf eine gute Zugänglichkeit für Rechtssuchende. Die internationale Zuständigkeit könnte umso besser auf solche pragmatische Kriterien reduziert werden, als (dispositives) Kollisionsrecht für eine sachbezogene und gerechte Behandlung des Falles sorgen würde[535]. In einem

---

532 *Hartenstein*, Die Privatautonomie im internationalen Privatrecht als Störung des europäischen Entscheidungseinklangs, S. 1.

533 Die Regelungen über die Entscheidungszuständigkeit begünstigen z.B. das *forum shopping* des scheidungswilligen Ehegatten: Siehe *Heß*, Aktuelle Perspektiven der europäischen Prozessrechtsangleichung, JZ 2001, 575, 578; siehe auch Bedenken, seit dem Wegfall der Exequaturkontrolle, hinsichtlich der zahlreichen Gerichtszuständigkeiten zugunsten des Klägers in der EuGVVO, 578: Der Beklagte muss die Vollstreckungsgegen- oder Abänderungsklagen (§§ 767, 323 ZPO, §§ 12, 14 AVAG n.F.) im Erststaat erheben, dessen Forum der Kläger wählen konnte (= erhöhte Einlassungslast).

534 *Ehrenzweig*, A Treatise on the Conflict of Laws, insb. S. 314 f.

535 Siehe die dieser Auffassung entsprechende Unterscheidung zwischen Kollisionsnorm und Zuständigkeitsvorschrift bei *Vassilakakis*, Orientations méthodologiques, S. 65.

solchen Kontext wäre dann nur noch die internationale Zuständigkeit des entscheidenden Gerichts zu überprüfen, um die ergangene Entscheidung anzuerkennen.

Das Problem des *forum shopping* findet auf der Ebene der Gerichtszuständigkeit eine effektive Antwort[536]. Genau wie der prozessuale Status der Kollisionsnorm sind die Bestimmungen über die internationale Zuständigkeit der Gerichte (*règles de conflit de juridictions*) Bestandteile des Verfahrensrechts und somit einfacher zu harmonisieren. Anders die Kollisionsnormen an sich, die zu eng mit dem materiellen Recht eines Staates zusammenhängen, um eine umfassende Vereinheitlichung realistisch in Erwägung zu ziehen.

Allerdings ist selbst bei unterschiedlichen Zuständigkeitsnormen eine gewisse Akzeptanz des *forum shopping*-Phänomens in einer zunehmend globalisierten Welt durchaus vertretbar. Sie entspricht der wirtschaftlichen Praxis. Zwingendes Kollisionsrecht und der damit verbundene Verfahrensaufwand sind eindeutig eine Bremse für den Handel und den Warenaustausch[537], Geschäftsleute greifen bei internationalen Streitigkeiten daher auch fast nur noch auf die Schiedsgerichtsbarkeit zurück. Der freie Wettbewerb zwischen den Rechtssystemen ist durchaus akzeptabel, solange keine staatlichen Interessen betroffen sind, was das System ja gewährleistet[538]. Die *common law* Länder sind sich bewusst, dass der *homeward trend* mit der Konsequenz des *forum shopping* verbunden ist[539].

Ferner ist in diesem Sinne die Grenze der Disposivität nicht erst dann erreicht, wenn den Parteien der Vorwurf der *fraus legis*, bzw. der Gesetzesumgehung zu machen ist[540]. Die Bindung des Gerichts an den parteiautonomen Rückzug auf die *lex fori* könne indessen nicht davon abhängen, ob die Parteien damit die Regelungen des ausländischen Rechts umgehen wollen, sondern allein davon, ob sie dies dürfen[541]. Soweit den Parteien die Dispositionsbefugnis über das streitbefangene Recht zusteht und deswegen auch die prozessuale Durchführung des kollisionsrechtlichen Vorgangs in ihren Händen liegt, kann es ihnen nicht verwehrt sein, ihren Streit der ausländischen *lex causae* zu entziehen, um ihn der inländischen *lex fori* zu unterstellen[542].

---

536 Vgl. *De Boer*, Prospects for European conflicts law in the twenty-first century, in International Conflicts of Laws for the Third Millennium, S. 199.

537 *Fentiman*, Foreign law in English courts, S. 90.

538 Vergleichbarer Ansicht: *Lequette*, D. 2002, 2204: „Bien loin d'être une entrave à l'activité économique, cette possibilité de choisir le droit le plus performant peut constituer un stimulant de celle-ci".

539 Vgl. *Nygh*, Conflict of Laws in Australia, S. 10.

540 Vgl. *Flessner*, RabelsZ. 34 (1970), 574 f.; *Zweigert*, RabelsZ. 37 (1973), 445 f.

541 *Wagner*, ZEuP 1999, 36.

542 *Sturm*, Fakultatives Kollisionsrecht : Notwendigkeit und Grenzen in Festschrift Zweigert, 341.

Letztendlich ist zu untersteichen, dass das hier vertretene System nicht nur mühelos in das Recht der europäischen Gemeinschaft eingeführt werden kann, sondern im Einklang mit den wesentlichen Prinzipien und Anstrebungen steht, die für die Forschungsgruppen bei der Harmonisierung im europäischen Prozessrecht wegweisend sind u.a. das *principe dispositif*, die Effizienzerhöhung, die Kostensenkung, das faire Verfahren (im Sinne der Art. 6 EMRK) und die vernünftige Verfahrensdauer[543].

543 *Storme* in Storme, Rapprochement du Droit Judiciaire de l'Union Européenne, S. 30.

3. Teil: Die Suche nach einer gesetzlichen Grundlage

Eine neue Analyse des Art. 12 des französischen Nouveau Code de Procédure Civile (NCPC) zeigt, dass er eine Grundlage für das System des dispositiven Kollisionsrechts bietet (I). Eine vergleichbare Vorschrift gibt es im deutschen Recht nicht. Zu einem vergleichbaren Ergebnis kommt man jedoch über die Rechtsfigur des Geständnisses im Rahmen der Verhandlungsmaxime (II).

I. Art. 12 NCPC, eine neue Analyse

Art. 12 Nouveau Code de Procédure Civile :

„Le juge tranche le litige conformément aux règles de droit qui lui sont applicables.

Il doit donner ou restituer leur exacte qualification aux faits et actes litigieux sans s'arrêter à la dénomination que les parties en auraient proposée.

[*Il peut relever d'office les moyens de pur droit quel que soit le fondement juridique invoqué par les parties.*] ***1979 aufgehoben***

Toutefois, il ne peut changer la dénomination ou le fondement juridique lorsque les parties, en vertu d'un accord exprès et pour les droits dont elles ont la libre disposition, l'ont lié par les qualifications et points de droit auxquels elles entendent limiter le débat.

Le litige né, les parties peuvent aussi, dans les mêmes matières et sous la même condition, conférer au juge la mission de statuer comme amiable compositeur, sous réserve d'appel si elles n'y ont pas spécialement renoncé.“

1. Vorbemerkungen

Art. 12 NCPC gehört zu den Leitsätzen des französischen Zivilprozessrechts. Seine Analyse erfordert daher eine vorbereitende Aufklärung über die Schlüsselbegriffe, die er aufwirft (A) und deren Zusammenhänge (B).

A. Wörtliche Unterscheidungen

In den nachfolgenden Ausführungen werden im Rahmen der Qualifikation bzw. der gedanklichen Schlussfolgerungen, mittels deren Fakten in Rechtsbegriffe verwandelt werden[544], die Worte „*qualification juridique des faits*" und „*dénomination des faits*" streng auseinandergehalten, weil sie geprägt sind von den unterschiedlichen Zielen, die jeweils vom Richter und von den Parteien verfolgt werden. Der Richter „qualifiziert" (*qualifie*) und versucht, das Recht objektiv zu realisieren; die Parteien „bezeichnen" (*dénomment*) und streben die Anerkennung eines subjektiven Rechts an. Man will dem Begriff „Qualifikation" den engeren Sinn eines allein dem positiven Recht gewidmeten Vorgangs vorenthalten, den nur der Richter, verantwortlich für die Beständigkeit der Norm, gewährleisten kann. Auch wenn diese Formulierungen beide den Vorgang der Qualifikation im weiten Sinne beschreiben, wird sich die Unterscheidung im Nachhinein als entscheidend erweisen.

Die Qualifikation stellt sich als „Substanz der juristischen Überlegung" heraus[545]. Sie ist der Übergang vom Faktum zum Recht, vom alltäglichen Sprachgebrauch zur Rechtsprache, vom konkreten Sachverhalt zum Rechtsbegriff.

Sie ermöglicht den Zugang zur Rechtsnorm, die sich bekannterweise aus zwei Bestandteilen zusammensetzt: die Voraussetzung / „*présupposé*" (oder „*condition préalable*") und die Rechtsfolge / „*effet juridique*". Die Voraussetzung besteht aus konkreten Elementen, die gegeben sein müssen, um die Anwendung der Rechtsnorm auszulösen. Die Rechtsfolge ist ein sich auf die Voraussetzung beziehendes Gebot. Der Begriff des subjektiven Rechts bezeichnet die Befugnis eines jeden Rechtssubjektes, das Gebot einer Rechtsnorm auszulösen, das subjektive Recht ist nichts weiter als Ausdruck der Rechtsfolge[546].

Daraus entsteht der klassische Syllogismus mit der Rechtsfolge als Hauptsatz, der fallbezogenen Voraussetzung als Untersatz und der Anerkennung des subjektiven Rechts als Schlussfolgerung.

Der Rechtsgrund (*moyen*) ist die Subsumtion einer bestimmten Qualifikation bzw. Bezeichnung unter die tatbestandliche Voraussetzung einer Rechtsnorm, um eine spezielle Rechtsfolge herzuleiten mit dem Ziel

- entweder der Anerkennung eines subjektiven Rechts, aus der Sicht der Parteien,

---

544 Oder „processus de passage du fait au droit", *Martin*, Le fait et le droit ou les parties et le juge, JCP G 1974 I 2625, RdNr. 32.

545 *Martin*, Le fait et le droit ou les parties et le juge, JCP G 1974 I 2625, RdNr. 47: „*substance du raisonnement juridique*".

546 *Martin*, Le fait et le droit ou les parties et le juge, JCP G 1974 I 2625, RdNr. 25.

- oder darüber hinaus der Kohärenz des positiven Rechts und der Beilegung des Rechtsstreits durch ein Urteil, aus der Sicht des Richters.

Die richterliche Qualifikation kann jederzeit stattfinden. Sie bleibt unausgesprochen, wenn der Richter die von den Parteien vorgeschlagene Bezeichnung für richtig hält. Ansonsten beginnt eine Debatte, die zur exakten Qualifikation führen soll, auf der die Parteien dann ihren Rechtsgrund stützen können.

B. Analyse der juristischen Denkweise

Seit dem 1. März 1999 ist in Frankreich das Dekret Nr. 98-1231 vom 28. Dezember 1998[547] in Kraft getreten, das die Parteien zu Rechtsausführungen verpflichtet[548]. Die Parteien sollen künftig sogenannte *conclusions qualificatives* nach Art. 753 und 954 Abs. I und II NCPC austauschen[549]. Die Mitwirkung der Parteien entlastet den Richter von seiner Pflicht zur vollumfänglichen Rechtsanwendung. Sowohl der Richter als auch die Parteien leiten also Rechtsgründe aus den Tatsachen ab[550].

Mit dem Rechtsgrund werden qualifizierte Fakten und die Voraussetzung einer Rechtsnorm aufeinander abgestimmt. Nur ist diese Voraussetzung manchmal so allgemein formuliert, dass es schwierig ist, ihre konkrete Tragweite zu ermessen: *urgence, faute caractérisée, intérêt de l'enfant...* Die geeignete Regel wird dem Gesetz entnommen[551]. Die dem Sachverhalt angepasste Rechtsnorm muss oft ausgelegt werden und ermöglicht somit einen nicht zu unterschätzenden Spielraum. Diese Auslegung ist der eigentliche Gegenstand des Rechtsstreits zwischen den Parteien, denn auf Seite der Qualifikation besteht die Schranke des Art. 12 Abs. 2: Der Richter muss für die Fakten und umstrittenen Handlungen die exakte Qualifikation herbeiführen bzw. wiederherstellen, ohne auf die von den Parteien vorgeschlagenen Bezeichnungen einzugehen.

Bildlich dargestellt könnte die Herleitung von Rechtsgründen durch die Parteien folgendermaßen aussehen:

547 Journal Officiel 30.12.1998, 19904; D. 1999, Législation 106.

548 Dazu *Guinchard*, D. 1999, 65 ff.

549 *Schilling*, Die „principes directeurs" des französischen Zivilprozesses, S. 225, 261.

550 *Bolard/Flécheux*, L'avocat, le juge et le droit, D. 1995, Chronique 222.

551 Vgl. *Martin*, Le fait et le droit ou les parties et le juge, JCP G 1974 I 2625, RdNr. 42.

Qualifikation/Bezeichnung → Rechtsgrund ← Auslegung der Rechtsnorm[552]
= „Boxer Ring“[553], Spielregeln ↓ = „erlaubte Hiebe“
spezielle Rechtsfolge zur Unterstützung eines subjektiven Rechts

Ein induktiv zusammenlaufender Vorgang findet im juristischen Denken statt. Man sucht nach der Rechtsnorm, die auf den Sachverhalt passt und zugleich den Antrag effizient unterstützen kann, dann folgt die Qualifikation/Bezeichnung der Fakten, um ihre Voraussetzung zu erfüllen. Der Gedanke gewinnt an Überzeugungskraft, indem er dann deduktiv abgefasst und präsentiert wird[554].

Sowohl dem Anwalt als auch dem Richter ist das juristische Denken vertraut[555]. Allein der Zweck variiert, der Anwalt will den Fall zugunsten seines Mandanten entschieden haben, der Richter sucht nach einer gerechten Lösung[556].

Der Verhandlungsstoff wird nach den existierenden Rechtsnormen bestimmt. Es kommt vor, dass beide Parteien diese Begrenzung als nachteilig empfinden; es muss in diesem Fall einen Ausweg geben; eine abstrakte Qualifikation, eine Verlegung des „Boxer-Ringes“ (siehe Skizze), ist die Lösung, die Art. 12 Abs. 3 beinhaltet.

Der Richter ist nicht gezwungen, selbst die anwendbare Rechtsnorm zu ermitteln, und kann sich darauf beschränken, sich zwischen den von den Parteien vorgetragenen Rechtsgründen zu entscheiden[557]. Diese Auffassung entspricht dem Rationalisierungszweck des obengenannten Dekrets vom 28. Dezember 1998[558]. Der Richter darf auch keine Tatsachen berücksichtigen, die außer Debatte stehen oder von denen er persönlich Kenntnis hätte[559].

552 *Hartenstein*, Die Privatautonomie im IPR als Störung des europäischen Entscheidungseinklangs, S. 90: „Die Normauslegung ist im Prozess *die* richterliche Aufgabe schlechthin“.

553 Vgl. *Martin*, Le fait et le droit ou les parties et le juge, JCP G 1974 I 2625, RdNr. 16: „...que le juge devait se mouvoir à l'intérieur d'un certain cadre dessiné par les parties, qu'il ne pouvait de sa propre autorité franchir certaines frontières que traçaient les conclusions“; für das Bild des Kampfes, RdNr. 52.

554 *Martin*, Le fait et le droit ou les parties et le juge, JCP G 1974 I 2625, RdNr. 47.

555 Zur Bedeutung der Anwesenheit des Anwalts im Prozess und Rolle des „auxiliaire de justice“, *Martin*, Le fait et le droit ou les parties et le juge, JCP G 1974 I 2625, RdNr. 4.

556 *Martin*, Le fait et le droit ou les parties et le juge, JCP G 1974 I 2625, RdNr. 45.

557 *Frison-Roche*, Anm. unter Cass. civ. 2ème 4.11.1998 *Keppi*, D. 1989, 609 RdNr. 4.

558 Zustimmend *Schilling*, Die „principes directeurs“ des französischen Zivilprozesses, S. 261.

559 Dies entspricht dem sogenannten „Beibringungsgrundsatz“ im deutschen Zivilprozess.

Die Rechtsfrage wird vom Richter gestellt (gedanklich, in dieser Phase des Prozesses). Sie ergibt sich aus der für eine bestimmte Rechtslage einzig möglichen Qualifikation und aus den von den Parteien eingeführten Rechtsgründen, insofern als dass sie über den Inhalt des Rechtsstreites informieren.

Fakten → exakte Qualifikation der Fakten

→ Rechtsfrage

von den Parteien eingeführte Rechtsgründe

2. Chronologische Analyse des Art. 12 NCPC

Sinn der Reform des Art. 12 von 1972 ist eine vom Gesetzgeber erwünschte erhöhte Flexibilität. Diese Modernisierung eröffnet Perspektiven einer Annäherung an das schiedsrichterliche Verfahren vor dem Hintergrund, dass Flexibilität und kurze Verfahrensdauer entscheidende Motive für die Abkehr von der staatlichen Gerichtsbarkeit sind[560].

In der Systematik des Art. 12 NCPC ist nicht eine bloße Gegenüberstellung von Grundsätzen und Ausnahmen[561] zu erkennen, sondern vielmehr folgendes: Die ersten zwei Absätze umschreiben die Aufgabe des Richters, während die Absätze 3 und 4 den Parteien Befugnisse einräumen.

Art. 12 Abs. 1 beinhaltet, dass für jeden Rechtsstreit bestimmte Regeln vorgesehen sind. Der Kern dieser Vorschrift befindet sich in den Worten „gemäß der anwendbaren Regeln".

In der Verordnung vom 9. September 1971[562] war vorgesehen, anders als im letztendlich kodifizierten Text: „Der Richter ist *verpflichtet*, den Rechtsstreit gemäß der auf ihn anwendbaren Regeln zu entscheiden".

Es gibt sicherlich einen Unterschied zwischen „ist verpflichtet,... gemäß... zu entscheiden" und „entscheidet... gemäß" (aktuelle Fassung)[563]. Die erste Formel

---

560 Vgl. *Wagner*, Prozessverträge, S. 1.

561 *Bureau*, L'accord procédural à l'épreuve, Rev. Crit. 1996, 592; *Muir Watt*, Justices 1997, 265.

562 Décret Nr. 71-740 du 9 septembre 1971 instituant de nouvelles règles de procédure destinées à constituer partie d'un nouveau code de procédure civile, publié au JCP G 1971 III 38207.

563 Contra: *Frison-Roche*, Anm. unter Cass. civ. 2ème 4.11.1998 *Keppi*, D. 1989, 611 RdNr. 9.

zwingt den Richter ausdrücklich dazu, sich an die anwendbaren Regeln zu halten, was auch immer passiert.

In ihrer neuen Fassung lässt die Vorschrift die Rolle der Parteien im Prozess unberührt. Die Aufgabe des Richters besteht zwar weiterhin darin, den Rechtsstreit gemäß der auf ihn anwendbaren Regeln zu entscheiden, aber die Parteien bringen eigenständig Rechtsgründe vor, an denen sich der Richter halten wird. Er wählt einen davon aus; es gibt nämlich mehrere Regeln, deren Voraussetzungen erfüllt sein können.

In Art. 12 Abs. 2 ist das Prinzip der objektiv immer richtigen Qualifikation verankert[564].

Einleitend zur Analyse des Art. 12 Abs. 3 kann man daran erinnern, dass der Richter nach dem *principe dispositif* – ähnlich wie nach dem deutschen Verfügungsgrundsatz – an die Rechtsgründe der Parteien gebunden ist. Art. 7 Abs. 2 NCPC über die sogenannten *faits adventices* (d.h. Fakten, die in den Prozess Eingang gefunden haben, obwohl sie von den Parteien nicht hervorgerufen worden sind)[565] und Art. 13 NCPC über die Aufklärung des Sachverhalts sollte der Richter mit Fingerspitzengefühl verwenden. Andernfalls wäre der Prozess nur noch eine Suche nach objektiver und nicht relativer Wahrheit, und sein Zweck nicht die Entfachung eines privaten Konfliktes, sondern vielmehr die Lösung einer gesellschaftlichen Krise[566]. Wenn die Ermittlung der objektiven Wahrheit maßgeblich wäre, bräuchte der Richter sich nur die Fakten zu beschaffen und die Teilnahme von Parteien und Anwälten am Verfahren wäre überflüssig. Rechtsanwälte wollen zugunsten ihrer Mandaten den Rechtsstreit gewinnen. Ihre Argumente müssen überzeugend sein, nicht die gesamte Rechtslage wiedergeben[567]. Als „Rechtsgehilfen" (*auxiliaires de justice*)[568] tragen sie dazu bei, den Rechtsstreit zu kristallisieren. Für den Richter hat die Beilegung des Streits Vor-

564 Vgl. *Martin*, Le fait et le droit ou les parties et le juge, JCP G 1974 I 2625, RdNr. 37.

565 *Martin*, Le juge a-t-il l'obligation de qualifier ou requalifier?, D. 1994, Chronique 310 RdNr. 11.

566 *Martin*, Le fait et le droit ou les parties et le juge, JCP G 1974 I 2625, RdNr. 27; ebenso *Wagner*, Prozessverträge, S. 622.

567 Vgl. *Fentiman*, Foreign law in English courts, S. 236: „The normal process whereby a court hears rival testimony as to foreign law captures the essentially dialectical character of legal reasoning", it's „more a matter of establishing the relative soundness of the competing arguments as their correctness" und S. 282: „English lawyers are inclined to view the legal process as a means for resolving particular disputes, as opposed to a vehicle for excavating legal truth".

568 *Bolard/Flécheux*, L'avocat, le juge et le droit, D. 1995, Chronique 222.

rang. Er muss in jeder Lage des Verfahrens auf eine gütliche Einigung hinwirken[569].

Das System des Art. 12 scheint nach einer chronologischen Logik aufgebaut zu sein: Erst *nach* einer exakten Qualifikation ist es den Parteien möglich, in Kenntnis der Umstände, den Richter an eine abstrakte „Ersatzqualifikation“ zu binden, d.h. an eine Qualifikation, die von manchen Fakten absieht, den Sachverhalt sozusagen nur teilweise beleuchtet. Die Qualifikation muss immer vollständig und präzise durchgeführt werden, aber sie kann im Nachhinein ignoriert und von einer abstrakten Qualifikation ersetzt werden, die nur teilweise der Realität entspricht.

Es wurde bisher oft vergebens nach Anwendungsbeispielen für Art. 12 Abs. 3 gesucht[570]. Nach der hier vertretenen Auslegung dieser Vorschrift wollte der Gesetzgeber einen Gegenpol zu den Richterbefugnissen der beiden ersten Absätze schaffen und im Bereich der Rechtsanwendung auch den Parteien gewisse Einflussmöglichkeiten einräumen[571]. Zweck dieses Absatzes ist es, die Beilegung eines Rechtsstreites zu fördern, auch wenn man dafür vor dem objektiv anwendbaren Recht die Augen schließen muss.

3. Wortwörtliche und teleologische Auslegung des Absatzes 3

Hinter unterschiedlichen Worten stehen in der Regel unterschiedliche Begrifflichkeiten: Im aufgehobenen Absatz setzte der Gesetzgeber den vom Richter eingeführten Rechtsgründen – „*moyens de pur droit*“ – die von den Parteien vorgeschlagene „Anspruchsgrundlage“ – „*fondement juridique*“ – entgegen.

Ein „*moyen*“ kann auch eine Partei geltend machen. Um die Gegenüberstellung von Richter und Parteien zu verdeutlichen und jede Unklarheit zu vermeiden, wurde in diesem Absatz jedoch ein Synonym verwendet: Eine Anspruchsgrundlage ist nichts anderes als ein Rechtsgrund, der von einer Partei vorgetragen worden ist.

Art. 12 Abs. 3 n.F. übernimmt den Ausdruck „Anspruchsgrundlage“. Der Gesetzgeber hätte das Wort „*moyen*“ („Rechtsgrund“) wie im aufgehobenen Absatz verwenden können, wenn er es gewollt hätte.

569 § 278 Abs. 1 ZPO n. F. (ZPO-RG vom 27.7.2001); Vgl. *Baur*, Vereinbarungen der Parteien über präjudizielle Rechtsverhältnisse im Zivilprozess, 4.

570 *Bureau*, L'accord procédural à l'épreuve, Rev. Crit. 1996, 588.

571 *Schilling*, Die „principes directeurs“ des französischen Zivilprozesses, S. 247; das Inkrafttreten des Dekrets vom 28. Dezember 1998 im März 1999 konsolidiert diesen Kurs, indem es die Parteien zu Rechtsausführungen verpflichtet.

Er hat dies ausgelassen, weil er weiterhin zwei verschiedene Arten von Rechtsgründen unterscheiden wollte: Während ein einziger „zutreffender Rechtsgrund" aus der Sicht des Richters in Frage kommen kann, sind die subjektiven Rechtsgründe der Kreativität beider Parteien überlassen. Für den Richter ist die Beständigkeit des Rechts entscheidend, für die Parteien ist es der Ausgang des Prozesses.

Der Ausdruck „Anspruchsgrundlage" kommt nach dem Bindungswort „oder". Die zweite und entscheidende Komponente der Alternative ist „Bezeichnung" (*dénomination*). Der Bezug zur Anspruchsgrundlage in diesem Absatz bedeutet nur, dass man meistens die Anspruchsgrundlage analysieren muss, um die von den Parteien gewählte Bezeichnung zu ermitteln, da letztere in der Anspruchsgrundlage integriert ist. Wie oben dargestellt weist der Ausdruck „*dénomination*" auf eine von den Parteien durchgeführte Qualifikation.

Das Wort „*qualifications*" findet sich im Absatz 2 wieder, wo es die rechtliche Qualifikation durch den Richter umschreibt; es fehlt jedoch hier das Adjektiv „exakt", was bedeuten muss, dass es eine „ungenaue" Qualifikation geben kann, die sich von den Fakten etwas distanziert oder einige Aspekte des Sachverhaltes ausschaltet und die „Bezeichnung" der Parteien aufnimmt.

Der Ausdruck „Rechtspunkte" („*points de droit*") erscheint im Absatz 3 zum ersten Mal. Er verweist scheinbar auf den letzten Schritt des juristischen Denkvorgangs und deutet darauf hin, dass sich die Prüfung des Richters auf bestimmte Rechtsfragen beschränken wird.

Der dritte Absatz übernimmt also die gleiche interne Struktur wie der zweite: Gegenüberstellung des Richteramts und der Parteibefugnis. „Die Bezeichnung und rechtliche Grundlage" einerseits, „die Qualifikation und Rechtspunkte" anderseits[572].

Man möchte den Parteien ermöglichen, über eine ausdrückliche Vereinbarung nach der Qualifikation und der Formulierung der Rechtsfrage durch den Richter aber noch vor der Bestimmung der anwendbaren Regeln einzuschreiten. Die Parteien werden die maßgebliche richterliche Qualifikation und Rechtsfrage durch eine andere Qualifikation und eine daraus abgeleitete Rechtsfrage ersetzen. Sie werden eine abstrahierte Rechtslage schaffen. Der Richter ist an den gemeinsamen Willen der Parteien gebunden und wird diese abstrakte Qualifikation und die sich darauf stützende Rechtsfrage seiner Entscheidung zugrunde legen.

572 Die Eingriffsmöglichkeit der Parteien über die Qualifikation führt zur Umstellung der Rechtsfrage.

4. Ergebnis, Vergleich Abs. 2 / Abs. 3

Der Richter hat von Amts wegen die exakte Qualifikation der Fakten zu liefern (Absatz 2), wofür ihm alle in den Akten erwähnten Fakten zur Verfügung stehen. Diese Qualifikation wird ihm insbesondere ermöglichen, sich zur Verfügbarkeit der umstrittenen Rechte zu äußern (Absatz 3). Die Qualifikation der Fakten und die von den Parteien vorgetragenen Rechtsgründe versetzen den Richter in die Lage, eine Rechtsfrage zu formulieren und somit ein Bündel anwendbarer Rechtsnormen zu erkennen. Danach kann er die Frage der Verfügbarkeit beantworten. Die exakte Qualifikation ist also unumgänglich[573].

Die Parteien (aktive Subjekte des Abs. 3) können den Kreis der anwendbaren Regeln selbst festlegen, indem sie gemeinsam über die Fakten verfügen durch Bezeichnungen (Sinn von „*Toutefois*“ und Zweck des Abs. 3), die entweder unvollständig oder fiktiv sind.

Beide Absätze betreffen Vorgänge, die gleichzeitig, parallel und unabhängig voneinander laufen. Während der Richter qualifiziert, tragen die Parteien ihre Bezeichnungen vor. Hat der Richter nach seiner Qualifikation die Verfügbarkeit festgestellt, muss er sich an die Bezeichnung der Parteien halten, wenn sie sich einig sind.

Alle kennen die tatsächliche Wahrheit, die Fakten wurden wahrheitsgemäß dargestellt. Nur die Bezeichnung durch die Parteien ist von dieser Realität abgekoppelt oder unvollständig.

Die Möglichkeit einer nicht exakten Qualifikation ergibt sich aus der Verfügbarkeit, die sich selbst aus einer exakten Qualifikation entnehmen lässt. Es handelt sich also um einen Qualifikationswechsel durch ausdrückliche Vereinbarung der über ihre Rechte verfügenden Parteien.

Die „Debatte zu beschränken“ (*limiter le débat*) im Sinne des Absatzes 3 heißt die ursprüngliche Rechtsfrage, die sich der Richter zur Bestimmung der Verfügbarkeit gedanklich gestellt hat, durch eine von den Parteien umgestellte Rechtsfrage zu ersetzen (welche hier besteht aus einerseits den Rechtsgründen, anderseits nicht der Qualifikation, sondern der konkordanten Bezeichnungen). Somit wird sich der Richter auf einen bestimmten Rechtspunkt konzentrieren müssen und einige erwiesene Fakten außer Acht lassen.

---

573 Es ist die Aufgabe des Richters, der das Recht bewahren muss, den Fall unter die Voraussetzung einer Rechtsnorm zu subsumieren, in anderen Worten die Fakten zu qualifizieren, siehe *Martin*, Le fait et le droit ou les parties et le juge, JCP G 1974 I 2625, RdNr. 26.

Die Verhandlungsgrundlage verschiebt sich und die Sphäre der anwendbaren Regeln damit auch. Mit dem *accord procédural* wird der Richter durch die Parteien auf die Anwendung bestimmter Rechtsvorschriften beschränkt[574].

Nun muss untersucht werden, warum ein solches Vorgehen, das gegen das objektive Recht verstößt, überhaupt geduldet wird, wenn beide von der Norm gestellten Bedingungen eingehalten werden: Die ausdrückliche Vereinbarung und die Verfügbarkeit der Rechte.

5. Begründung der Bedingungen des Absatzes 3

Aus der Praxis stellt sich heraus, dass Rechtsnormen bei ihrer Realisierung in konkreten Fällen Schwächen aufweisen können. Werden diese fallbezogenen Schwächen von beiden Kontrahenten empfunden, begründen sie ein objektives Interesse – zumindest unter den Hauptadressaten des Prozesses – an der Umgehung der Rechtsnorm (A). Diesem Interesse wollte der Gesetzgeber Rechnung tragen, indem er, zugunsten der Parteien, in einer solchen Hypothese durch die prozessuale Vereinbarung mehr Flexibilität im Prozess einräumte. Die Parteibefugnis entfällt jedoch, sobald ein vorrangiges öffentliches Interesse an der Beständigkeit des Rechts vorhanden ist. Wie gesehen ist dies der Fall, wenn die streitbefangenen Rechte indisponibel sind. Daher wurde die Bedingung der Verfügbarkeit in den Absatz 3 eingeführt (B). Die Bedingung der Ausdrücklichkeit wurde noch hinzugefügt, um zu vermeiden, dass ein unbedachtes Handeln einer Partei missdeutet wird oder dass eine solche Vereinbarung nur der Phantasie des Richters entspringt (C).

A. Eine aus objektiven Gründen entstandene Einigung

Es wäre naiv zu denken, dass die Parteien sich auf eine weitergehende Bezeichnung einigen können, wenn ihr einziges Anliegen die Durchsetzung ihrer Ansprüche im Prozess ist. Die Qualifikation begrenzt nämlich die Anzahl der potentiell anwendbaren Rechtsnormen wegen deren Voraussetzungen; sollten sich die Parteien auf eine weitergehende Bezeichnung einigen, dann würde sich zumindest eine davon (auch wenn man noch nicht genau vorhersehen kann welche) einer effizienten Argumentationsgrundlage entziehen, da die laut exakter Qualifikation anwendbare Regel (fast) immer eine der beiden Parteien begün-

574 *Schilling*, Die „principes directeurs“ des französischen Zivilprozesses, S. 245.

stigt. „Ein vernünftiger Kontrahent wird nicht akzeptieren, sich die Hände fesseln zu lassen, bevor der Kampf beginnt“[575].

In anderen Worten, es ist nicht zu befürchten, dass die spezielle Vorschrift des Absatz 3 zu häufig angewandt wird, da die Parteien auf natürliche Weise nie die geringste Vereinbarung treffen werden, solange allein der Prozessausgang für sie eine Rolle spielt.

Dagegen ist es nicht ausgeschlossen, dass etwas objektivere Ziele einer solchen Einigung zugrunde liegen. Eine prozessuale Vereinbarung zur Qualifikation muss eine logische Erklärung haben, die einleuchtet, wenn die von der exakten Qualifikation entfalteten Konsequenzen Schwächen objektiver Art aufweisen. Solche Schwächen sind nicht zu leugnen; sie sind auch verständlich, alle Konstellationen und Rechtsentwicklungen können in einem Rechtssystem zu einem gewissen Zeitpunkt nicht vorgesehen werden. Diese Tatsache hat man auch in den Vorschlägen der Storme-Kommission offensichtlich erkannt, insbesondere im Art. 9.2, in dem *in fine* von „besonderer Ungewissheit der anwendbaren Regeln“ gesprochen wird[576].

Diese *ratio* des Art. 12 Abs. 3 findet sich in den bisherigen Anwendungen dieser Vorschrift wieder:

- In Musterverfahren (unter Beteiligung z.B. von Versicherungsgesellschaften oder Gewerkschaften) zur Auslegung eines bestimmten Gesetzestextes oder einer Vertragsklausel bei unberechenbarer Rechtsprechung hätte die Vorschrift den besonderen und wichtigen Zweck, künftige Entscheidungen voraussagen zu können, um Rechtsicherheit herbeizuführen. Die Klärung solcher Rechtsfragen kann jedoch nicht losgelöst von jedem streitigen Sachverhalt herbeigeführt werden, sonst hätte der Richter die Rolle eines „juristischen Sachverständigen“[577].
- Art. 12 Abs. 3 kann auch zum Einsatz kommen, um eine gesellschaftsähnliche Lebenspartnerschaft (*société de fait*) zu fingieren, wenn keine gesetzliche Regelung vorhanden ist, zum Zweck der Lückenfüllung[578], des Analogieschlusses also.

575 *Martin*, Le fait et le droit ou les parties et le juge, JCP G 1974 I 2625, RdNr. 52.

576 Vgl. Art. 9.2 in Storme, Rapprochement du Droit Judiciaire de l'Union Européenne, S. 202.

577 Vgl. *Schilling*, Die „principes directeurs“ des französischen Zivilprozesses, S. 250.

578 Für ein Beispiel einer fingierten *société de fait* um die vermögensrechtlichen Interessen unverheirateter Lebenspartner (*concubins*): Cass. Soc. 22.2.1978, Bull. V Nr. 24; *Granet*, JCl. Civil Code, Art. 515-8, RdNr. 40 ff.; *Anquetil*, Le nouveau visage de la justice civile, JCP 1972, éd. A. IV, 6150, Nr. 21.

- Man könnte die Vorschrift darüber hinaus zur mittelbaren Prorogation örtlicher (innerstaatlicher[579]) Gerichtzuständigkeit einsetzen, im Hinblick auf eine Prozessrationalisierung.
- Auf die Vorschrift wird aber vor allem zurückgegriffen, um das Kollisionsrecht zu umgehen; prozesswirtschaftliche Erwägungen und Rechtssicherheit (Qualität der Entscheidung) stehen im Vordergrund. Es geht darum, den Prozess zu rationalisieren.

Die Bedingung der objektiven Mangelhaftigkeit der grundsätzlich anwendbaren Rechtsnorm brauchte in Art. 12 NCPC nicht formuliert zu werden. Sie ergibt sich von alleine mit der Bedingung der Vereinbarung.

Die prozessuale Vereinbarung ermöglicht es den Parteien, weiterhin auf Basis des materiellen Rechts zu argumentieren. Es stellt sich die Frage, ob die Parteien nicht unter gewissen Bedingungen den Richter dazu zwingen können, anhand theoretisch unanwendbarer Regeln zu entscheiden, die er trotzdem beherrscht, weil sie Teil seiner nationalen Rechtsordnung sind. Sie können mit dem Kollisionsrecht argumentieren, müssen es aber nicht.

Die obengenannten Konstellationen deuten darauf hin, dass es legitim erscheinen kann, den Richter aufzufordern, den Fall aufgrund des Art. 12 Abs. 1 und anhand von Regeln zu entscheiden, die er mangels Vereinbarung zwischen den Parteien nicht angewandt hätte.

Die Parteien wollen einer Regel entkommen, die sie beide gleichermaßen beeinträchtigt: Geringere Qualität, die auch zu einer gewissen Unsicherheit führen kann, unverhältnismäßige Prozesskosten, keine rechtliche Anerkennung einer neuen sozialen oder wirtschaftlichen Realität, keine Fortbildung des Rechts – z.B. durch Aufklärung einer Ungewissheit in der Rechtsprechung.

Die Qualifikation kann in diesen Fällen abstrakt bleiben, ohne die Norm inhaltlich zu gefährden, weil ihre Anwendung nur von der gewählten Qualifikation abhängt. Die Voraussetzungen der so geltend gemachten Rechtsnormen sind dann erfüllt, auch wenn von einigen Fakten abstrahiert wurde.

Die Institution der *société de fait* (faktischen Gesellschaft) beispielsweise wurde im Bereich des Handels- und Wirtschaftsrechts geschaffen. Die Anwendung dieser Rechtsfigur auf eine nichteheliche Lebensgemeinschaft – für deren vermögensrechtliche Auseinandersetzung nach der Trennung der Parteien – überrascht zunächst, weil keine Gesellschaft im wirtschaftlichen Sinne des Wortes gegründet wurde. Art. 12 Abs. 3 erlaubt rechtstechnisch, die nichteheliche Lebensgemeinschaft in eine faktische Gesellschaft zweier (oder mehrerer)

579 Die Bestimmung der internationalen Gerichtzuständigkeit wurde der prozessualen Parteibefugnis entzogen, um als Mittel gegen das *forum shopping* zu dienen.

Personen zur Erreichung eines gemeinsamen Zwecks umzuqualifizieren, wenn dabei Vorteile objektiver Art herausspringen.

Die Anwendungsbedingungen der Sachvorschrift sind auch weiterhin erfüllt, wenn die Parteien die Anwendung des Kollisionsrechts umgehen wollen[580].

Die prozessuale Vereinbarung gliedert sich in die Tendenz des modernen Rechts ein, Alternativen zu gerichtlichen Lösungen von Rechtsstreiten zu bevorzugen, und begünstigt Schlichtung und Mediation. Zur Beilegung eines Streits verzichtet man auf die Verwirklichung des materiellen Rechts[581].

Diese Aussage findet jedoch ihre Grenzen im Interesse der Allgemeinheit. Ein Sachverhalt, der überwiegend öffentliche Interessen betrifft, kann weder den auf ihn konvergierenden imperativen Rechtsnormen entzogen werden noch den Qualifikationen der Parteien unterliegen.

B. Eingliederung der Bedingung der Verfügbarkeit in Absatz 3

Hier sind die Erkenntnisse der bisherigen Ausführungen zum Vorhandensein öffentlicher Interessen zu verwerten, wobei es um Rechtssicherheit im Prozess im Allgemeinen geht und nicht nur bezogen auf kollisionsrechtliche Erwägungen.

Rechtssicherheit und Beständigkeit des Rechts sind besonders zu beachten in Rechtsgebieten, in denen es regelmäßig zur Anwendung imperativer Rechtsnormen kommt, d.h. in denen die Parteien grundsätzlich nicht über ihre Rechte verfügen. Die prozessrechtlichen Vorschriften sollen nicht dazu führen, dass ein imperativer Rechtssatz *ex ante* umgangen werden kann[582].

Der Richter muss sich also vergewissert haben, dass die streitbefangenen Rechte disponibel sind, bevor es zu einem *accord procédural* kommen kann.

Dazu dient die Rechtsfrage.

Die Formulierung der Rechtsfrage anhand der Rechtsgründe der Parteien und der richterlichen Qualifikation konzentriert die Rechtslage auf das Wesentliche und ermöglicht die Charakterisierung der umstrittenen Rechte. Erst anhand der ausformulierten Rechtsfrage kann die sachbezogene Entscheidung über die Verfügbarkeit erfolgen, da die Liste der Unverfügbarkeit natürlich nicht sämtliche Rechtslagen aufnehmen wird[583].

---

580 Contra: *Bureau*, L'accord procédural à l'épreuve, Rev. Crit. 1996, 596.

581 RinAG *Gensel*, Interview zur IPR-Praxis in Familiensachen (siehe Materialenverzeichnis).

582 Zur Priorität (*antériorité*) der Prozessregeln vor den Sachnormen: *Bolze*, D. 2001, 1818.

583 Siehe 2. Teil I.3.A.c) und 2.Teil II.2.A.c)(2).

Für eine bestimmte Rechtsfrage, die alle relevanten Komponenten beinhalten soll, die ein Abweichen vom Prinzip der Disponibilität nach sich ziehen könnten, sind mehrere Regeln theoretisch anwendbar, so dass die Entscheidung über die Verfügbarkeit der streitbefangenen Rechte keine Vorentscheidung für die letztendlich angewandte Sachvorschrift darstellt.

C. Die Ausdrücklichkeit

Art. 12 Abs. 3, soweit er zu Anwendung kommt, verlangt einen *accord exprès* der Parteien. Die Erfordernis einer ausdrücklichen Vereinbarung ist eine effiziente Sicherung gegen unüberlegtes aber rechtlich relevantes Handeln. Das Risiko bestünde sonst vielleicht, dass eine Partei die Berufung auf ausländisches Recht aus bloßer Unkenntnis unterlassen und so eine ihr günstige Rechtsposition verspielen könnte.

Gleichwohl bietet die Bedingung der Ausdrücklichkeit auch eine Garantie gegen die Neigung eines Richters, eine solche haltlose Vereinbarung aus eigenen Wünschen heraus anzunehmen.

Diesen Problemen wird in Deutschland mit einer juristisch kompetenten Vertretung der Partei und mit der dem Gericht gemäß § 139 ZPO obliegenden Aufklärungs- und Hinweispflicht begegnet.

Der Anwaltsschutz und die Hinweispflicht des Richters sollten allgemein genügen, um sicherzustellen, dass beide Parteien im Prozess gleichwohl informiert und sich den Auslandsbezug bewusst sind. Die Theorie vom dispositivem Kollisionsrecht erlaubt sowieso nur den prozessualen Rückzug auf die *lex fori*, und nicht auch deren Abwahl zugunsten eines ausländischen Rechts, so dass der wirtschaftlich oder intellektuell unterlegenen Partei oft sämtliche Schutzklauseln der inländischen Rechtsordnung erhalten bleiben[584]. Die bereits erwähnten *Hannover* Rechtsprechung nähert sich der deutschen Sicht und bestätigt diese Überlegungen, indem sich die Cour de cassation von den strikten Erfordernissen des Art. 12 Abs. 3 NCPC zu distanzieren beginnt und eine konkludente Vereinbarung (*accord tacite*) für den Rückzug auf die *lex fori* nun ausdrücklich ausreichen lässt.

Der Richter muss nur prüfen, ob ein realer Parteiwillen[585], von der Kollisionsnorm abzusehen, mit „hinreichender Sicherheit“[586] zu erkennen ist[587]. Die

584 *Wagner*, ZEuP 1999, 29.

585 Vgl. *Giuliano/Lagarde*, Bericht über das Übereinkommen über das auf vertragliche Schuldverhältnisse anzuwendende Recht, Amtsblatt EG C 282 vom 31.10.1980, S. 1, 16 (3); BT-Drucks. 10/503 Bd. 296, S. 33, 48 (3).

586 Das Kriterium zur Feststellung einer Rechtswahl wird in Art. 27 I S. 2 EGBGB und der deutschen Fassung des Art. 3 EVÜ nachgeahmt; der deutsche Ausdruck stellt

kollisionsrechtliche Frage wird vorweg geklärt. Das übereinstimmende Vortragen einer Argumentation auf Basis der *lex fori* könnte für die Bildung einer prozessualen Vereinbarung ausreichen, soweit die Parteien sich beide der internationalen Dimension des Rechtsstreits bewusst sind und sich eindeutig auf die Rechtsordnung beziehen, die sie gerne angewandt hätten. Vor diesem Hintergrund könnte eine mündliche Vereinbarung in der Anfangsphase des Prozesses durchaus genügen. Dagegen sollte das Schweigen der Parteien keine prozessuale Vereinbarung ersetzen können[588].

6. *Von der Ausnahmeregelung zur Standardfigur des internationalen Privatrechts*

Diese verschiedenen Fallkonstellationen des Absatzes 3 kommen eigentlich selten vor, außer bis noch vor kurzer Zeit im internationalen Privatrecht. Für einen inländischen Rechtsstreit ist die Anwendung von Art. 12 Abs. 3 NCPC in der Praxis außergewöhnlich, so dass der Grundsatz des Absatzes 2 unberührt bleibt.

Für das internationale Privatrecht könnte Absatz 3 jedoch zum Leitsatz werden.

Das Ziel der Vereinbarung ist das kollisionsrechtliche System zu umgehen. Man möchte handeln, als ob es kein IPR-Fall wäre. Man greift sehr früh in die Entstehung der späteren Entscheidung ein, d.h. schon bei der Bewertung der Fakten, also bei der Qualifikation.

Die Parteien können im IPR entscheiden, die Qualifikation „Auslandsbezug" nicht aufzuwerfen und somit die Anwendung des Kollisionsrechts verhindern (Auslandsbezug$^{/\text{Voraussetzung}}$ $\rightarrow$ Anwendung des Kollisionsrechts$^{/\text{Rechtsfolge}}$ = Rechtsnorm).

Wenn „Auslandsbezug" die exakte Qualifikation einer erwiesenen, aber nicht vorgetragenen Tatsache darstellt und wenn die Analyse der Rechtsfrage (= Qualifikation des Richters + Rechtsgründe der Parteien) den Richter dazu bringt, die

---

allerdings geringere Anforderungen an die Sicherheit der Rechtswahl als das französische „*façon certaine*" und das englische „*reasonable certainty*" in den jeweiligen Fassungen des Art. 3 EVÜ und muss deshalb streng ausgelegt werden.

587 Vgl. *Mostermans*, De processuele behandeling van het conflictenrecht, S. 184.

588 *Ancel/Lequette*, GAJDIP, 78 RdNr. 9; für eine zutreffende Zurückweisung der Interpretation der bereits erwähnten *Mutuelle du Mans* Entscheidung vom 26.5.1999 als Rückkehr zur *lex fori* bei bloßem Schweigen der Parteien (trotz Anwendbarkeit eines internationalen Übereinkommens) siehe *Hartenstein*, Neues vom fakultativen Kollisionsrecht in Frankreich, IPRax 2001, 479.

streitentscheidenden Rechte als unverfügbar zu beurteilen, dann muss das Kollisionsrecht, dessen Heranziehen allein durch die Anwesenheit von Auslandsbezügen ausgelöst wird, von den Parteien berücksichtigt werden. Der Richter wird aufgrund der Rechtsfrage auch die anwendbare Kollisionsnorm feststellen.

Ansonsten ermöglicht die Vorschrift ein Abweichen von der exakten Qualifikation. Der Richter muss auf seine Qualifikation verzichten. Danach können die Parteien den Richter an ihre prozessuale Vereinbarung „binden". Sie vereinbaren, dass sie von den Auslandsberührungen abstrahieren wollen und dass der Richter die Rechtslage somit wie eine inländische zu behandeln hat, was zur exklusiven Geltung der *lex fori* führt[589].

Die *prozessuale* Vereinbarung und der *prozessuale* Status der Kollisionsnorm haben das gleiche *prozessuale* Kriterium: Die Disponibilität der streitbefangenen Rechte.

Es bleibt beim Ergebnis, dass die Kollisionsnorm als Rechtsnorm aus der Perspektive des Richters wegen Art. 12 Abs. 1 NCPC immer obligatorisch ist. Er kann nur aufgrund einer auf Abs. 3 beruhenden Initiative der Parteien von ihrer Anwendung unmittelbar entlastet werden.

Die Idee des dispositiven Kollisionsrechts entspricht voll und ganz der *ratio*, die hinter Art. 12 NCPC steckt: Grundsätzlich sind Rechtsnormen unumgänglich. Die Ausnahmen zu diesem Prinzip können nur objektiver Natur sein. Rechtsnormen können nicht nur deshalb ausgeschaltet werden, weil sie uns subjektiv nicht überzeugen. Wenn sie jedoch objektiv mangelhaft erscheinen, das heißt, wenn der Richter – Hüter der Objektivität – damit einverstanden ist, sollte eine Abschwächung dieses Grundsatzes möglich sein. Die Rechtswissenschaft ist eine Geisteswissenschaft, keine Naturwissenschaft!

Die Disponibilität mag zum Grundsatz errichtet werden, Art. 12 Abs. 3 NCPC bleibt durch die Bedingung der prozessualen Vereinbarung eine Ausnahmeregelung. Für die Konstellationen des Pilotverfahrens und der analogen Rechtsfigur ist die Anwendung der Vorschrift äußerst selten, weil es an einer gängigen sich wiederholenden objektiven und prozessualen Motivation der Parteien fehlt. Man will nicht von einer fremden Rechtsordnung absehen, sondern von der eigenen. Die prozessuale Vereinbarung erweist sich als gute Sicherung, um die systemimmanente Kohärenz der inländischen Rechtsinstitutionen zu bewahren.

589 Gleicher Ansicht: *Bischoff* in Les problèmes actuels posés par l'application des lois étrangères, S. 134 und Trav. du Com. fr. de DIP 1990-1991, S. 21.

7. Eine vom 4. Absatz unterstützte Analyse

Der 4. Absatz ermöglicht den Parteien, den Richter von seiner Pflicht zu befreien, die theoretisch anwendbaren Regeln tatsächlich anzuwenden[590], damit er seine Antworten aus einem anderen Regelkreis schöpfen kann, wie z.B. aus den Grundsätzen der Billigkeit, der Gerechtigkeit, der Ethik oder der *lex mercatoria.* Gegen den *ordre public* und die daraus abzuleitenden grundlegenden Verfahrensprinzipien, wie etwa das *principe de la contradiction,* darf er allerdings nicht verstoßen[591].

Diese Vorschrift beruht auf ähnlichen Erwägungen wie die des Absatzes 3 und weist auf einen politischen Willen hin:

- Sachgerechte Ergebnisse herbeizuführen.
- Den Schwächen und der Starrheit schriftlicher oder richterlicher Rechtsnormen – die letztendlich immer der Entwicklung der Sozialen Anschauungen hinterherhinken – entgegenzuwirken, denn auch das Kollisionsrecht übernimmt die Entwicklungen des inländischen Rechts erst nach einer gewissen Umsetzungsfrist.
- Die Justiz zu modernisieren und gegen die Flucht der Rechtssubjekte vor staatlichen Gerichten zu kämpfen, indem man den Alternativen der Konfliktlösung wie der Schiedsgerichtsbarkeit Konkurrenz macht[592]. Um dieser Abkehr der Rechtssubjekte entgegenzuwirken, könnte der Richter als Vermittler eine gütliche Einigung im Sinne des Art. 12 Abs. 4 in Erwägung ziehen. Vielleicht sollte man den Parteien nicht systematisch verbieten, was sie über ein Schiedsgericht erreichen können. „Eine Flexibilisierung des Zivilprozesses vor den ordentlichen Gerichten könnte helfen, den Trend zur Wahl der privaten Schiedsgerichtsbarkeit abzuschwächen“[593]. Es wäre sicherlich sinnvoll, die Aufgaben des Richters wie Schlichtung und Vermittlung neu zu beleben. Ein Schiedsrichter hat für die Parteien zwar die Vorteile des Fach-

---

590 *Estoup*, L'amiable composition, D. 1986, 221.

591 *Cornu*, Rev. Arb. 1980, 380 Nr. 21.

592 Rapport à Monsieur le Premier Ministre, Gaz. Pal. 1971, 2., doctr., 550: „La désaffection du monde des affaires pour la justice traditionnelle est la preuve que l'appareil judiciaire n'est plus adapté aux nécessités de l'époque“ und „donner au règlement des différends un cadre tout nouveau, de nature à restituer à la justice traditionnelle l'attrait que lui ont fait perdre des règles archaïques ou des pratiques anachroniques et à la situer sur un plan où elle peut souffrir avantageusement la comparaison avec l'arbitrage“; *Wagner*, Prozessverträge, S. 1 und 79: „Tatsächlich verliert das staatliche Gerichtssystem zumindest im ständig an praktischer Bedeutung gewinnenden Bereich des internationalen Handels- und Wirtschaftsrechts immer mehr „Marktanteile“ an die private Schiedsgerichtsbarkeit“.

593 *Wagner*, Prozessverträge, S. 63

wissens und des größeren Spielraumes, aber der Richter könnte eine Position ausfüllen, mit der er mit den Parteien die Fragen der Internationalität ihres Rechtsstreites ausführlicher besprechen könnte.

- Das Verfahren zu rationalisieren[594]: Die Parteien können dem Richter z.B. eine Frist setzen, die er für seine Entscheidung einhalten muss, anderenfalls der Fall ihm entzogen wird[595].

Wenn der gemeinsame Wille der über ihre Rechte verfügenden Parteien darin besteht, das Kollisionsrecht auszuschalten, kann der Richter laut Absatz 4 von seiner Pflicht, die Kollisionsnormen anzuwenden, befreit werden. Der natürliche Maßstab, an dem er sich orientiert, ist wieder das nationale Sachrecht.

Die für den „*amiable compositeur*" verwendbaren Leitsätze gehen über die Normen des materiellen Rechts hinaus, aber „wer alles kann, kann auch weniger", und man könnte sich gut vorstellen, dass die Parteien den Richter dazu auffordern könnten, nur die Regeln des Sachrechts zu berücksichtigen.

Es ist auch ein gewisser Zusammenhang festzustellen zwischen beiden Absätzen. Art. 12 Abs. 3 NCPC verleiht dem Richter die Rolle eines Schiedsrichters zwischen den beiden Parteien[596].

Aus der Wirtschaftlichkeit als Teil des öffentlichen Interesses an einem effizienten Einsatz von knappen Justizressourcen lässt sich insbesondere im Bereich des Kollisionsrechts die Rechtfertigung dieser Rolle des Richters als *amiable compositeur* ableiten. Zudem hat diese Dimension des Richteramts einen entscheidenden Vorteil gegenüber der Schiedsgerichtsbarkeit. Die Kosten des Schiedsverfahrens werden nämlich in vollem Umfang von den Parteien getragen; daher werden Schiedsrichter auch nur bei größeren Rechtsstreiten bemüht, in denen der Nutzen der Intervention des Schiedsrichters deren Kosten überwiegt. Im Bereich der staatlichen Gerichtsbarkeit sind die Parteien nur teilweise an der Finanzierung des Gerichtsverfahrens beteiligt (und können deshalb auch nicht die Aufgaben des Richters bestimmen)[597].

Die Subsidiarität der Kollisionsnorm wurde bereits dargestellt. Art. 12 Abs. 3 bietet, durch die prozessuale Vereinbarung bei disponiblen Rechten[598], die Ermächtigungsnorm, die gesetzliche Grundlage für dispositives Kollisionsrecht.

---

594 Vgl. *Schilling*, Die „principes directeurs" des französischen Zivilprozesses, S. 258.

595 *Bellet*, Rev. Arb. 1980, 405.

596 *Soirat*, Les règles de rattachement à caractère substantiel, Nr. 465 S. 229.

597 Vgl. *Wagner*, Prozessverträge, S. 603.

598 *Fauvarque-Cosson*, Libre disponibilité des droits et conflits de lois, Nr. 411 S. 250.

II. Prozessuales Geständnis und Verhandlungsmaxime

Im deutschen Recht findet sich auch nicht ansatzweise eine mit Art. 12 Abs. 4 NCPC vergleichbare Regelung[599]. Die im § 1051 Abs. 3 ZPO vorgesehene Möglichkeit einer Entscheidung nach Billigkeit betrifft nicht das staatliche Gerichtsverfahren sondern das schiedsrichterliche Verfahren. Allenfalls könnte man vielleicht § 495 a ZPO analog heranziehen, um den Beweis des ausländischen Rechts dem Grundsatz der Verhältnismäßigkeit zu unterstellen: Bei kleinen Streitwerten darf der deutsche Richter das Verfahren nach billigem Ermessen gestalten. Doch der Wille der Parteien spielt dabei keine Rolle und diese unabhängige Befugnis des Richters ist nicht auf vermögensrechtliche Streitigkeiten beschränkt[600].

Darüber hinaus enthält die deutsche ZPO keine ausdrückliche Regelung zu einer prozessualen Vereinbarung, die dem „*accord procédural*" entsprechen würde.

Es könnte jedoch auf eine Begründung aus der Rechtsprechung zurückgegriffen werden. Immerhin konnten bereits eine Entscheidung des Reichgerichts und eine des Bundesgerichtshofs als Grundlage für die Zulässigkeit einer prozessualen Einigung bezüglich des anwendbaren Rechts interpretiert werden. Das Reichsgericht erklärte 1889: „Grundsätzlich ist auf ein streitiges Rechtsverhältnis dasjenige Recht anzuwenden, dem es nach dem Gesetze oder nach allgemeinen Rechtsgrundsätzen unterworfen ist. [...] Eine Ausnahme kann [...] bei ausdrücklich erklärtem oder konkludenten Willen der Parteien, sich dem einheimischen Recht zu unterwerfen, begründet werden"[601]. Ähnlich formulierte der BGH 1970: „Beide Parteien sind [...]davon ausgegangen, dass der Streitfall nach deutschem Recht zu entscheiden sei. Damit haben sie die Geltung deutschen Rechts vereinbart, so dass sich eine Prüfung erübrigt, ob nicht auch ohnehin nach den Grundsätzen des internationalen Privatrechts deutsches Recht anzuwenden wäre"[602]. Es handelt sich jedoch um isolierte Entscheidungen, die inzwischen widerlegt, bzw. als missverständlich oder schlecht formuliert angesehen

599 Vgl. § 40 DRiG.

600 Vgl. *Hartenstein*, Die Privatautonomie im IPR als Störung des europäischen Entscheidungseinklangs, S. 30; Baumbach/Lauterbach-*Hartmann*, § 495 a, RdNr. 8, 13: In der Sache muss der Richter „selbstverständlich" das geltende Recht anwenden.

601 RG 30.1.1889, RGZ 23, 33 f.

602 BGH NJW 1970, 1734.

worden sind[603], so dass die Suche nach einer rechtlichen Grundlage einen neuen Ansatz bedarf.

1. Rechtssätze im Prozessrecht

A. Übernahme der materiell-rechtlichen Dispositionsbefugnis durch das Prozessrecht?

Im Bereich des materiellen Privatrechts bedarf es keiner besonderen Ermächtigungsnormen, um von dispositiven Rechtssätzen abzusehen, weil sich eine entsprechende Kompetenz der Parteien bereits aus der Privatautonomie ergibt[604]. Der Rechtsinhaber kann über sein subjektives Recht *„durch Vertrag"* (§ 397 BGB) verfügen, etwa wenn er als Gläubiger eine Forderung aus § 433 Abs. 2 dem Schuldner erlassen will.

Im *Prozess* kann sich dieser Rechtsinhaber für einen (meist durch einseitige Erklärung an den Richter) prozessualen Dispositionsakt (= Dispositionsfreiheit) entscheiden und über § 306 ZPO auch auf sein Recht verzichten, und er erreicht somit das gleiche Ergebnis wie bei einer materiell-rechtlichen Verfügung.

Bei Betrachtung dieser Situation erscheint es zunächst widersinnig, dem Rechtsinhaber auf materiell-rechtlicher Ebene (oder „außerprozessual") eine Verfügungsfreiheit – d.h. die Möglichkeit einer Vereinbarung mit der anderen Partei zur Erfüllung bzw. Nichterfüllung des Tatbestands einer bestimmten Rechtsnorm – einzuräumen und ihn dann im Verfahrensrecht zur Durchsetzung seines Rechts zwingen zu wollen. Man würde ihn sonst zu einem völlig überflüssigen Umweg einer materiell-rechtlichen Vereinbarung zwingen[605]. In umgekehrter Hinsicht sollte das Prozessrecht auch nicht als Instrument zur Umgehung des materiellen Rechts dienen[606].

Die sich herausstellende Parallele zwischen Dispositionsbefugnis im materiellen Recht und im Prozessrecht könnte auch negativ formuliert werden: Wenn das materielle Recht der Verfügungsfreiheit entgegen steht, dürfen auch im Prozess sowohl die Möglichkeit zum Verzicht als auch die Verhandlungsmaxime nicht in Betracht kommen.

---

603 Dazu *Hartenstein*, Die Privatautonomie im IPR als Störung des europäischen Entscheidungseinklangs, S. 56 ff.

604 *Wagner*, Prozessverträge, S. 53.

605 *Schlosser*, Einverständliches Parteihandeln im Zivilprozess, S. 34.

606 *Wagner*, Prozessverträge, S. 632: „Soweit die Parteien in ihrer materiell-rechtlichen Verfügungsfreiheit eingeschränkt sind, können sie diese Restriktionen nicht auf prozessualen Weg umgehen".

Wie bei der Untersuchung im französischen Recht dargestellt, ist die juristische Subsumtion ausschlaggebend für die Bestimmung der Parteibefugnisse.

Die Subsumtion funktioniert wie folgt: Das Geld wurde nicht überwiesen (Tatbestand, Wahrheitspflicht § 138) → Die Schuld ist nicht erloschen (Rechtsfolge in Rechtsnorm) → Der Gläubiger hat eine Forderung (subjektives Recht). Erst aufgrund der Rechtsfolge bestimmt sich das subjektive Recht.

Die Dispositionsbefugnis im Streitverfahren gestaltet sich nach den Prozessmaximen.

B. Dispositionsbefugnis nach den Prozessmaximen

a) Zusammenspiel der Prozessmaximen

Wenn es im Prozess um die Frage geht, ob die Parteien oder der Richter die Verhandlungsführung beherrscht, greift man in Frankreich auf zwei sich ergänzende und für die Ausgestaltung des Prozesses grundlegende Prinzipien zurück: *principe accusatoire* und *procédure inquisitoire*. Das Verfahren in den *common law* Ländern ist überwiegend vom *système accusatoire* geprägt, nach dem den Parteien die leitende Rolle im Prozess zukommt.

Diese Begriffe sind als solche dem deutschen Recht nicht geläufig. Dort sprechen Dispositions- und Verhandlungsmaximen für eine Parteiherrschaft im Prozess, Offizialprinzip und Untersuchungsgrundsatz deuten dagegen auf eine richterliche Prozessführung hin.

Der Zivilprozess über vermögensrechtliche Ansprüche – ein Bereich, in dem sich der Richter eher „zurückhält" – wird von der Verhandlungsmaxime beherrscht, nach der das Gericht dem Sachverhalt nur die von den Parteien vorgetragenen Tatsachen zugrunde legt. Als Synonym können die Worte Verhandlungsgrundsatz[607] und Beibringungsgrundsatz verwendet werden und als entgegengesetzter Begriff der Untersuchungs- oder Amtsermittlungsgrundsatz, der die aktive Rolle beim Ermitteln der Fakten dem Richter überlässt. Die Parteien haben es in der Hand, einverständlich über Anspruchsvoraussetzungen und Einwendungen zu disponieren. Verschweigen sie einige Tatsachenelemente, so kann die Entscheidungsgrundlage für den Richter ganz anders aussehen[608]. Auch

607 Zöller Komm. ZPO *Greger*, vor § 128 ZPO RdNr. 10.

608 *Grunsky*, Grundlagen des Verfahrensrechts, S. 20: „Das Gericht ist an die von den Parteien vorgetragenen Tatsachen insofern gebunden, als es seinen Entscheidungen zum einen nichts anderes zugrunde legen darf als das von den Parteien Vorgetragene, und als es zum anderen übereinstimmend behauptete Tatsachen als gegeben ansehen muss und nicht etwa von sich aus nachforschen kann, ob die Behauptungen der Wahrheit entsprechen".

wenn das Gericht aus anderen Quellen als dem Parteivortrag die nicht erwähnten Tatsachen kennt, darf es sie grundsätzlich nicht berücksichtigen[609].

Während die Verhandlungsmaxime der deutschen ZPO generell zugrunde liegt, wird sie im französischen Zivilprozessrecht in den Artikeln 7 und 16 NCPC ausdrücklich statuiert. Der Verhandlungsmaxime kommt eine engere Bedeutung zu als dem französischen *„principe dispositif"*[610], weil sie nur die Tatsachen betrifft und nicht etwa den Streitgegenstand[611].

Es ist zwar festzustellen, dass sich die Prinzipien über die Tatsachenbestimmung gegenseitig ausschließen und dass sich alternativ entweder die Verhandlungs- oder die Untersuchungsmaxime durchsetzt, je nach Sachgebiet. Beispielsweise bei Streitigkeiten in Ehe- und Kindschaftssachen (§§ 616 I, 617, 640 ZPO)[612] und im Rahmen der Freiwilligen Gerichtsbarkeit (§ 12 FGG) gilt der Untersuchungsgrundsatz: Der Richter muss auch Tatsachen berücksichtigen, die von den Parteien nicht vorgetragen worden sind.

Inwieweit der Richter und die Parteien den Prozessverlauf beeinflussen können, hängt jedoch auch von der jeweiligen Rolle der Dispositions- und Offizialmaximen ab, die sich mit den Prinzipien über die Tatsachenbestimmung kombinieren lassen, und somit hin und wieder zu Verwischungen bei der deutlichen Trennung beider Verfahrensweisen führen können (siehe Skizze unten).

Nach der Dispositionsmaxime – auch Verfügungsgrundsatz genannt – können die Parteien über den Streitgegenstand und insoweit über Gang und Inhalt des Verfahrens grundsätzlich frei disponieren, so z.B. im Zivilprozess durch Einschränkung oder Rücknahme der Klage, Anerkenntnis des Klageanspruchs.

Der Verfügungsgrundsatz impliziert, wie bereits erwähnt, eine Parteiherrschaft im Prozess; sein Gegensatz im Zivilverfahren ist das Offizialprinzip[613]. Von Offizialprinzip spricht man, wenn der Richter bei Vorliegen bestimmter Tatsachen zum Handeln verpflichtet ist und keine Entscheidungsmöglichkeit hat. Außer im Strafprozess sind alle Verfahrensarten vom Verfügungsgrundsatz betroffen, allerdings vielfach eingeschränkt, wie z.B. im Verfahren in Familiensachen, wo §§ 612 Abs. 4, 617 ZPO den Erlass von Anerkenntnis- und Versäum-

---

609 Zum Beispiel BGHZ 38, 257 f.

610 Siehe *Martin*, Le fait et le droit ou les parties et le juge, JCP G 1974 I 2625, RdNr. 23: Principe dispositif = „Le juge doit se prononcer sur tout ce qui est demandé et seulement sur ce qui est demandé", art. 5 du décret du 9 septembre 1971, le juge ne peut rien ajouter aux conclusions des parties.

611 Vgl. *Hartenstein*, Die Privatautonomie im IPR als Störung des europäischen Entscheidungseinklangs, Tabelle S. 18; *Schilling*, Die „principes directeurs" des französischen Zivilprozesses, S. 45 ff.

612 *Musielak*, Grundkurs ZPO, Rn. 97.

613 Anders im Strafrecht, wo das Offizialprinzip das Opportunitätsprinzip zum Gegenbegriff hat.

nisurteilen gegen den Beklagten für unzulässig erklären[614] oder im Amtsverfahren der freiwilligen Gerichtsbarkeit, wo er von der Offizialmaxime verdrängt wird.

Verhandlungs- und Dispositionsmaxime sind zwei voneinander unabhängige Bereiche. Die Verhandlungsmaxime setzt schon vor der Subsumtion ein, während man erst nach der Subsumtion von der Dispositionsmaxime reden kann. Die erste bezieht sich auf die Sphäre der Tatsachen, die zweite betrifft subjektive Rechte.

Es sind auch Fälle denkbar, wo die Verhandlungsmaxime und das Offizialprinzip gleichzeitig gelten können, wie etwa bei zwingenden Vorschriften, mit denen die Disposition über bereits entstandene Ansprüche ausgeschlossen wird: § 4 Abs. 4 S. 1 TVG, § 77 Abs. 4 S. 1, 2 BetrVG oder §§ 50, 93 Abs. 4 S. 3 AktG[615].

Die Prozessmaximen in Deutschland

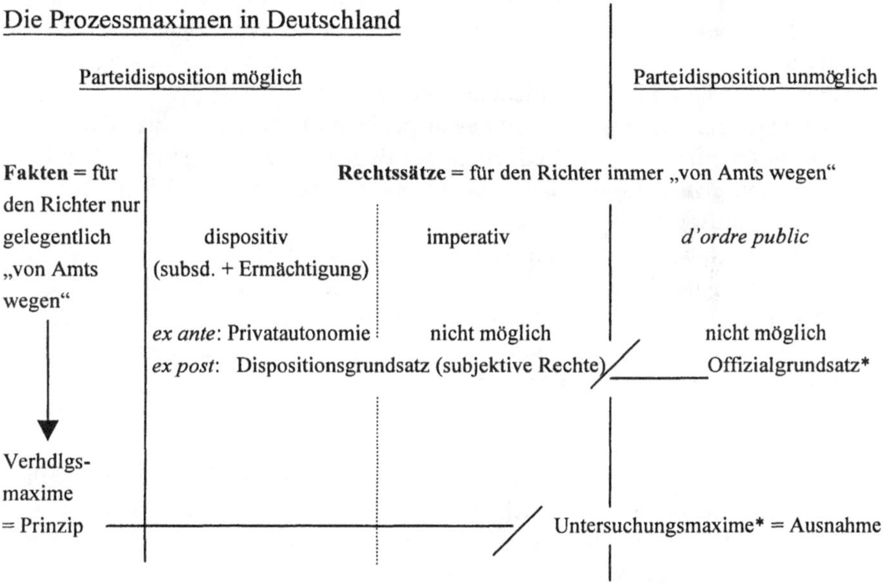

* Untersuchungsmaxime und Offizialgrundsatz gelten manchmal auch im Bereich von imperativen Rechtssätzen:

- patentrechtliche Nichtigkeitsklage gilt wegen des öffentlichen Interesses an der Vernichtung zu Unrecht erteilter Patente = Untersuchungsmaxime und Dispositionsgrundsatz
- Steigerungsform für zwingende Vorschriften, Verzicht unmöglich = Offizialprinzip

---

614 Vgl. *Creifelds*, Rechtswörterbuch, 1421; *Wagner*, Prozessverträge, S. 102 ff.
615 Vgl. 2. Teil I 3 B a) (3)

Auch der Untersuchungsgrundsatz (oder Amtsermittlungsgrundsatz) und die Dispositionsmaxime treten in bestimmten Fällen gemeinsam auf. Zum Beispiel gilt für die patentrechtliche Nichtigkeitsklage wegen des öffentlichen Interesses an der Vernichtung zu Unrecht erteilter Patente gemäß § 87 Abs. 1 PatG. der Untersuchungsgrundsatz, nicht aber das Offizialprinzip (§ 81 Abs. 1 PatG.)[616].

b) Dispositionsfreiheit der Parteien im Prozess

Die Freiheit der Prozesspartei im Verfahren entspricht ihrer Befugnis, über ein subjektives Recht zu verfügen[617]. Wo die Parteien über den Gegenstand des Verfahrens bestimmen können, steht auch das anwendbare Recht zu ihrer Disposition. Wie bereits dargestellt wurde, ist es äußerst selten, dass auf ein entstandenes Recht nicht verzichtet werden kann. Imperative Rechtssätze[618] hindern die Parteien nicht daran, über den einmal entstandenen Anspruch autonom zu disponieren. Der *ordre public* und einige ausdrücklich als unverzichtbar normierte Rechte sind die einzigen Grenzen der Dispositionsmaxime; öffentliche Interessen dürfen durch den Verzicht nicht tangiert werden[619].

Wo liegt dann die Besonderheit des dispositiven Kollisionsrechts? Diese Frage weist auf die französische Bedeutung des Begriffs der Verfügbarkeit hin: Was in Frankreich *droits disponibles* heißt, könnte auf den ersten Blick in Deutschland unter den Begriff Dispositionsmaxime fallen. Dabei ist jedoch ein entscheidender Unterschied zu erkennen: Das Kriterium der Verfügbarkeit wird *vor* Anwendung eines bestimmten Rechtssatzes eingesetzt. Es ist das Resultat einer vorgreifenden Einschätzung, die eine Qualifikation durch den Richter voraussetzt, während die Dispositionsmaxime erst *nach* Anerkennung eines subjektiven Rechts eintritt. Der Umfang der Dispositionsmaxime besteht sozusagen aus den sicheren Grenzen der Verfügbarkeit; die Reichweite der Verfügbarkeit dagegen ist durchaus fließend.

Insofern kann die Dispositionsmaxime keine Grundlage für die Theorie darstellen, denn sie kommt erst nach Anwendung der Rechtssätze ins Spiel. Die kollisionsrechtlichen Rechtssätze werden angewandt, ohne dass die Parteien vor dieser Anwendung daran etwas ändern könnten.

---

616 RGZ 72, 242, 244; BGHZ 10, 22, 27; Benkard/*Schäfers*, PatentG, § 87 RdNr. 27 ff.

617 *Martin*, Le fait et le droit ou les parties et le juge, JCP G 1974 I 2625, RdNr. 9: „la liberté du plaideur dans le procès doit correspondre à sa liberté de disposer du droit fondamental mis en jeu“.

618 Vgl. *Schnyder*, in Systemwechsel im europäischen Kollisionsrecht, S. 81.

619 *Wagner*, Prozessverträge, S. 90 ff.

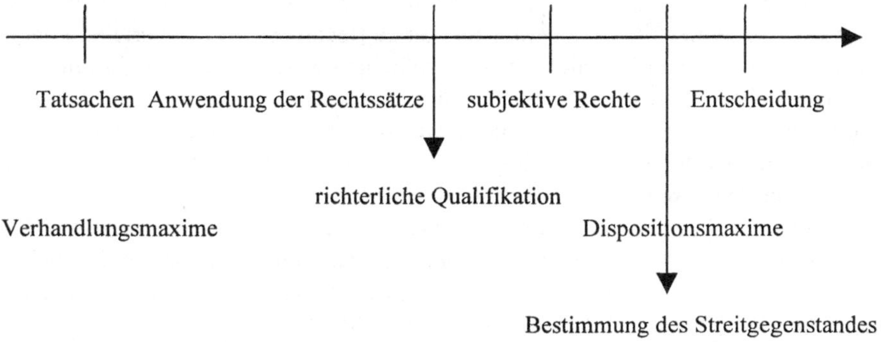

Im Rahmen des Streitverfahrens vor Gericht haben die Parteien also sowohl *vor* – also bezüglich des Tatbestandes – als auch *nach* der „Etappe" der Bestimmung der Rechtsfolge – sprich angesichts des subjektiven Rechts – eine Dispositionsfreiheit. Weil es vor Gericht um den Abbau und nicht um das Fördern von Streitkonstellationen geht, wirkt diese Freiheit im Prozess in der Regel reduzierend und nicht konstruierend: Die Parteien können weder dem Sachverhalt erfundene Fakten hinzufügen, noch subjektive Rechte aus dem Nichts herbeizaubern, dafür aber meistens die Tatsachengrundlage reduzieren, den Streitgegenstand einschränken und auf subjektive Rechte verzichten.

Sollten die Parteien in diesem Sinne auch auf die „Zwischenstufe" der Rechtsanwendung verzichten können, das heißt den Richter daran hindern eine anwendbare Regel anzuwenden?

C. Neutralität der Prozessmaximen auf die Rechtsanwendung

Der Richter muss das Recht immer von Amts wegen anwenden (a). Über die Prozessmaximen können ihn die Parteien nicht daran hindern, aber gegebenenfalls über das Gesetz, wenn es die Dispositivität ausdrücklich vorsieht (b).

a) Rechtsanwendung von Amts wegen

Die Rechtsprechung hat bislang eine Bindung des Richters an übereinstimmende Parteierklärungen zur Anwendung von *Rechtssätzen* abgelehnt[620]. Der überwiegende Teil der Literatur stimmt dem zu: Die prozessuale Dispositionsbefugnis über die Anwendung von Rechtsnormen entfalte wegen der Rechtskraft

620 Siehe z.B. BGH JR 1969, 102.

eines Urteils gefährlichere Konsequenzen als die Privatautonomie[621], und sei deshalb abzulehnen[622]. Die übereinstimmende Rechtsansicht der Parteien könnte nach Rechtskraft nämlich nicht mehr angefochten werden. Dass die Parteien vor Gericht stehen, heißt, dass bezüglich des Anspruchs ein Rechtsstreit zustande kam. Das gerichtliche Verfahren muss dazu dienen, den Streit endgültig beizulegen. Wenn sich der Kläger in einem „schwachen Augenblick" durch die andere Partei über den Tisch ziehen lässt und es danach bereut, gibt es kein Zurück.

Laut *Grunsky* müsse dem widersprochen werden. Das deutsche Gesetz unterscheide nicht zwischen ungefährlichen materiell-rechtlichen und gefährlichen verfahrensrechtlichen Dispositionen[623]. Dies bewiesen sowohl §§ 306 ff. ZPO über Anerkenntnis und Verzicht als auch §§ 288 ff. ZPO, wodurch ein Gericht an ein Geständnis gebunden wird[624]. Zudem würde eine solche verfahrensrechtliche Disposition nicht leichtfertig getroffen, die Parteien seien sich allein durch die Tatsache, dass sie vor Gericht stehen, dem Ernst der Lage bewusst und die ganze Ausgestaltung des Prozesses habe eine Warnfunktion[625].

Aus dieser Perspektive folgt die Überlegung, ob Mittel wie die Ausweitung verfahrensrechtlicher Schutzinstrumente – z.B. Anwaltszwang, richterliche Aufklärungspflicht – oder die Flexibilisierung der Berücksichtigung von Willensmängeln nicht wesentlich sinnvoller wären als die sofortige Einschränkung der Dispositionsfreiheit, um dem Defizit an Richtigkeitsgewähr eines Prozessverhalten entgegenzuwirken[626].

Um die prozessuale Parallele zwischen materieller Verfügungsfreiheit und prozessualer Dispositionsmacht konsequent durchzuziehen, könnte man in der Tat dazu geneigt sein, wie einleitend dargestellt, die Etappe der Rechtssatzanwendung zu übersehen. In Fällen, wo das streitige Recht der materiell-rechtlichen Verfügungsgewalt der Parteien unterliegt, ist der Anreiz groß, aus der Dispositions- und Verhandlungsmaxime zu folgern, dass die Parteien das Gericht an die von ihnen gewünschte rechtliche Bewertung oder an das von ihnen bestimmte präjudizielle Rechtsverhältnis binden können[627].

---

621 *Häsemeyer*, ZZP 85 (1972), 207 ff.

622 Vgl. *Fauvarque-Cosson*, Libre disponibilité, S. 211: „Il est vrai qu'en vertu du principe dispositif, les parties sont maîtresses de leur litige, mais cela ne signifie pas pour autant qu'elles sont libres de choisir la règle applicable par le biais du fondement juridique retenu".

623 *Grunsky*, Grundlagen des Verfahrensrechts, S. 23.

624 Zustimmend *Wagner*, Prozessverträge, S. 62.

625 Vgl. *Koerner*, Fakultatives Kollisionsrecht in Frankreich und Deutschland, S. 48.

626 *Wagner*, Prozessverträge, S. 62

627 Vgl. *Baur*, Vereinbarungen der Parteien über präjudizielle Rechtsverhältnisse im Zivilprozess, S. 6 und 10; *Grunsky*, Grundlagen des Verfahrensrechts, § 3, S. 18-23; *Schlosser*, Einverständliches Parteihandeln im Zivilprozess, S. 96.

Warum sollte es den Parteien im Anwendungsbereich des Verhandlungsgrundsatzes verwehrt sein, dem Gericht explizit vorzugeben, den Sachverhalt unter Zugrundelegung einer bestimmten Rechtslage zu entscheiden, ohne den Umweg über den einverständlichen Vortrag unwahrer Tatsachen zu wählen[628]? Der Richter müsste dann nur innerhalb der von den Parteien gezogenen Grenzen tätig werden[629].

Die Ansicht trügt, weil sie die Rolle des Richters in der Etappe der *Rechtsanwendung* ausblendet.

Allein der Richter entscheidet letztendlich, welcher Rechtssatz geeignet ist, um die Rechtsfrage zu lösen. Der Richter hat die Aufgabe den Übergang vom Sachverhalt zur Verwirklichung eines subjektiven Rechts, also die Qualifikation bzw. die geeignete Subsumtion vorzunehmen, denn er muss das Rechtssystem wahren und Rechtsschutz gewährleisten.

Hinsichtlich der Prozessmaximen ist diese *ex officio* Aufgabe neutral: Sie bedeutet jedoch nicht, dass den Parteien die Herrschaft über den Streitstoff entzogen wird und dass die Untersuchungsmaxime die Verhandlungsmaxime ersetzen muss.

Es könnte zu irreführende Gleichsetzungen kommen, weil der Richter auch ab und zu Tatsachen – und nicht nur Recht – von Amts wegen heranziehen muss[630]; und letzteres geschieht ja im Rahmen des Untersuchungsgrundsatzes. Das Gericht hat in diesem Sinne z.B. die Pflicht, rechtsvernichtende Einwendungen „von Amts wegen" zu berücksichtigen[631], weil er eben unter Geltung der Untersuchungsmaxime auf die relevanten Tatsachen zu achten hat. Er muss den Einwand geltend machen, sobald der Tatbestand der entsprechenden Vorschrift vorliegt und egal, wie er im Rahmen des Verfahrens zur Kenntnis der dafür maßgebenden Tatsache kam: Durch den Vortrag der Partei, deren Schutz der Einwand nicht dient, oder durch die Verfahrensakten. Ähnlich verhält es sich mit der Feststellung der Internationalität des Rechtsstreits und dem Aufwerfen der Frage der Anwendbarkeit der Kollisionsnorm, die ebenfalls von Amts wegen erfolgen sollten, wegen des potentiellen diplomatischen Gewichts. Wie oben ausgeführt, herrscht die Verhandlungsmaxime jedoch als Prinzip im (nationalen und somit im) internationalen Privatrecht.

---

628 *Wagner*, ZEuP 1999, 22.

629 *Baur*, Vereinbarungen der Parteien über präjudizielle Rechtsverhältnisse im Zivilprozess, S. 6.

630 *Frison-Roche*, Anm. unter Cass. civ. 2ème 4.11.1998 *Keppi*, D. 1989, 612 RdNr. 15.

631 Einwendungen (z.B. Minderjährigkeit) unterscheiden sich von Einreden (z.B. Verjährung), indem sie *ipse iure* wirken; der Einwand ist zu berücksichtigen, egal welche Partei ihn vorträgt.

Die Verfahrensmaximen, insbesondere der Verhandlungs- und der Dispositionsgrundsatz, können alleine als solche keine Abweichung von prozessualen Vorschriften rechtfertigen, sonst könnte man über das gesamte Verfahrensrecht disponieren[632]. Es ist also grundsätzlich nicht möglich über eine Rechtsnorm prozessual zu disponieren, es sei denn das Gesetz sieht dies vor und schafft die Grundlage für das sogenannte dispositive Recht.

b) Dispositives Recht

Über einen *Rechtssatz* dürfen die Parteien nicht disponieren, wenn er imperativ oder, *a fortiori*, *d'ordre public* ist. Anders bei dispositivem Recht.

Unter welchen Voraussetzungen kann man von dispositivem Recht sprechen? Diese Frage betrifft nicht den Umfang dispositiven Prozessrechts, sondern die Existenz einer gesetzlichen Ermächtigung zur eigenverantwortlichen Gestaltung der Rechtslage[633].

Eine „dispositive" Rechtsnorm besteht, um die Formulierung von *Wagner* zu übernehmen, *aus einer subsidiären Regelung und aus einer Ermächtigungsnorm.* Sie wäre von freistellenden Normen zu unterscheiden, die den Parteien Befugnisse zur willkürlichen Ausübung einräumen, prozessuale Befugnisse (dies entspricht einer bloßen Ermächtigung, ohne subsidiäre Regelung)[634]. Als Beispiel für Ermächtigungsgrundnormen könnten §§ 444 BGB[635] oder §§ 38 ff. ZPO zitiert werden, die jeweils einen Gewährleistungsausschluss und einen abweichenden Gerichtsstand ermöglichen und somit §§ 433 ff. BGB und §§ 12 ff. ZPO als subsidiäre Regelungen verdrängen[636].

Wenn die Rechtsnorm als subsidiär betrachtet werden kann, können die Parteien, wenn eine Ermächtigungsnorm vorhanden ist, über sie disponieren. Auf dieses Ergebnis wird nach den bevorstehenden Untersuchungen zurückgegriffen.

Aus dem Text des deutschen EGBGB lässt sich nicht entnehmen, ob Kollisionsrecht dispositiv ist oder nicht. Die Disposivität einer Rechtsnorm setzt *zunächst* voraus, dass ihr eine subsidiäre Geltung beigemessen werden kann. Eine Analyse des Zusammenspiels der Prozessmaximen (2) bestätigt den analytischen Befund, dass die Subsidiarität der Kollisionsnorm durchaus eine Regelerschei-

---

632 *Wagner*, Prozessverträge, S.65; siehe die Überlegungen bei *Flume*, Die Vereinsstrafe in Festschrift Bötticher, S. 132.

633 *Bülow*, Archiv für die civilistische Praxis 64 (1881), 108; vgl. *Wagner*, Prozessverträge, S. 53.

634 *Wagner*, Prozessverträge, S. 53 ff.

635 Schuldrechtsmodernisierungsgesetz vom 26.11.01, BGBl. I 2001, 3137.

636 *Wagner*, Prozessverträge, S. 55.

nung ist und dementsprechend dass Kollisionsrecht meistens *dispositives* Recht sein könnte, vorausgesetzt es ließe sich eine Ermächtigungsnorm ermitteln (3).

2. Subsidiarität der Kollisionsnormen

Der Grundsatz der Subsidiarität ergibt sich aus der kollisionsrechtlichen Analyse. Er basiert unmittelbar auf der Definition des Kollisionsrechts. Die Subsidiarität entspricht dem Wesen der Materie (*la subsidiarité est consubstantielle aux règles de conflit*). Diese erste Voraussetzung für dispositives Kollisionsrecht ist also eine kollisionsrechtliche. Es geht darum, die durch die bisherigen Überlegungen herausgearbeiteten Merkmale des Kollisionsrechts in prozessuale Adjektive zu übersetzen, um den prozessualen Status der Kollisionsnorm festzustellen. Das Problem ist, dass Kollisionsnormen keinen einheitlichen prozessualen Status innehaben. Die Subsidiarität wird man als Prinzip erkennen können (A). Sie ist auch theoretisch möglich, weil das inländische materielle Recht die *lex causae* funktionell ersetzen kann (B).

A. Ein Prinzip mit Ausnahmen

Ein Ausschluss der Subsidiarität des Kollisionsrechts konnte bisher nirgendwo ausfindig gemacht werden.

Die bisherigen Ausführungen haben gezeigt, dass das Kollisionsrecht als Rechtssatz subsidiäre Geltung hat, wenn die Parteien über ihre Rechte disponieren[637]. Anders als der Richter sollten die Parteien, wie gesehen, das Schicksal der Kollisionsnorm in ihren Händen haben, wenn die Rechte disponibel sind. Bei disponiblen Rechten ist der Einsatz der „vollautomatischen Verweisungsmaschine“ nicht notwendig und ihr Einsatz bringt weniger Vorteile als Nachteile. Daher wäre eine Befugnis der Parteien, diese auszuschalten, zu befürworten.

Bei unverfügbaren Rechten will man jedoch ausschließen, dass die Parteien dem Richter die Tatsachengrundlage entziehen. Mit der Verhandlungsmaxime können die Parteien den Richter nicht daran hindern, Tatsachen für die Rechtsanwendung zu berücksichtigen, die in den Prozess Eingang gefunden haben. Soweit die Privatautonomie gilt, können sie aber subsidiäre Rechtssätze auch im Laufe des Verfahrens ersetzen. Also sollen bei indisponiblen Rechten die Kollisionsnormen für die Parteien zwingend sein. Solche Rechtssätze sind imperativ und sogar d'*ordre public*: Man darf auf die Anwendung der designierten Rechts-

637 2. Teil I.3.

ordnung auch *ex post* nicht verzichten. Dass die Kollisionsnormen d'*ordre public* sind, bedeutet, dass die *lex causae* angewandt werden muss.

Kollisionsnormen sind „Chamäleonnormen": Mal sind sie imperativ bzw. d'*ordre public*, mal dispositiv bzw. subsidiär, je nach Verfügbarkeit der Rechte.

Das Kollisionsrecht wäre *prinzipiell* als subsidiär anzusehen, da in den meisten Fällen mit Auslandsberührungen öffentliche Interessen nicht überwiegen, also die Parteien über ihre Rechte verfügen.

B. Alternative zur lex causae

Das Kollisionsrecht besteht aus technischen Verweisungsnormen, deren Einsatz vom Vorliegen eines Auslandsbezuges abhängen. Der Richter wird beim kollisionsrechtlichen Verweisungsvorgang allerdings den Sachverhalt nur auf *relevante* Auslandsbezüge prüfen, das heißt auf den Tatbestand der Kollisionsnorm[638]. Der Auslandsbezug ist eine Tatsache besonderer Natur[639]. Er löst nicht nur das Heranziehen des Kollisionsrechts aus, sondern bedingt auch die Anwendung der Kollisionsnorm. Es wird zwei Mal auf ihn zurückgegriffen, ein Mal zur Einschaltung des Kollisionsrechts, das zweite Mal zur Einordnung des Falles in ein sachrechtliches Gebiet, das einer kollisionsrechtlichen Anknüpfungskategorie entspricht. Der Auslandsbezug ist also die erste Voraussetzung für die Anwendung einer Kollisionsnorm im Rahmen der Subsumtion (vgl. Art. 3 I S. 1 EGBGB). Ohne relevanten Auslandsbezug kann es zu keinem Kollisionsnormtatbestand kommen. Der Tatbestand der Kollisionsnorm ist mit einem *inländischen* Anknüpfungsmoment nicht erfüllt; Kollisionsrecht ist in diesem Fall gar nicht einschlägig.

Dies ist der springende Punkt: Sollten die Parteien die Kollisionsnorm umgehen wollen, werden sie versuchen, den Auslandsbezug auszuschalten. Da in einer internationalen Konstellation der relevante Auslandsbezug immer schon im Sachverhalt vorliegt, wird der Richter auch tatsächlich mangels Intervention der Parteien das Kollisionsrecht anwenden: *Iura novit curia.*

Entscheidend für die Anwendung des Kollisionsrechts ist der relevante Auslandsbezug.

638 Vgl. *Hartenstein*, Die Privatautonomie im IPR als Störung des europäischen Entscheidungseinklangs, S. 38, der zutreffend darauf hinweist, dass irgendeine Verbindung zum Ausland heutzutage fast immer besteht – auch wenn kollisionsrechtlich irrelevant – und dies mit konkreten Beispielen illustriert: „Ein in Deutschland wohnender Deutscher stiehlt einem in Deutschland wohnenden Deutschen eine Schweizer Uhr". Dem Schluss, den er daraus zieht, bezüglich des Einsatzes der Kollisionsnormen „in jedem Fall", wurde bereits widersprochen.

639 Vgl. *Mostermans*, De processuele behandeling van het conflictenrecht, S. 185.

Kollisionsrecht ist ein technisches und übersichtliches Recht, dessen einzige Botschaft lautet: Fall mit Auslandsbezug → abstrakte Verweisungstechnik. Erkennt man keine „Verbindung zum Recht eines ausländischen Staates“ (Art. 3 I S. 1 EGBGB), sind die inländischen Sachnormen heranzuziehen.

Man muss sich im klaren darüber sein, dass die Verweisungstechnik an sich nie unentbehrlich ist, um einen Fall sachlich richtig zu lösen. Die sachliche Lösung bedarf eines materiellen Rechts. Die inländische Rechtsordnung kann sie genau so liefern wie die eventuell designierte ausländische. Kollisionsnormen sind auch deshalb besondere Normen, weil sie nicht unmittelbar die sachliche Lösung herbeiführen. Für die strikte Lösung eines Falles (ohne Rücksicht auf die Konsequenzen bezüglich seiner Anerkennung) ist Kollisionsrecht nicht unentbehrlich[640]. Pragmatische, prozessuale Erwägungen können hier eine ganz erhebliche Rolle spielen, da die Kollisionsnorm nicht die sachliche Antwort liefert, sondern lediglich die anzuwendende Rechtsordnung. Es ist nicht nur eine besondere, sondern auch eine einmalige Rechtsmaterie, denn es gibt keine andere, die innerhalb der juristischen Subsumtion (siehe nächste Skizze) vom Sachverhalt zur Rechtsfolge so zwischengeschaltet ist.

Es wurden bisher immer nur zwei Schritte erkannt – Anwendung der Kollisionsnorm und Anwendung der *lex causae* – wobei dem Auslandsbezug eine selbständige und entscheidende Rolle bei der Anwendung des Kollisionsrechts zukommt:

Sachverhalt → Kollisionsnorm → Anwendbares Recht → **Subjektives Recht**

Auslandsbezug — kollisionsrechtliche Verweisung — Sachnorm

1. Anwendung der Kollisionsnorm = Kollisionsrecht | **2.** Anwendung der *lex causae*

Mit dem Ausschalten des relevanten Auslandsbezuges würde sich der internationale Fall in einen inländischen verwandeln. Man bräuchte eine Ermächtigungsnorm, die es ermöglicht, den Auslandsbezug auszuschalten. Es wäre also an der Tatsachengrundlage so zu manipulieren, dass der Richter den für die Anwendung des Kollisionsrechts entscheidenden Auslandsbezug nicht feststellen kann.

Daher folgender Gedanke: Könnten die Parteien aufgrund der Verhandlungsmaxime über diese relevante Tatsache disponieren und dann den Richter

640 Friert man, so muss man sich anziehen. Funktionell macht es keinen Unterschied, ob man einen warmen Pyjama oder einen eleganten Anzug aus dem Kleiderschrank nimmt. Im Pyjama fühlt man sich bequemer und bleibt zu Hause, mit dem Anzug kann man eher ausgehen, vorausgesetzt, er entspricht einigermaßen den Erwartungen der Kreise, in die man sich begibt.

dazu zwingen, die veränderte Tatsachengrundlage seiner Entscheidung zugrunde zu legen? Der Verhandlungsgrundsatz könnte als grundlegende Verfahrensmaxime in Erwägung gezogen werden, denn er greift frühzeitig ein. Aber es wird deutlich, dass die Begründung des dispositiven Kollisionsrechts notwendigerweise eine größere Parteibefugnis impliziert, als nur über den Streitstoff bzw. über Tatsachen verfügen zu können. Sie muss die Dimension des Richteramtes berücksichtigen.

Es bedarf also einer rechtlichen Grundlage, die eine Bindung des Richters nach sich zieht.

3. Ermächtigungsnorm aus dem Prozessrecht

Das Vorhandensein einer Ermächtigungsnorm zur Umgehung einer subsidiären Vorschrift ist die zweite, logische Voraussetzung für dispositives Kollisionsrecht.

Aufgrund der Verhandlungsmaxime bestimmen die Parteien die Tatsachen, die sie dem Richter zur Entscheidung vorlegen wollen. Der Richter geht darauf ein, er kann die Parteien um Aufklärung bitten und sämtliche vorgetragene Fakten berücksichtigen.

Die Verhandlungsmaxime ist zwar eine Voraussetzung, aber für die Bildung einer tragfähigen rechtlichen Grundlage genügt sie nicht: Der Richter muss den Auslandsbezug *ex officio* aufdecken, sobald er ihn erkennt[641]. Die theoretische Grundlage der Dispositivität ist schwerwiegender: Man muss einen Weg finden, um den Richter an das im Rahmen der Verhandlungsmaxime Vorgetragene zu binden. Es stellt sich also zunächst die Frage, wie weit die prozessuale Befugnisse der Parteien reichen (A); dann wird die Tragfähigkeit des Geständnisses in Verbindung mit der Verhandlungsmaxime als Ermächtigungsnorm für dispositives Kollisionsrecht geprüft (B).

A. Bindung des Richters

a) Prozessuale Befugnisse der Parteien

Die französische Rechtsprechung hat die Bindung des Gerichts an den von den Parteien vorgetragenen Sachverhalt auch mit Blick auf die kollisionsrechtliche Fragestellung bejaht, weil sie sich auf eine gesetzliche Vorschrift des NCPC stützen konnte. Eine solche Grundlage gibt es in der ZPO nicht.

---

641 Vgl. *Bolze*, D. 2001, 1823 RdNr. 21.

(1) Die Grundlage in Frankreich

Es wurde in Frankreich öfters versucht, fakultatives Kollisionsrecht auf das *principe dispositif* zurückzuführen, das dem Richter verbietet, außerhalb der von den Anträgen der Parteien gezogenen Grenzen zu ermitteln[642]. Die Neigung ist groß: Die Dispositionsmaxime umschreibt, wie gesagt, den Geltungsbereich des fakultativen Kollisionsrechts; die Verhandlungsmaxime regelt die Bestimmung der streitentscheidenden Tatsachen; und das *principe dispositif* deckt ja beide Begriffe.

Das *principe dispositif* in Bezug auf die Sachverhaltsermittlung wird in erster Linie von Art. 6 NCPC normiert, nach dem die Parteien das ausschließliche Recht zur Tatsachenbeibringung haben sollen, während dem Richter nach Art. 12 Abs. 1 NCPC prinzipiell die Befugnis zur Rechtsanwendung zukommt[643]. Darüber hinaus könnte das Prinzip auch in Art. 4 und 5 NCPC eine Stütze finden[644].

Art. 12 Abs. 3 NCPC wurde zunächst als Ausnahmeerscheinung des *principe dispositif* im Bereich der Rechtsanwendung verstanden, weil unter Geltung des alten Prozessrechts der Richter, wie in dieser neuen Regelung, auch an die juristischen Erwägungen gebunden war, welche von den Parteien zur rechtlichen Begründung ihrer wechselseitigen Begehren vorgetragen wurden. Die Verankerung des *principe dispositif* im Art. 12 Abs. 3 NCPC ist bedenklich: Die Definition dieses Prinzips erfolgt nämlich im herkömmlichen Sinne ohne Bezug zur in dieser Norm genannten „*qualification juridique des faits*". Der Text geht einen deutlichen Schritt weiter, indem er, wie oben gesehen, den Richter nicht an eine streitgegenständliche Verfügung, sondern schon an eine einverständliche Bezeichnung der Parteien bindet[645].

Das dispositive Kollisionsrecht kann jedenfalls nicht mit dem *principe dispositif* begründet werden. Es stellt keine Ermächtigungsnorm dar, und schließt ein Entgegenwirken des Richters bei der Rechtsanwendung nicht aus. Die zusätzlichen Bedingungen des Art. 12 Abs. 3 sind also absolut unerlässlich.

Der Vorteil der früheren Auslegung war, dass die Begründung des *accord procédural* mit Art. 12 Abs. 3 NCPC nahe lag. Leider verweist die Cour de cassation seit 1997 und ihre *Hannover*[646] und *Driss A und Karl Ibold*[647] Entschei-

---

642 *Rigaux*, Examen de quelques questions laissées ouvertes par la Convention de Rome sur la loi applicable aux obligations contractuelles, Cah. dr. eur. 1988, 315.

643 *Schilling*, Die „principes directeurs" des französischen Zivilprozesses, S. 170 f.

644 *Ancel/Lequette*, GAJDIP, 78 RdNr. 6.

645 *Fauvarque-Cosson*, Libre disponibilité des droits et conflits de lois, Nr. 411 S. 250.

646 Cass. civ. 1ère 6.5.1997 *Hannover*, *Ancel/Lequette*, GAJDIP, 78; angesichts dieses Urteils konnte man noch nicht kein definitives Abkehren von der Grundlage des

dungen nicht mehr auf Art. 12 Abs. 3. Die *Doctrine* stimmt dieser Abkehr überwiegend zu[648].

Art. 3 Code Civil[649] wird als neue Grundlage angesehen. Diese Vorschrift begründet nicht nur die Pflicht für den Richter, das ausländische Recht zu ermitteln[650], sondern auch die Denaturierungskontrolle[651] und die Autorität der Kollisionsnorm über den Richter[652]. Sie wird sogar bei der Frage der gerichtlichen Zuständigkeit herangezogen[653]. Diese konvergierende Entwicklung könnte ein Zeichen dafür sein, dass die Judikatur die gesamte Konzeption des IPR einheitlich halten will, um der gemischten Natur des ausländischen Rechts gerecht zu werden. Ausländisches Recht wird ein selbständiges „Tertium“[654], ein „tatsächliches Recht“.

Art. 12 Abs. 3 NCPC annehmen, da ein bestätigendes Urteil der Cour de cassation seine Rechtsgrundlage nicht angeben muss (Art. 1020 NCPC), vgl. *Hartenstein*, Die Privatautonomie im IPR als Störung des europäischen Entscheidungseinklangs, S. 52; die neuste Rechtsprechung der Cour de cassation scheint jedoch tatsächlich auf den Art. 3 CC zu übergehen. Die hier vertretene Auffassung hält den Art. 12 Abs. 3 NCPC wie gesehen für durchaus stichhaltig.

647 *Mayer*, Anm. Civ. 1ère 1.7.1997, *Driss A.* und *Karl Ibold*, Rev. Crit. 1998, 66; *Hartenstein*, Neues vom fakultativen Kollisionsrecht in Frankreich, IPRax 2001, 480.

648 *Bureau*, L'accord procédural à l'épreuve, Rev. Crit. 1996, 602: „Bien que le fondement textuel qui lui est généralement assigné soit ainsi mis en doute, le principe de l'accord procédural n'en devrait d'ailleurs pas moins être admis, mais pour des raisons d'opportunité“; Mayer, Anm. Civ. 1ère 1.7.1997, Driss A. und Karl Ibold, Rev. Crit. (87) 1998, 70 ff.

649 Die Vorschrift lautet: „Les lois de police et de sûreté obligent tous ceux qui habitent le territoire. Les immeubles, même ceux possédés par des étrangers, sont régis par la loi française. Les lois concernant l'état et la capacité des personnes régissent les Français, même résidant en pays étranger“.

650 Cass. civ. 1ère 19.10.1999 *Cie d'assurances Rhin et Moselle*, Bull. Nr. 280, 182, Gaz. Pal. 2.3.2000, 41 Anm. *Niboyet.*

651 Cass. civ. 1ère 1.7.1997 *Africatours*, Rev. Crit. 1998, 292, Anm. *Muir Watt*; JDI 1998, 98, Anm. *Barrière-Brousse*; Dalloz 1998, Jur. 104, Anm. *Menjucq*; Cass. civ. 1ère 24.11.1998 *Lavazza*, Rev. Crit. 1999, 88 (1ère espèce), Anm. *B. Ancel*; Dalloz 1999, Jur. S. 337, Anm. *Menjucq*; für die gesamte Problemlage: *Muir Watt*, Répertoire Dalloz de droit international, v° Loi étrangère, Nr. 158.

652 Cass. civ. 1ère 26.5.99 *M. A-B c. Mme Elkhbizi*, Rev. Crit. 1999, 707 Anm. *Muir Watt*; PA, 3.12.1999, n°241, Anm. *Massip; Loussouarn/Bourel*, Droit international privé, RdNr. 242 S. 287.

653 Cour d'appel de Versailles, 1ère ch., 12.03.2001, Anm. *Audit*, D. 2002, 1396.

654 *Lando*, Länderbericht in Die Anwendung ausländischen Rechts im internationalen Privatrecht, S. 140.

Art. 3 CC ist jedoch nicht so formuliert, dass er juristisch-technisch die Begründung für eine prozessuale Vereinbarung beinhalten könnte. Es wird demgegenüber hier nach wie vor für ein Abstellen auf Art. 12 Abs. 3 plädiert.

(2) Vereinbarungen im Rahmen dispositiven Prozessrechts

Die Parteien haben nach deutschem Recht drei Möglichkeiten, um den Richter an einem übereinstimmenden Vortrag über Tatsachen zu binden[655]: das materiell-rechtliche Feststellungsgeschäft, den prozessualen Geständnisvertrag und die einverständliche prozessuale Disposition der Parteien über die tatsächliche Urteilsgrundlage.

Auf der Grundlage des materiellen Rechts kann man nur über Rechte, und nicht über Tatsachen, disponieren[656].

Aber das hindert nicht daran, das Tatbestandsmerkmal oder Tatbestandselement eines Anspruchs durch einen materiell-rechtlichen Feststellungsvertrag zu fixieren.

Man muss auch den Fall in Betracht ziehen, in dem die Parteien eine Tatsache im Prozess vertraglich fixieren wollen; zwar nicht, um den Tatbestand eines Anspruchs zu erfüllen, aber trotzdem mit der Absicht, mehr als eine nur anekdotische Bedeutung zu erzielen. Eine bestimmte Tatsache kann für eine Mehrzahl unterschiedlicher Ansprüche relevant sein, dabei wollen die Parteien nicht jeden einzelnen in Betracht kommenden Anspruch prüfen, so dass hier der prozessuale Geständnisvertrag sinnvoll ist, um eine bestimmte Tatsache mit Blick auf den Streitgegenstand insgesamt außer Streit zu stellen.

Es zeigt sich somit der Unterschied zwischen einer Vereinbarung im materiellen Recht (Rechtsgeschäft) und einer Vereinbarung im Prozessrecht (Prozessvertrag), der mit der jeweiligen Wirkung dieser Rechtsfiguren zusammenhängt: Die Vereinbarung im materiellen Recht wird ohne Rücksicht auf einen anhängigen oder drohenden Prozess getroffen; die Vereinbarung im Prozessrecht – wie der Geständnisvertrag z.B. – kommt zustande, wenn die Parteien ihre materiellen Rechtsbeziehungen nicht gestalten, sondern lediglich im Rahmen eines bereits anhängigen oder auch bloß bevorstehenden Rechtsstreits disponieren wollen.

Auf einen Geständnisvertrag wird zurückgegriffen, wenn eine bestimmte Tatsache außer Streit gestellt werden soll, die sich nicht auf eine materielle Anspruchsvoraussetzung bezieht, sondern vielmehr für mehrere Ansprüche von

---

655 Vgl. *Wagner*, Prozessverträge, S. 644 ff.
656 *Wagner*, Prozessverträge, S. 615, 644.

Bedeutung ist, und wenn die Parteien sich im Hinblick auf einen Prozess binden wollen.

Der materiell-rechtliche Feststellungsvertrag ist diesem prozessualen Pendant an praktischer Relevanz jedoch weit überlegen, „weil die Parteien in aller Regel eine materiell-rechtliche Bereinigung ihrer Rechtsbeziehungen anstreben und nicht nur mit Blick auf einen möglichen Rechtsstreit disponieren wollen“[657].

Mit dem prozessualen Geständnisvertrag verpflichten sich *die Parteien* antizipiert, bestimmte Tatsachen nicht vorzutragen oder ungünstige Behauptungen des Gegners nicht zu bestreiten. Wie bei materiell-rechtlichen Verträgen müssen Formvorschriften eingehalten werden.

Von der eben vorgestellten vertraglichen Verpflichtung zum einverständlichen Prozessieren muss noch das aktuell einverständliche Handeln innerhalb eines anhängigen Rechtsstreits unterschieden werden[658].

Durch diese dritte Möglichkeit zeigt sich, ob und inwieweit *das Gericht* an den einverständlichen Vortrag der Parteien über bestimmte Tatsachen gebunden ist. Man muss also ganz strikt unterscheiden zwischen vertraglichen Dispositionen über prozessuale Befugnisse einerseits und Vereinbarungen im Rahmen dispositiven Prozessrechts anderseits[659].

Einverständliche Dispositionen der Parteien über die tatsächliche Urteilsgrundlage, die im Rahmen eines *aktuellen Rechtsstreits* und unabhängig von einer vorherigen Vereinbarung getroffen werden, sind im Gegensatz zu Geständnisverträgen von ganz erheblicher Bedeutung für die Praxis[660]. Diese prozessualen Dispositionen werden im folgenden ausführlicher dargestellt. Davor muss die Erweiterung der ihr zugrundeliegenden Verhandlungsmaxime präsentiert werden.

b) Erweiterung der Verhandlungsmaxime auf Rechtsausführungen?

Prozessual beherrschen die Parteien die Tatsachen aufgrund der Verhandlungsmaxime. Die Parteien liefern die Tatsachen, auf deren Grundlage dann das Gericht Recht spricht: *Da mihi factum, dabo tibi ius.* Prinzipiell gilt der Verhandlungsgrundsatz für den Streitstoff, nicht für dessen Beurteilung[661].

---

657 *Wagner*, Prozessverträge, S. 654.

658 *Wagner*, Prozessverträge, S. 621.

659 Diese Differenz erinnert an die französische Unterscheidung zwischen Verträgen im engeren Sinne („*contrats*“), die Verpflichtungen zur Folge haben, und sonstigen Vereinbarungen („*conventions*“).

660 *Wagner*, Prozessverträge, S. 654 f.

661 MünchKomm/*Sonnenberger*, Einl. IPR, RdNr. 565.

Allerdings sind Tatsachen und Tatbestandselemente kaum auseinanderzuhalten. Die Evaluierung der Schadenshöhe nach einem Autounfall zum Beispiel ist zugleich eine Tatsachenfeststellung und ein Tatbestand, da ein Schadensfeststellungsvertrag Voraussetzung ist für die Entschädigungspflicht des Versicherers.

Eine rechtlich relevante Unterscheidung zwischen Tatsache und Tatbestandelement ist nicht möglich, es sei denn, die Parteien wollen nicht rechtsgeschäftlich handeln, sondern sich einfach ohne Hintergedanken über ein *factum* (Höhe eines Turms, Anzahl von Einwohnern...) einigen: Es handelt sich dann eindeutig weder um irgendein Verpflichtungsgeschäft noch um ein Handeln, das darauf abzielt, eine bestimmte Rechtsfolge herbeizuführen.

Aufgrund dieser Vermischung zwischen Tatsachen und Tatbeständen, ist die Frage zu stellen, ob die Parteien nicht etwa auch über Tatbestandselemente oder präjudizielle Rechtsverhältnisse verfügen können, um dann den Richter per Geständnis an die von ihnen bestimmte Urteilsgrundlage zu binden.

Eigentlich können die Parteien nicht nur über Tatsachen – Verhandlungsmaxime – disponieren, sondern auch über den Streitgegenstand insgesamt – Dispositionsmaxime und Anerkenntnis oder Vergleich (§§ 306 f., 794 Nr. 1 ZPO). Die Frage ist also weniger die einer Ausdehnung der Verfügungsbefugnis über die Tatsachen hinaus als die ihrer Erstreckung „auf den *intermediären Bereich* zwischen der Disposition über Tatsachen gemäß §§ 138 Abs. 3, 288 ZPO und derjenigen über den Anspruch insgesamt gemäß §§ 306, 307, 794 Abs. 1 Nr. 1 ZPO“[662].

(1) Dispositionen über präjudizielle Rechtsverhältnisse

Das deutsche Prozessrecht lässt ausnahmsweise zu, dass die Parteien das Gericht durch einen „prozessrechtlichen Dispositionsakt“ an ihre eigene rechtliche Bewertung des Sachverhalts binden, wenn es um das Bestehen eines präjudiziellen Rechtsverhältnisses geht[663]. Die Parteien können den deutschen Richter zwar nicht allgemein an ihre Rechtsansichten binden, jedoch gegebenenfalls an ihre Feststellung eines präjudiziellen Rechtsverhältnisses[664].

662 *Wagner*, Prozessverträge, S. 636.

663 Grundsätzlich wird die Befugnis der Parteien zur Disposition über präjudizielle Rechtsverhältnisse von der Rechtsprechung verneint: RGZ 61, 264, 267; BGHZ 8, 235, 239; NJW 1958, 1968; NJW 1978, 1255; WM 1980, 193, 194; OLG Hamm, MDR 1992, 998; OLG Koblenz, OLGZ 1993, 234, 235 f.

664 *Hartenstein*, Neues vom fakultativen Kollisionsrecht in Frankreich, IPRax 2001, 481.

Die prozessuale Dispositionsbefugnis über präjudizielle Rechtsverhältnisse der Parteien legitimiert sich aus der materiell-rechtlichen Verfügungsfreiheit[665], die es erlaubt, mittels Feststellungsverträgen, präjudizielle Rechtsverhältnisse außer Streit zu stellen. Anders gesagt, es gibt eine Umgehungsmöglichkeit über den materiell-rechtlichen Weg, um das gleiche Ergebnis wie mit prozessualen Dispositionen über präjudizielle Rechtsverhältnisse zu erreichen, nämlich eine Zwischenfeststellungsklage über das Bestehen des präjudiziellen Rechtsverhältnisses nach § 256 Abs. 2 ZPO, gefolgt von einem Anerkenntnis gemäß § 307 ZPO[666].

Außerdem können die Parteien ein präjudizielles Rechtsverhältnis in einer Tatsache verkleiden, indem sie z. B. im Fall nicht behaupten, die Belegenheit der Sache im Ausland stelle keinen Auslandsbezug dar, sondern einverständlich vortragen, dass die Sache sich im Inland befindet[667].

Die Rechtsprechung erkennt mittlerweile ein wirksames Geständnis[668] bzw. Anerkenntnis[669] in einer Parteienvereinbarung, die sich unmittelbar auf eine Rechtsfolge bezieht, die für den geltend gemachten Anspruch präjudiziell ist, weil sich dieses Ergebnis ohnehin über den Unweg der materiell-rechtlichen Verfügungen erreichen ließe.

Das Problem ist, dass die Frage nach dem anwendbaren Recht nicht Gegenstand einer Zwischenfeststellungsklage sein kann, weil sie in keinerlei Hinsicht ein Rechtsverhältnis begründet[670]. Rechtsverhältnisse sind aus einem greifbaren Sachverhalt entstandene Rechtsbeziehungen zwischen Personen oder zwischen Personen und Sachen[671]. Die Untersuchung der Behandlung von präjudiziellen Rechtverhältnissen hilft nicht weiter, weil es sich dabei schon um Rechtsbeziehungen handelt, also um subjektive Rechte. Die Prüfung auf einen eventuellen Auslandsbezug hin kann nicht auf ein präjudizielles Rechtsverhältnis hinauslaufen.

Die Entwicklung der Rechtsprechung über die Zulässigkeit von prozessualen Dispositionen über präjudizielle Rechtsverhältnisse lädt jedoch dazu ein, sich über den Status von einfachen Rechtsbegriffen Gedanken zu machen. Sie sind

---

665 *Schlosser*, Einverständliches Parteihandeln im Zivilprozess, S. 34.

666 *Baur*, Vereinbarungen der Parteien über präjudizielle Rechtsverhältnisse im Zivilprozess, S. 10-11.

667 Vgl. *Wagner*, Prozessverträge, S. 638.

668 BAG vom 9.2.1995, NJW 1996, 1299.

669 BGH NJW 1986, 2949.

670 *Hartenstein*, Die Privatautonomie im internationalen Privatrecht als Störung des europäischen Entscheidungseinklangs, S. 58 f.

671 Stein/Jonas-*Schumann*, § 256 ZPO, RdNr. 21 und 131; Baumbach/Lauterbach-*Hartmann*, § 256 ZPO RdNr. 5 und 109.

zwar *mehr* als bloße Tatsachen, aber manchmal *weniger* als ein präjudizielles Rechtsverhältnis.

(2) Zusammenfassende Tatsachenbehauptungen oder „einfache" Rechtsbegriffe

Den Tatsachen gleichgestellt und für den Richter bindend (alleine über die Verhandlungsmaxime) ist eine in einfache und allgemein bekannte Rechtsbegriffe gekleidete tatsächliche Behauptung wie etwa „Eigentümer" oder „Vertragsschluss"[672]. Fakten und Qualifikationen unterscheiden sich nicht in diesen einfachen Fällen, und unterliegen der Verhandlungsmaxime.

Insofern sollte auch eine Parteienvereinbarung über ein präjudizielles Rechtsverhältnis zulässig sein, wenn sie eher eine zusammenfassende Tatsachenbehauptung als einen Subsumtionsschluss darstellt (z.B. „Erbe")[673].

Der „Auslandsbezug" ist ohne Zweifel ein „einfacher" Rechtsbegriff. Man würde dazu neigen, den Auslandsbezug dem Bereich den Tatsachen zuzuordnen.

B. Dispositionen per Geständnis und aufgrund der Verhandlungsmaxime

a) Zulässigkeit

(1) Verhältnis zwischen Geständnis und Wahrheitspflicht im Prozess

Kann eine Partei eine Tatsache subjektiv wahrhaftig vortragen, die nicht der Wahrheit entspricht? Und vor allem können beide Parteien eine Tatsache im vollen Bewusstsein ihrer Unwahrheit vortragen oder einen entsprechenden Vortrag des Gegners zugestehen (§ 288 ZPO) bzw. nicht bestreiten (§ 138 Abs. 3), um das Gericht zu veranlassen, die unwahre Tatsache seiner Entscheidung zugrunde zu legen? Es stellt sich also die Frage des Verhältnisses der §§ 138 Abs. 3, 288 ZPO zu der 1933 eingeführten[674], in § 138 Abs. 1 ZPO statuierten prozessualen Wahrheitspflicht der Parteien.

Wenn die Parteien sich bezüglich einer unwahren Tatsachenbehauptung einig sind und eine Partei diese vorbringt, ohne dass die andere sie bestreitet, dann ist

672 Baumbach/Lauterbach-*Hartmann*, § 288 RdNr. 3; *Rosenberg/Schwab/Gottwald*, Zivilprozessrecht, § 114 I 1, S. 650; Zöller Komm. ZPO *Greger*, § 288 RdNr. 1 a.

673 Stein/Jonas-*Leipold* § 288 ZPO, RdNr. 8; vgl. *Koerner*, Fakultatives Kollisionsrecht in Frankreich und Deutschland, S. 49.

674 Gesetz vom 27.10.1933, RGBl. I S. 780.

der Richter an diese Unwahrheit gebunden[675]. Das Gericht bleibt außerdem an ein förmliches Geständnis gemäß §§ 288 f. ZPO nach herrschender Meinung auch dann gebunden, wenn es seinen Inhalt für unwahr hält[676]. Auch das bewusst unwahre Geständnis ist bindend.

Die Feststellung der objektiven Wahrheit ist nicht der Zweck des Zivilprozesses, sie kann allenfalls „sein erwünschtes, aber nicht verbürgtes Resultat" sein[677]. Die Verhandlungsmaxime verlangt ja, dass der Richter auch dann einen Vortrag als wahr behandelt, wenn er von seiner Wahrheit nicht wirklich überzeugt ist. Die objektive Wahrheit hat man nur dann über den Untersuchungsgrundsatz zu ermitteln, wenn die Streitsache öffentliche Interessen betrifft[678].

Die herrschende Meinung sieht das Geständnis als einen Dispositionsakt der gestehenden Partei[679]. Soweit die Geständnisfreiheit im materiellen Recht anerkannt ist, kann sie nicht ohne stichhaltige normative Begründung eingeschränkt werden.

Gerade angesichts der normativen Grundlage wird eingewendet, dass ein bewusst unwahres Geständnis als unilaterale Prozesshandlung stets bindend wäre: Ein durch Willensmängel beeinflusstes Geständnis könnte weder angefochten noch widerrufen werden, da § 290 ZPO nur anwendbar ist, wenn das Geständnis durch einen Irrtum gerade über die Wahrheit der zugestandenen Tatsache veranlasst worden ist. Als materiell-rechtliche Verfügung dagegen, im Rahmen der großzügigeren Regelung der §§ 119 ff. BGB, könnte das Geständnis angefochten und sogar vernichtet werden (§ 142 Abs. 1 BGB).

Daher entsteht wieder die Befürchtung, dass die Disposition im Rahmen des Prozesses erheblich gefährlicher ist als eine materiell-rechtliche Verfügung.

Demgegenüber kann man mit den spezifisch prozessrechtlichen Sicherungen der Privatautonomie wie anwaltliche Vertretung (obligatorische nach § 78 ZPO, aber auch weithin übliche) und den an § 139 ZPO geknüpften Aufklärungs- und

---

675 Stein/Jonas-*Leipold*, Kommentar zur ZPO, Bd. 2, § 138, RdNr. 31a,; Baumbach/Lauterbach-*Hartmann*, Grundz. § 138 RdNr. 24; *Hartenstein*, Die Privatautonomie im IPR als Störung des europäischen Entscheidungseinklangs, S. 25.

676 *Grunsky*, Grundlagen des Verfahrensrechts, 1974, § 20 I, S. 185; Stein/Jonas-*Leipold*, Kommentar zur ZPO, Bd. 2, § 288, RdNr. 4.

677 *Wach*, Vorträge über die Reichs-Civilprozeßordnung, 2. Aufl., S. 199.

678 *Wach*, Vorträge über die Reichs-Civilprozeßordnung, 2. Aufl., S. 199: „Die materielle Wahrheit ist als Processzweck nur denkbar in einem Officialverfahren, in einem Processe, der zur erschöpfenden Rekonstruktion des Thatbestandes nicht nur die Handhabe bietet, sondern die ‚freie Forschungsmaxime' als amtliche Verpflichtung der staatlichen Organe aufstellt. Und das kann nur geschehen, wo die Streitsache ein öffentliches Interesse ist".

679 *Grunsky*, Grundlagen des Verfahrensrechts, § 20 I, S. 185; Stein/Jonas-*Leipold*, § 288 RdNr.4.

Fragepflichten des Richters und mit den Interventionsmöglichkeiten über die Prozesshandlungslehre kontern.

Ansonsten wird der Verdacht geschürt, dass Dispositionen über die Tatsachengrundlage nur als Mittel zur Förderung unlauterer Zwecke dienen[680]. Dagegen zeigt die Praxis jedoch, dass die Parteien in aller Regel damit nur den Rechtsstreit abkürzen und vereinfachen wollen[681]. Dies entmachtet auch den Einwand, nach dem fiktive Sachverhalte den schon erhebliche Kosten verursachenden Justizapparat zusätzlich belasten würden.

Selbst für den Richter kann es kontraproduktiv wirken, wenn er dermaßen strikt an die Ermittlung der objektiven Wahrheit gebunden ist, dass er auch immer alle Konsequenzen daraus ziehen muss. Zum Beispiel war es ein unnötiger Umweg über das Kollisionsrecht, ein Urteil zu revidieren, in dem der Richter die Aufenthaltsgenehmigung – den einzigen Auslandbezug im Fall – in Antizipation auf einen Rückfall auf die *lex fori* angesichts der engen Verbindungen des Kindes zum Territorium des Forums absichtlich außer Acht ließ[682]. Mehr kollisionsrechtliche Flexibilität unter Berücksichtigung der Prozessrationalisierung wäre zu befürworten.

Vereinbarungen über die tatsächliche Urteilsgrundlage werfen auch Fragen nach dem Verhältnis zwischen Richtermacht und Parteiherrschaft auf[683].

(2) Vereinbarkeit mit den richterlichen Aufgaben

Zwischen Tatsachen und Anspruch, im Zeitraum der Rechtsanwendung also, handelt es sich um ein Gebiet, in dem der Grundsatz „*iura novit curia*“ herrscht. Die Parteibefugnisse treten zurück und der Verlauf des Prozesses wird im wesentlichen durch die Amtsaufgaben des Richters bestimmt, weil der Richter für die Rechtsanwendung verantwortlich ist. Die juristische Qualifikation der Fakten ist prinzipiell immer den Aufgaben des Richters zuzuordnen. Der Übergang von Tatsachen zu Rechtsbegriffen, so einfach und gängig sie sein mögen, hängt in hohem Maße von juristischen Wertungen ab, die entscheidende Konsequenzen mit sich ziehen.

Während der Richter auf die Anwendung des Rechts achten muss, können die Parteien ihre prozessualen Befugnisse ausüben. Sowohl der Richter als auch die Parteien sind an der Gestaltung des Prozesses beteiligt, solange er andauert.

---

680 *Olzen*, ZZP 98 (1985), 418 f.

681 *Wagner*, Prozessverträge, S. 624.

682 Cass. civ. 1ère 26.5.99 *M. A-B c. Mme Elkhbizi*, Rev. Crit. 1999, 707 Anm. *Muir Watt*; *Loussouarn/Bourel*, Droit international privé, RdNr. 242 S. 287.

683 *Wagner*, Prozessverträge, S. 10.

Der Grundsatz „*iura novit curia*" besagt, dass Rechtssätze nicht bewiesen werden müssen, und dass die Parteien dem Richter keine andere Interpretation der Rechtsnorm als die einzig richtige aufdrängen können. Dies schließt jedoch nicht aus, dass die Parteien durch Dispositionen in ihrem Machtkreis – also im Bereich der Fakten – dem Richter die Grundlage zu Anwendung einer bestimmten Rechtsnorm entziehen können. Gerade dadurch, dass einfache Qualifikationen von der Rechtsprechung den Tatsachen und nicht den Rechtssätzen zugerechnet werden, ist das Prinzip *iura novit curia* nicht mehr anwendbar: Es greift bei der Behandlung der Tatsachengrundlage nämlich nicht ein.

In mehreren Rechtsordnungen wird die *ex officio* Anwendung von Kollisionsnormen kodifiziert. Der spanische *Código Civil* statuiert in Art. 12 Abs. 6: „Die Gerichte und Behörden wenden die Kollisionsnormen des spanischen Rechts von Amts wegen an"[684]. Im Art. 2 Abs. 1 des türkischen Gesetzes über das internationale Privat- und Zivilverfahrensrecht heißt es: „Der Richter wendet die Regeln des türkischen Kollisionsrechts und das aufgrund dessen Regeln maßgebende ausländische Recht von Amts wegen an"[685].

An dieser Aussage ist nichts auszusetzen. Die Kollisionsnorm ist ein Rechtssatz, und Recht muss von Amts wegen angewandt werden[686]. Aber sie bedeutet im Grunde genommen nichts weiter, als dass die Kollisionsnorm für den Richter zwingend ist. Die Kollisionsnorm als Rechtsnorm ist aus richterlicher Sicht immer zwingend, weil er sie von Amts wegen anwenden muss[687]. Das heißt er muss die Kollisionsnorm anwenden, sobald ihr Tatbestand erfüllt ist. Sollte der Richter die Kollisionsnorm trotz Erfüllung ihres Tatbestandes und dem Schweigen der Parteien nicht anwenden, würde seine Entscheidung spätestens durch das Revisionsgericht aufgehoben werden.

„Von Amts wegen" ist keineswegs inkompatibel mit Parteidispositionen. Es sagt nichts aus über die Befugnisse der Parteien bei der Bestimmung der Tatsachengrundlage. Die *ex officio* Aufgabe des Richters, die Kollisionsnorm anzuwenden, ist insofern kein Argument gegen dispositives Kollisionsrecht.

---

684 *Riering*, IPR-Gesetze in Europa, S. 275.

685 *Riering*, IPR-Gesetze in Europa, S. 339 (Hervorhebung vom Verfasser).

686 *Lando*, Länderbericht in Die Anwendung ausländischen Rechts im internationalen Privatrecht, S. 129.

687 *Motulsky*, L'évolution récente de la loi étrangère en France, Mélanges Savatier, S. 686: La règle de droit „est toujours obligatoire pour le juge ou elle n'est pas une règle de droit" und Prolégomènes, D. 1972, RdNr. 31 f. S. 98.

b) Grenzen

Einem Urteil des BGH[688] über das Verhältnis zwischen Geständnisrecht und Wahrheitspflicht kann entnommen werden, dass der Richter an die zugestandene Tatsache nicht gebunden ist, wenn das Gegenteil offenkundig ist oder die Parteien betrügerisch zu Lasten eines Dritten zusammengewirkt haben.

Die Offenkundigkeit kommt im § 291 ZPO normativ zum Einsatz, um die Feststellung des Sachverhalts für Parteien und Gericht zu erleichtern. Der Gesetzgeber hat ihr jedoch niemals den Zweck verliehen, die Dispositionsfreiheit der Parteien einzuschränken[689]. *De lege lata* kann die vom BGH vorgenommene Einschränkung der Dispositionsbefugnis der Parteien bei Offenkundigkeit nicht nachvollzogen werden.

Der Schutz Dritter vor einem Verfahren zu ihren Lasten kann nur in Ausnahmefällen zu einer Einschränkung des Geständnisrechts führen. Es handelt sich um Fälle, in denen gegen die Möglichkeit eines rechtsmissbräuchliches Verhalten vorzugehen ist (fingierter Verkehrsunfall, Erbunwürdigkeit) oder eine sachgerechte Begrenzung der Rechtskraftwirkung zu gewährleisten ist, wobei die Unwirksamkeit von Verträgen und Verfügungen zu Lasten Dritter grundsätzlich schon materiell-rechtlich gesichert wird: Die §§ 59 ff., 325 ZPO beschränken die Wirkungen des Rechtsstreits auf die Beteiligten und schließen die Wirkung des Urteils auf Rechte unbeteiligter Dritter damit aus[690].

Allgemein liegt die Grenze der Dispositionsfreiheit vielmehr, wie herausgearbeitet, in den *ordre public* Regeln[691]. Bei materiell-rechtlichen Feststellungsverträgen und beim prozessualen Geständnisvertrag ist die Grenze nicht die einzige: Da es um Verpflichtungsverträge geht, kommen natürlich die Sicherungen und Restriktionen der Privatautonomie hinzu.

Wenn die Partein im *aktuellen* Einvernehmen gegenüber dem Gericht disponieren, ist juristisch gesehen das Bedürfnis der Disponenten nach *Schutz* vor unüberlegten oder sonst nachteiligen Bindungen anders, als wenn es um die *Bindung* einer Partei an eine vorherige vertragliche Abmachung geht[692]. Es entstehen nämlich keine Verpflichtungen. Man ist immer frei, zu handeln und dadurch ein prozessuales Verhalten an den Tag zu legen.

---

688 BGHZ 37, 154, 156.

689 *Wagner*, Prozessverträge, S. 628.

690 *Wagner*, Prozessverträge, S. 628 ff.

691 *Wagner*, Prozessverträge, S. 633: „Die maßgebliche Zulässigkeitsgrenze ergibt sich [...] hier wie auch sonst aus dem *ordre public*, der im Rahmen des § 307 ZPO sowie für Prozessverträge allgemein als Schranke der privaten Dispositionsfreiheit anerkannt ist".

692 *Wagner*, Prozessverträge, S. 641 ff.

Aus den vorhergehenden Ausführungen ist festzuhalten, dass die prozessuale Vereinbarung nicht als Geständnisvertrag interpretiert werden kann. Wie anhand des Beispiels der Einwendungen gesehen, darf man sich im Prozess nicht immer verpflichten. Im Kollisionsrecht können sich die Parteien prozessual nicht dazu verpflichten, für jeden Anspruch ausschließlich und pauschal nur deutsches Recht heranzuziehen. Bei vertraglichen Verpflichtungen im Prozess erfolgt der Schutz vor unüberlegten Handlungen gemäß der materiell-rechtlichen Sicherungen und Restriktionen der Privatautonomie, die auch im Prozess die Weichen stellen. Viele kollisionsrechtliche Verweisungen sind der Privatautonomie bzw. der Parteiautonomie entzogen und können daher per Geständnisvertrag nicht umgangen werden. Jeder Anspruch muss bezüglich seiner Verfügbarkeit gesondert geprüft werden.

Die prozessuale Vereinbarung ist dafür als ein augenblickliches[693], abgestimmtes prozessuales Verhalten und nicht als Vertrag zu betrachten. Der übereinstimmende Sachvortrag, der die prozessuale Vereinbarung kennzeichnet, ist ein einmaliger und prozessbezogener Dispositionsakt, der unter Aufsicht des Richters abgeschlossen wird und für den Prozess gilt, solange er nicht wiederrufen wird. Demnach ist er lediglich der Grenze des *ordre public* zu unterwerfen.

Dies sollte jedoch aus Rationalisierungsgründen in einem Verfahren nur einmal möglich sein: Man kann nur einmal über eine disponible internationale tatsächliche Urteilsgrundlage verfügen, denn sonst würde man das Heranziehen dieses oder jenen Rechts ständig wieder in Frage stellen.

Kollisionsrecht ist, wie gesehen, meist dispositives Recht. Die kollisionsrechtliche Verweisung auf die *lex causae* ist nur dann vom Richter aus diplomatischen Gründen zu gewährleisten und im Zeichen des *ordre public* zu betrachten, wenn öffentliche Interessen betroffen sind, bzw. wenn die Parteien über ihre Rechte nicht verfügen dürfen. Um die Schranke des *ordre public* zu respektieren, muss also den Parteien die Dispositionsbefugnis entzogen werden, wenn sie nicht über ihre Rechte verfügen.

Folgendes Ergebnis ist aus diesen ganzen Überlegungen abzuleiten: Behauptet eine Partei, es gäbe keinen Auslandsbezug (unwahr) und stimmt die andere zu (Geständnis), so hat man es mit einer prozessualen Vereinbarung zu tun, die bindend für den Richter ist. Während die Ermächtigungsnorm im französischen Recht in Art. 12 Abs. 3 gesetzlich statuiert ist, könnte sie im deutschen Recht, angesichts der heutigen Ausgestaltung der Rechtsprechung und der Dogmatik, durchaus in der Figur des Geständnisses in Verbindung mit der Verhandlungsmaxime erkannt werden.

---

693 Als Äquivalent für den französischen Ausdruck „*qui se consomme en un trait de temps*".

Auch deutsche Kollisionsnormen sind also grundsätzlich dispositiv. Sie sind nur dann *d'ordre public*[694], wenn die Parteien über die streitbefangenen Rechte ausnahmsweise nicht disponieren können.

Bilanz-Skizze: Dispositives Kollisionsrecht – Grundlage nach deutschem Recht

(Stichpunkte fettgedruckt)

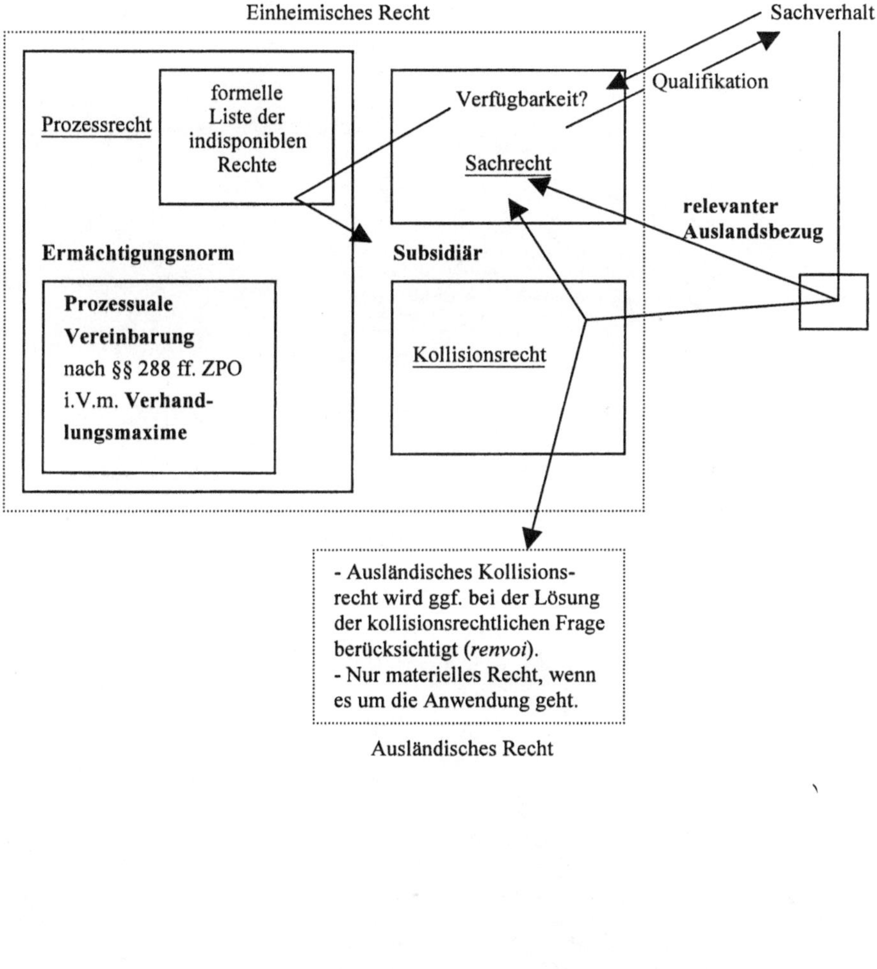

694 Vgl. *Mostermans*, De processuele behandeling van het conflictenrecht, S. 184.

Schlussbemerkungen

Die These des dispositiven Kollisionsrechts berücksichtigt die weltweite Tendenz des Rückgriffs auf die *lex fori* und die Problematik der Ermittlung des ausländischen Rechts. Sie wird von der Praxis regelmäßig bestätigt: Die meisten Gutachten über das ausländische Recht – ein Zeichen dafür, dass die *lex fori* seltener zur Anwendung kommt – werden im Familienrecht erstellt[695], d.h. im Bereich der indisponiblen Rechte schlechthin.

Weder in den europäischen Rechtsakten, noch in den Rechtssystemen der einzelnen Länder Europas wurde der Grundsatz eines für die Parteien immer zwigenden Kollisionsrechts verankert. Gerade mit dem nicht übersehbaren Trend zur Vereinheitlichung der Kollisionsnormen im europäischen Justizraum wäre die Anerkennung der grundsätzlichen Dispositivität des IPR im Prozess nicht nur gut vereinbar sondern auch besonders zu befürworten, denn durch sie rückt die Kollisionsnorm wieder näher zu den Parteien.

Die Konzeption beruht auf einer Vorstellung der Justiz, die in erster Linie auf effizienter Weise der Streitbeilegung dienen soll. Sie hat einen Vorteil psychologischer Art: Durch die prozessuale Vereinbarung gehen die Parteien aufeinander zu und vertreten ein gemeinsames Interesse, was für den weiteren Vorlauf des Streitverfahrens positive Auswirkungen haben kann.

Für die Parteien sichert die Möglichkeit einer Umgehung des Kollisionsrechts Rechtssicherheit und Sachgerechtigkeit.

Die Prozessrationalisierung, die bezweckt wird, sollte dem Richter die Rechtsfindung bei internationalen Sachverhalten erleichtern. Die Mitwirkung der Parteien bei der Ermittlung des ausländischen Rechts ist eine Konsequenz daraus, dass die Parteiinteressen in den Vordergrund gestellt werden.

695 Statistisken bei *Jayme*, StAZ 1976, 359.

Literatur- und Materialenverzeichnis

I. Literaturverzeichnis

AGOSTINI, Eric, *Equivalence et conflits de lois*, Recueil Dalloz 2000 n°12 Jurisprudence – Commentaires, 268-269

ALEXANDRE, Danièle, *La loi étrangère devant les tribunaux français, établissement du contenu de la loi étrangère*, Juris-Classeur Droit International, volume 5, Paris 1997, fascicule 539-20

ANCEL, Bertrand / **LEQUETTE,** Yves, *Grands arrêts de la jurisprudence française de droit international privé*, 3ème édition, Dalloz, Paris 1998 [Zitierweise: *Ancel/Lequette*, GAJDIP]

AUDIT, Bernard, *Droit international privé*, 2ème édition, Economica, Paris 1997

AUDIT, Bernard, *Droit international privé*, Recueil Dalloz 2002 n°17 Jurisprudence – Sommaires commentés, 1389-1401

BAR, Christian von, *Internationales Privatrecht*, Erster Band, C. H. Beck, München 1987

BAUR, Fritz, *Vereinbarungen der Parteien über präjudizielle Rechtsverhältnisse im Zivilprozeß* in Festschrift für Eduard Bötticher, Dunker & Humblot, Berlin 1969

BASEDOW, Jürgen, *The communitarization of the conflict of laws under the treaty of Amsterdam*, CMLRev. (37) 2000, 687-708

BASEDOW, Jürgen, *Der kollisionsrechtliche Gehalt der Produktfreiheiten im europäischen Binnenmarkt: favor offerentis*, Rabels Zeitschrift 59 (1995), 1-55

BATIFFOL, Henri / **LAGARDE,** Paul, *Traité de droit international privé,* Tome 1, 8ème édition, LGDJ, Paris 1993

BAUMBACH, A. / **LAUTERBACH,** W. / **ALBERS,** J. / **HARTMANN,** P., *Zivilprozeßordnung – Kommentar*, 61. Auflage, C.H. Beck, München 2003

BAUMFALK, Walter, *ZPO*, 10. Auflage, Alpmann Schmidt, Münster 1999

BAUMGÄRTEL, Gottfried, *Wesen und Begriff der Prozesshandlung einer Partei im Zivilprozess*, Verlag Franz Vahlen, Berlin und Frankfurt a.M. 1957

BELLET, Pierre, *Le juge-arbitre*, Revue de l'Arbitrage 1980, 394-406

BENKARD, Georg, Patentgesetz Gebrauchsmustergesetz, 9. Auflage, C. H. Beck, München 1993

BISCHOFF, Jean-Marc, *Les problèmes actuels posés par l'application des lois étrangères*, rapport de synthèse du colloque austro-franco-germano-suisse de droit international privé comparé des 22 et 23 mai 1986, institut de droit comparé de l'université Robert Schuman de Strasbourg, LGDJ, Paris 1988, 131-140

BOLARD, Georges / **FLECHEUX,** Georges, *L'avocat, le juge et le droit*, Recueil Dalloz 1995 n°29 Chronique, 221-222

BOLZE, Antoine, *L'application de la loi étrnagère par le juge français: point de vue d'un processualiste*, Recueil Dalloz 2001 n°23 Chroniques – Doctrine, 1818-1823

BOSCHIERO, Nerina, *Norme di diritto internazionale privato „facoltative"*, Rivista di diritto internazionale privato e processuale 1993, 541-588

BUREAU, Dominique, *L'accord procédural à l'épreuve*, Rev. Crit. DIP (85) 1996, 587-619

BÜLOW, Oskar, Archiv für die civilistische Praxis 64 (1881), 1-109

CARBONNIER, Jean, *Droit Civil, Tome 4, Les Obligations*, 21ème édition, Presses Universitaires de France, Paris 1998

CHESHIRE, G. C. / **NORTH,** P. M. / **FAWCETT,** J. J., *Private international law*, Twelfth edition, Butterworths, London Edinburgh Dublin 1992

CORNU, Gérard, *Le juge-arbitre*, Revue de l'Arbitrage 1980, 373-389

CREIFELDS, Carl, *Rechtswörterbuch*, 16. Auflage, Verlag C. H. Beck München 2000

DE BOER, Theodorus M., *Prospects for European conflicts law in the twenty-first century* in International Conflicts of Laws for the Third Millennium, Essays in Honor of Friedrich K. Juenger, edited by Patrick J. Borchers and Joachim Zekoll, Transnational Publishers, New York 2001, 193-213

DE BOER, Theodorus M., *Facultative Choice of Law*, Recueil des Cours de l'Académie de droit international de La Haye (tome 257) 1996, 225-421

DE BOER, Theodorus M., Vortrag im Rahmen der 66. Session der Haager Akademie für Internationales Recht, 1. Periode: Internationales Privatrecht 1. bis 19. Juli 1996, ZEuP 1997, 927-930

DELMAS-MARTY, Mireille, *La mondialisation du droit: chances et risques*, Recueil Dalloz 1999 n°5 Chronique, 43-48

DRASCH, Wolfgang, *Das Herkunftslandprinzip im internationalen Privatrecht: Auswirkungen des europäischen Binnenmarktes auf Vertrags- und Wettbewerbsstatut*, 1. Auflage, Nomos Verlagsgesellschaft, Baden-Baden 1997

DROZ, Georges A. L., *Variations Pordea*, Rev. Crit. DIP (89) 2000, 181-197

EHRENZWEIG, Albert A., *A Treatise on the Conflict of Laws*, West Publishing Co., St. Paul Minn. 1962

ESTOUP, Pierre, *L'amiable composition*, Recueil Dalloz 1986 n°29 Chronique, 221-225

FASTRICHT, Lorenz, *Revisibilität der Ermittlung ausländischen Rechts*, Zeitschrift für Zivilprozess 97. Band (1984), 423-445

FAUVARQUE-COSSON, Bénédicte, *Le juge français et le droit étranger*, Recueil Dalloz 2000 n°8 Chroniques – Doctrine, 125-134

FAUVARQUE-COSSON, Bénédicte, *Libre disponibilité des droits et conflits de lois*, LGDJ, Paris 1996

FENTIMAN, Richard, *Foreign Law in English Courts – Pleading, Proof and Choice of Law*, Oxford University Press, Oxford 1998.

FEZER, Karl-Heinz / **KOOS,** Stefan, *Das gemeinschaftsrechtliche Herkunftslandprinzip und die e-commerce Richtlinie*, IPRax 2000, 349-354

FLESSNER, Axel, *Fakultatives Kollisionsrecht*, Rabels Zeitschrift 34 (1970), 547-584

FLESSNER, Axel, *Interessenjurisprudenz im internationalen Privatrecht*, Mohr Siebeck, Tübingen 1990

FLUME, Werner, *Die Vereinsstrafe* in Festschrift für Eduard Bötticher zum 70. Geburtstag, Duncker & Humblot, Berlin 1969, S. 101-141

FRANCESCAKIS, Phocéon, Commentaire sur l'article d'Ehrenzweig « The lex fori – Basic rule in the conflict of laws » paru dans la Michigan Law Review 1960 (637-688), Rev. Crit. DIP (50) 1961, 259-261

FRANZEN, Martin, *Privatrechtsangleichung durch die Europäische Gemeinschaft*, Walter de Gruyter - Berlin - New York 1999

FREITAG, Robert, *Der Einfluss des Europäischen Gemeinschaftsrechts auf das internationale Produkthaftungsrecht*, Mohr Siebeck, Tübingen 2000

FRISON-ROCHE, Marie-Anne, Anmerkung unter Civ. 2ème 4.11.1989 *Keppi c. Association des aveugles d'Alsace et Lorraine*, Recueil Dalloz 1989 n°43 Jurisprudence, 609-614

FUCHS, Angelika, *Die Ermittlung ausländischen Recht durch Sachverständige*, RIW 1995, 807-809

GAUDEMET-TALLON, Hélène, *Quel droit international privé pour l'Union Européenne?* in International Conflicts of Laws for the Third Millennium, Essays in Honor of Friedrich K. Juenger, edited by Patrick J. Borchers and Joachim Zekoll, Transnational Publishers, New York 2001, 317-338

GIARDINA, Andrea, *La réforme du droit international privé italien : les caractères généraux de la réforme*, Rev. Crit. DIP (85) 1996, 1-19

GIULANO, Mario, in Giuliano/Lagarde, *Bericht über das Übereinkommen über das auf vertragliche Schuldverhältnisse anzuwendende Recht*, Verhandlungen des deutschen Bundestags (BT-Drucks.) 10/503 Bd. 296, 20.10.1983, S. 33-79

GRUNSKY, Wolfgang, *Grundlagen des Verfahrensrechts*, 2. Auflage, Gieseking Verlag, Bielefeld 1974

GUINCHARD, Serge, L'ambition d'une justice civile rénovée: commentaire du décret n°98-1231 du 28 décembre 1998 et de quelques aspects de la loi n°98-1163 du 18 décembre 1998, Recueil Dalloz 1999 n°7 Chronique, 65-70

HARTENSTEIN, Olaf, *Neues vom fakultativen Kollisionsrecht in Frankreich: Die verschlungenen Pfade der Cour de cassation*, IPRax 2001, 477-481

HARTENSTEIN, Olaf, *Die Privatautonomie im Internationalen Privatrecht als Störung des europäischen Entscheidungseinklangs*, J. C. B. Mohr (Paul Siebeck), Tübingen 2000

HÄSEMEYER, Ludwig, *Parteivereinbarungen über präjudizielle Rechtsverhältnisse – zur Fragewürdigkeit der Parteidisposition als Urteilsgrundlage*, Zeitschrift für Zivilprozess 85. Band (1972), 207-228

HEIN, Jan von, *Günstigkeitsprinzip oder Rosinentheorie? Erwiderung auf Lorenz* (NJW 1999, 2215), NJW 1999, Heft 43, 3174-3175

HELDRICH, Andreas, *Internationale Zuständigkeit und anwendbares Recht*, Walter De Gruyter & Co Berlin, J.C.B. Mohr (Paul Siebeck), Tübingen 1969

HESS, Burkhard, *Aktuelle Perspektiven der europäischen Prozessrechtsangleichung*, JZ (11) 2001, 573-583

HESS, Burkhard, *EMRK, Grundrechte-Charta und europäisches Zivilverfahrensrecht* in Festschrift für Erik Jayme, Band 1, Sellier European Law Publishers, München 2004, S. 339-359

HESS, Burkhard, *Die Integrationsfunktion des Europäischen Zivilverfahrensrechts*, IPRax 2001, 389-396

HESS, Burkhard, *Intertemporales Privatrecht*, J.C.B. Mohr (Paul Siebeck), Tübingen 1998

HESS, Burkhard, *Nouvelles techniques de la coopération judiciaire transfrontière en Europe*, Rev. Crit. DIP (92) 2003, 215-237

HESS, Burkhard, *Rechtsfragen des Vorabentscheidungsverfahrens*, Rabels Zeitschrift 66 (2002), 470-502

HESS, Burkhard, *Transatlantischer Rechtsverkehr heute: Von der Kooperation zum Konflikt?*, JZ (19) 2003, 923-926

HOHLOCH, Gerhard / **KJELLAND,** Cecilie, *Abändernde stillschweigen Rechtswahl und Rechtswahlbewußtsein*, IPRax 2002, 30-33

HÜBNER, Ulrich / **CONSTANTINESCO,** Vlad, *Einführung in das französische Recht*, 4. Auflage, C. H. Beck München 2001

HUET, André, *Procédure civile et commerciale dans les rapports internationaux (DIP)*, Juris-Classeur Droit International, volume 8, LexisNexis, Paris 2001, fascicule 582-10

JACQUET, Jean-Michel / **DELEBECQUE,** Philippe, *Droit du commerce international*, Dalloz, Paris 1997

JAKOB, Sir Jack, *Justice between man and man*, in Current legal problems 1985, The Faculty of Laws University College London, Stevens & Sons, London 1985, S. 211-238

JAMIN, Christophe, *Une brève histoire politique des interprétations de l'article 1134 du code civil*, Recueil Dalloz 2002 n°11 Chroniques – Doctrine, 901-907

JAYME, Erik, *Die kulturelle Dimension des Rechts – ihre Bedeutung für das Internationale Privatrecht und die Rechtsvergleichung*, Achte Ernst-Rabel-Vorlesung 2002, Rabels Zeitschrift 67 (2003), 211-230

JAYME, Erik, *Zum Jahrtausendwechsel: Das Kollisionsrecht zwischen Postmoderne und Futurismus*, IPRax 2000, 165-171

JAYME, Erik, *Nochmals: Über die Entscheidungsfindung im internationalen Privatrecht*, Das Standesamt 12 (1976), 358-360

JAYME, Erik / **KOHLER,** Christian, *Europäisches Kollisionsrecht 2000: Interlokales Privatrecht oder universelles Gemeinschaftsrecht?*, IPRax 2000, 454-465

JESSURUN D'OLIVEIRA, Hans Ulrich, *Law and Reality*, essays on national and international procedural law in honour of Cornelis Carel Albert Voskuil, Martinius Nijhoff Publishers, Dordrecht Boston London 1992

KADNER GRAZIANO, Thomas, *Gemeineuropäisches Internationales Privatrecht*, Mohr Siebeck, Tübingen 2002

KEGEL, Gerhard, *Begriffs- und Interessenjurisprudenz im internationalen Privatrecht* in Festschrift für Hans Lewald, Helbing & Lichtenhahn, Basel 1953, S. 259-288

KEGEL, Gerhard, *Zur Organisation der Ermittlung ausländischen Privatrechts* in Festschrift für Hans Karl Nipperdey, Band I, C. H. Beck, München und Berlin 1965, S. 453-470

KEGEL, Gerhard / **SCHURIG,** Klaus, *Internationales Privatrecht*, 8. Auflage, C.H. Beck, München 2000

KELADA, Henri, Code civil du Québec, texte annoté, Envoi n°4 – Décembre 2001, Thomson Canada 2001

KELLER, Max / **GIRSBERGER,** Daniel, in Heini / Keller / Siehr / Vischer / Volken, *Kommentar zum Bundesgesetz über das IPR*, Schlthess Polygraphischer Verlag, Zürich 1993

KERAMEUS, Konstantinos D., *Angleichung des Zivilprozessrechts in Europa, Einige grundlegende Aspekte*, Rabels Zeitschrift 66 (2002), 1-17

KLAMI, Hannu Tapani / **KUISMA,** Eira, *Finnish law as an option*, Kauppakaari Oyj, Finnish Lawyers' Publishing, Helsinki 2000

KOERNER, Dörthe, *Fakultatives Kollisionsrecht in Frankreich und Deutschland,* J.C.B. Mohr (Paul Siebeck), Tübingen 1995

KOHLER, Christian, *Europäisches Kollisionsrecht zwischen Amsterdam und Nizza,* Ludwig Bolzmann Institut für Europarecht, Vorlesungen und Vorträge, Heft 9, Wien 2001

KRONKE, Herbert, *Beweisrechtliche Havarie – Internationalsachenrechtliche gute Reise: Venezolanische Schiffspfandrechte vor deutschen Gerichten,* IPRax 1992, 303-305

KROPHOLLER, Jan, *Internationales Privatrecht,* 5. Auflage, Mohr Siebeck, Tübingen 2004

LAGARDE, Paul, à propos de la 4ème édition de l'ouvrage de Jan Kropholler, Internationales Privatrecht, Rev. Crit. DIP (90) 2001, 591-595

LAGARDE, Paul, note sous arrêt *Cass. Civ. 1ère 4.10.1989 De Baat en Zegwaard,* Rev. Crit. DIP (79) 1990, 316-325

LANDO, Ole, *Consumers contracts and party autonomy in the conflict of laws* in Mélanges de droit comparé en l'honneur du doyen Malmström, P. A. Norstedt & Söners, Stockholm 1972, S. 141-158

LANDO, Ole, Länderbericht über Skandinavien, S. 128-140 in *Die Anwendung ausländischen Rechts im internationalen Privatrecht,* Festveranstaltung und Kolloquium anlässlich des 40jährigen Bestehens des Max-Planck-Instituts für ausländisches und internationales Privatrecht, Walter De Gruyter & Co Berlin, J.C.B. Mohr (Paul Siebeck) Tübingen, 1968

LEMONTEY, Jacques / **REMERY,** Jean-Pierre, *Rapport de la Cour de Cassation 1993, III. La loi étrangère dans la jurisprudence actuelle de la Cour de Cassation,* La Documentation Française, S. 81-94

LEIBLE, Stefan / **STAUDINGER,** Ansgar, *Art. 65 EGV im System der EG-Kompentenzen,* The European Legal Forum (4) 2000/01, 225-235

LEQUETTE, Yves, *Quelques remarques à propos du projet de code civil européen de M. von Bar,* Recueil Dalloz 2002 n°28 Chroniques – Doctrine, 2202-2214

LINKE, Hartmut, *Internationaler Zivilprozess,* 2. Auflage, Otto Schmidt, Köln 1990

LORENZ, Stephan, *Zivilprozessuale Konsequenzen der Neuregelung des internationalen Deliktsrecht: erste Hinweise für die anwaltliche Praxis,* NJW 1999, Heft 31, 2215-2218

LOUSSOUARN, Yvon / **BOUREL,** Pierre, *Droit international privé,* 7ème édition, Dalloz, Paris 2001

MADL, Ferenc / **VEKAS,** Lajos, *The law of conflicts and of international economic relations,* Akadémiai Kiadó, Budapest 1998

MAINE, Henry Sumner, *Ancient Law,* New Edition, John Murray, Albemarle Street, London 1930

MALAN, Alexandre, *Applicabilité d'office de la règle de conflit de lois conduisant au droit conventionnel unifié,* Petites Affiches 8.02.2002, 17-20

MANHARDT, Franz / **POSCH,** Willibald, *Internationales Privatrecht, Privatrechtsvergleichung, Einheitsprivatrecht,* Springer Verlag, Wien 1994

MALINVAUD, Philippe, *Réponse – hors délai – à la Commission européenne: à propos d'un code européen des contrats,* Recueil Dalloz 2002 n°33 Chroniques – Doctrine, 2542-2551

MARTIN, Raymond, *Le fait et le droit ou les parties et le juge,* JCP G 1974 I 2625

MARTIN, Raymond, *Le juge a-t-il l'obligation de qualifier ou requalifier?,* Recueil Dalloz 1994 n°36 Chronique, 308-310

MAYER, Pierre, *Droit international privé,* 6ème édition, Montchrétien, Paris 1998

MAYER, Pierre, *Les procédés de preuve de la loi étrangère* in Études offertes à Jacques Ghestin, Le contrat au début du XXIe siècle, LGDJ, Paris 2001

MAYER, Pierre, Anmerkung unter Civ. 1ère 1.7.1997 *Driss A.* und *Karl Ibold,* Revue Critique de Droit International Privé (87) 1998, 70 ff.

MELIN, François, *Remarques sur la condition procédurale de la loi étrangère en Italie,* Revue de droit de Mc Gill (44) 1999, 781-791

MENJUCQ, Michel, *Validité d'une sûreté consentie antérieurement à la déclaration de fictivité,* JCP G 2000 n°10, 417-421

MOSTERMANS, Petronella Maria Margaretha, *De processuele behandeling van het conflictenrecht,* Tjeenk Willink, Deventer 1996

MOTULSKY, Henri, *L'évolution récente de la condition de la loi étrangère en France* in Mélanges offerts à René Savatier, Dalloz, Paris 1965, 681-706

MOTULSKY, Henri, *Prolégomènes pour un futur Code de procédure civile: la consécration des principes directeurs du procès civil par le décret du 9 septembre 1971,* Recueil Dalloz 1972 n°16 Chronique, 91-102

MUIR WATT, Horatia, *La fonction de la règle de conflit de lois,* thèse, Paris II, 1985

MUIR WATT, Horatia, note sous arrêt *Cass. Civ. 1ère 27.1.1998 Ababou c/ Mazzat et a.,* JCP G 1998 II 10098

MUIR WATT, Horatia, note sous arrêts *Cass. Civ. 1ère 5.11.1991 Masson et Cass. Civ. 1ère 10.12.1991 Sarkis,* Rev. Crit. DIP (81) 1992, 314-327

MUIR WATT, Horatia, note sous arrêt *Cass. civ. 1ère 26 01.2001 Muller École et Bureau,* Rev. Crit DIP (91) 2002, 93-102

MUIR WATT, Horatia, note sous arrêts *Cass. Civ. 1ère 26.05.1999 Mutuelle du Mans et Cass. Civ. 1ère 26.05.1999 M. A-B*, Rev. Crit. DIP (88) 1999, 707-713

MUIR WATT, Horatia, *Sur l'actualité de la jurisprudence Roho: De la licéité de l'accord procédural en matière de conflit de lois*, Justices n°6, avril-juin 1997, 264-273

MÜLLER, Dierk, Länderbericht über Deutschland, S. 66-80 in *Die Anwendung ausländischen Rechts im internationalen Privatrecht*, Festveranstaltung und Kolloquium anlässlich des 40jährigen Bestehens des Max-Planck-Instituts für ausländisches und internationales Privatrecht, Walter De Gruyter & Co Berlin, J.C.B. Mohr (Paul Siebeck) Tübingen, 1968

MÜLLER-GRAFF, Peter-Christian, *Fakultatives Kollisionsrecht im internationalen Wettbewerbsrecht?*, Rabels Zeitschrift 48 (1984), 289-318

MUSIELAK Hans-Joachim, *Grundkurs ZPO*, 4. Auflage, C.H. Beck München 1998

MÜNCHENER Kommentar zum Bürgerlichen Gesetzbuch, Band 10, Einführung zum Bürgerlichen Gesetzbuche (Art. 1–38), Sonnenberger Hans Jürgen, 3. Auflage, C.H. Beck, München 1998

MÜNCHENER Kommentar zur Zivilprozeßordnung (Lücke G. / Wax P.), 2. Auflage, Aktualisierungsband ZPO-Reform 2002 und weitere Reformgesetze, C.H. Beck, München 2002

MÜNCHENER Kommentar zur Zivilprozeßordnung (Lücke G. / Wax P.), 2. Auflage, Band 1, §§ 1 – 354, C.H. Beck, München 2000

NAGEL, Heinrich / **GOTTWALD,** Peter, *Internationales Zivilprozessrecht*, 4. Auflage, Aschendorff Rechtsverlag Münster, Verlag Dr. Otto Schmidt Köln, 1997

NIBOYET, Marie-Laure, note sous arrêts Cass. Civ. 1ère 13.4.1999, 26.5.1999 et 19.10.1999, Gazette du Palais n°61, 1.3.2000, 39-43

NIKISCH, Arthur, *Zivilprozessrecht*, J.C.B. Mohr (Paul Siebeck), Tübingen 1952

NORMAND, Jacques, *Le rapprochement des procédures civiles à l'intérieur de l'Union Européenne et le respect des droits de la défense* in Mélanges en l'honneur de Roger Perrot, Dalloz, Paris 1996

NUSSBAUM, Arthur, *Deutsches Internationales Privatrecht, unter besonderer Berücksichtigung des österreichischen und schweizerischen Rechts*, J.C.B. Mohr (Paul Siebeck), Tübingen 1932

NYGH, Peter E., *Conflict of Laws in Australia*, Sixth Edition, Butterworths Sydney-Adelaide-Brisbane-Canberra-Melbourne-Perth, 1995

OHLY, Ansgar, *Herkunftslandprinzip und Kollisionsrecht*, GRUR Int. (Gewerblicher Rechtsschutz und Urheberrecht Internationaler Teil) 2001, 899-908

OLZEN, Dirk, *Die Wahrheitspflicht der Parteien im Zivilprozess*, Zeitschrift für Zivilprozess 98. Band (1985), 403-426

OST, Hartmut, *EVÜ und* fact doctrine, *Konflikte zwischen europäischer IPR-Vereinheitlichung und der Stellung ausländischen Rechts im angelsächsischen Zivilprozess*, Studien zum vergleichenden und internationalen Recht – Comparative and International Law Studies, Peter Lang, Frankfurt am Main 1996

OTTE, Karsten, *Kurzkommentar Art. 3 EGBGB, Deutsches Kollisionsrecht, Anwendung von Amts wegen Entscheidungen zum Wirtschaftsrecht*, EWiR 7 1993, 671-672

OTTO, Günter, *Die gerichtliche Praxis und ihre Erfahrungen mit dem Europäischen Übereinkommen vom 7.6.1968 betreffend Auskünfte über ausländisches Recht* in Festschrift für Firsching zum 70. Geburtstag, C.H. Beck München 1985, S. 209-232

OTTO, Günther, *Der verunglückte § 293 ZPO und die Ermittlung ausländischen Rechts durch „Beweiserhebung"*, IPRax 1995, 299-305

OVERBECK, Alfred E. von, *La théorie des « règles de conflit facultatives » et l'autonomie de la volonté* in Festschrift für F. Vischer zum 60. Geburtstag, Schulthess Polygraphischer Verlag, Zürich 1983, S. 257-262

OVERBECK, Alfred E. von, *Les questions générales du droit international privé à la lumière des codifications et projets récents*, Recueil des Cours de l'Académie de droit international de La Haye (tome 176) 1982, 9-258

PAEFGEN, Thomas Christian, *Unlauterer Wettbewerb durch Rechtsbruch in international-privatrechtlicher Sicht*, WRP 7-8 1991, 447-458

PAEFGEN, Walter G., *Auslandsgesellschaften und Durchsetzung deutscher Schutzinteressen nach „Überseering"*, Der Betrieb 9 2003, 487-492

PALANDT, Otto, *Bürgerliches Gesetzbuch*, 61. Auflage, C. H. Beck, München 2002

PATAUT, Etienne, *Principe de souveraineté et conflits de juridictions*, thèse, LGDJ, Paris 1999

PERDRIAU, André, *Le pragmatisme de la Cour de Cassation*, Étude I 364, JCP G n°47, 2141-2146

PFEIFFER, Thomas, *Die revisionsrechtliche Kontrolle der Anwendung ausländischen Rechts*, NJW 2002, 3306-3308

POLLOCK, Frederick, *Status and contract*, note L in Ancient Law by Henry Sumner Maine, New Edition, John Murray, Albemarle Street, London 1930, 190-193

RAAPE, Leo, *Nachträgliche Vereinbarung des Schuldstatuts* in Festschrift für F. Boehmer zum 70. Geburtstag 1954, Roehrscheid, Bonn 1954

RAAPE, Leo / **STURM,** Fritz, *Internationales Privatrecht*, Band 1, 6. Auflage, Verlag Franz Vahlen, München 1977

REICHERT-FACILIDES, Daniel, *Fakultatives und zwingendes Kollisionsrecht*, Mohr Siebeck, Tübingen 1995

RIERING, Wolgang, *IPR-Gesetze in Europa*, Verlag Stämpfli Bern, C. H. Beck München, 1997

RIGAUX, François, *Examen de quelques questions laissées ouvertes par la Convention de Rome sur la loi applicable aux obligations contractuelles*, Cahiers de droit européen (24) 1988, 306-321

ROSENBERG, L. / **SCHWAB,** K.-H. / **GOTTWALD,** P., *Zivilprozessordnung*, 15. Auflage, C. H. Beck, München 1993

SAVIGNY, Friedrich Carl von, *System des heutigen römischen Rechts*, Achter Band VIII, Veit und Comp., Berlin 1849

SCHACK, Haimo, *Die EG-Kommision auf dem Holzweg von Amsterdam*, ZEuP 1999, 805-808

SCHACK, Haimo, *Internationales Zivilverfahrensrecht*, 3. Auflage, C.H. Beck, München 2002

SCHACK, Haimo, *Rechtswahl im Prozeß?*, NJW 1984, Heft 48, 2736-2740

SCHIEDERMAIR, Gerhard, *Vereinbarungen im Zivilprozess*, Ludwig Röhrscheid Verlag, Bonn 1935

SCHILLING, Maximilian, *Les „principes directeurs" des französischen Zivilprozesses*, Duncker & Humblot, Berlin 2002

SCHLOSSER, Peter, *Einverständliches Parteihandeln im Zivilprozeß*, J.C.B. Mohr (Paul Siebeck), Tübingen 1968

SCHURIG, Klaus, *Interessenjurisprudenz contra Interessenjurisprudenz*, Rabels Zeitschrift 59 (1995), 229-244

SCHWIMANN, Michael, *Grundriß des internationalen Privatrechts*, Manzsche Verlags- und Universitätsbuchhandlung, Wien 1982

SCHWIND, Fritz, *Internationales Privatrecht*, Manzsche Verlags- und Universitätsbuchhandlung, Wien 1990

SIMITIS, Spiros, *Über die Entscheidungsfindung im internationalen Privatrecht*, Das Standesamt 1 (1976), 6-15

SOIRAT, Frédéric, *Les règles de rattachement à caractère substantiel*, thèse, Paris I, 1995

SOMMERLAD, Klaus / **SCHREY,** Joachim, *Die Ermittlung ausländischen Rechts im Zivilprozeß und die Folgen der Nichtermittlung*, NJW 1991, 1377-1383

SONNENBERGER, Hans Jürgen, *Privatrecht und Internationales Privatrecht im künftigen Europa: Fragen und Perspektiven*, RIW 2002, 489-498

SPICKHOFF, Andreas, *Das Internationale Privatrecht der sog. Internet-Delikte – Art. 40 – 42 EGBGB, „Rom II" und Herkunftslandprinzip*, S. 89-120 in Die Bedeutung des Internationalen des Internationalen Privatrechts im Zeitalter der neuen Medien, Symposium in Jena am 31. Januar und 1. Februar 2003, Richard Boorberg Verlag, Stuttgart München Hannover Berlin Weimar Dresden 2003

STAUDENMAYER, Dirk, *Le plan d'action de la Commission européenne concernant le droit européen des contrats*, Doctrine I 127, JCP G n°17, 709-716

STAUDINGER, Julius von, Einleitung zum IPR, 13. Bearbeitung, Sellier – de Gruyter, Berlin 1996

STEINDORFF, Ernst, *Quo vadis Europa?* in Weiterentwicklung der Europäischen Gemeinschaft und der Marktwirtschaft, FIW Schriftenreihe, Heft 148, Carl Heymanns Verlag Köln Berlin Bonn München 1992, 11-86

STEIN, Friedrich / **JONAS,** Martin, *Kommentar zur Zivilprozessordnung Band 2 §§ 91-252 ZPO*, 21. Auflage, J.C.B. Mohr (Paul Siebeck), Tübingen 1994

STEIN, Friedrich / **JONAS,** Martin, *Kommentar zur Zivilprozessordnung Band 3 §§ 253-299a ZPO*, 21. Auflage, J.C.B. Mohr (Paul Siebeck), Tübingen 1997

STORME, Marcel, *Rapprochement du Droit Judiciaire de l'Union Européenne*, Groupe de travail sur le rapprochement du droit de la procédure civile en Europe, Kluwer, Dordrecht Boston London 1994

STURM, Fritz, *Das Kollisionsrecht im Umbruch*, Das Standesamt 30 (1977), 213-218

STURM, Fritz, *Fakultatives Kollisionsrecht : Notwendigkeit und Grenzen* in Festschrift für Konrad Zweigert zum 70. Geburtstag, J.C.B Mohr, Tübingen 1981, S. 329-351

TCHENDJOU, Marius, *La patrimonialisation des actes d'entraide familiale*, Gazette du Palais, 13-15.1.2002, 3-11

TOMASZEWSKI, Maciej, *La désignation, postérieure à la conclusion du contrat, de la loi qui le régit*, Rev. Crit. DIP (61) 1972, 567-601

VASSILAKAKIS, Evangelos, *Orientations méthodologiques dans les codifications récentes de droit international privé en Europe*, LGDG, Paris 1987

VEKAS, Lajos, *Codification of the Private International Law in Hungary*, Hungarian Law Review, Hungarian Lawyers' Association (1-2) 1981, 37-51

WACH, Adolf, *Vorträge über die Reichs-Civilprocessordnung*, 2. Auflage, Adolph Marcus, Bonn, 1896

WAGNER, Gerhard,Fakultatives Kollisionsrecht und prozessuale Parteiautonomie, ZEuP 1999, 6-46

WAGNER, Gerhard, *Prozeßverträge*, Mohr Siebeck, Tübingen 1998

WAGNER, Rolf, *Überlegungen zur Vereinheitlichung des Internationalen Privatrechts in Ehesachen in der Europäischen Union*, FamRZ 2003, Heft 12, 803-808

WITZ, Claude, *Trois questions récurrentes de la vente internationale de marchandises au sein du même arrêt*, Recueil Dalloz 2002 n°36 Jurisprudence – Commentaires, 268-269

ZAJTAY, Imre, Länderbericht über Frankreich, S. 15-27 in *Die Anwendung ausländischen Rechts im internationalen Privatrecht*, Festveranstaltung und Kolloquium anlässlich des 40jährigen Bestehens des Max-Planck-Instituts für ausländisches und internationales Privatrecht, Walter De Gruyter & Co Berlin, J.C.B. Mohr (Paul Siebeck) Tübingen, 1968

ZÖLLER, R. / **STÖBER,** K. / **VOLKOMMER,** M., *Zivilprozeßordnung – Kommentar*, 23. Auflage, Otto Schmidt, Köln 2002

II. Materialenverzeichnis

Aktionsplan des Rates und der Kommission *zur bestmöglichen Umsetzung der Bestimmungen des Amsterdamer Vertrags über den Aufbau eines Raums der Freiheit, der Sicherheit und des Rechts*, angenommen am 3.12.1998, Amtsblatt EG Nr. C 19 vom 23.1.1999, 1-15

Choice of Law Bill 1992, Australien, Rabels Zeitschrift 58 (1994), 745-749

Interview zur IPR-Praxis am 13.12.2002 mit Birgit **GENSEL**, Richterin am Amtsgericht Stuttgart, Erstinstanzliche Zuständigkeit für Familiensachen; geführt von Stephan Lesage-Mathieu.

Gesetz vom 31. Mai 1995 Nr. 218 – Reform des italienischen Systems des internationalen Privatrechts, IPRax 1996, 356-369

Law-Decree No. 13 of 1979 on private international law in *The Statutes of the Hungarian People's Republic*, Ministry of Justice of the Hungarian People's Republic, Budapest 1982

Max-Planck-Institut für ausländisches und internationales Privatrecht, Hamburg. Angaben über die Kosten von Rechtsauskünften zum 17.12.02, Detlev **WITT**, geschäftsführender Referent

Les problèmes actuels posés par l'application des lois étrangères, travaux de l'Institut de Droit Comparé de Strasbourg, actes du colloque austro-franco-germano-suisse de droit international privé des 22 et 23 mai 1986, LGDJ, Paris 1988

Rapport à Monsieur le Premier Ministre, à propos du décret du 9 sept. 1971, Gazette du Palais du 16 novembre 1971 = Gaz. Pal. 1971 2ème semestre – doctrine, 550-551

Résolutions adoptées par l'Institut de Droit International à sa 64ème session, St Jacques-de-Compostelle 4.-14.9.1989, Rabels Zeitschrift 54 (1990), 160-175 (Bericht von François Rigaux, 139-143) und IPRax 1990, 70-71 (Bericht von Erik Jayme, 69-70)

Schlussfolgerungen des Vorsitzes Europäischer Rat (Tampere) 15.-16.10.1999, NJW (27) 2000, 1925

Systemwechsel im europäischen Kollisionsrecht, Fachtagung am 17./18. Mai 2001 in Köln, Schriftenreihe der Bayer-Stiftung für deutsches und internationales Arbeits- und Wirtschaftsrecht, Band 8, C. H. Beck, München 2002

Travaux du Comité français de droit international privé, années 1975-1977, séance du 13 mai 1977 sur *L'office du juge dans le règlement des conflits de lois*, S. 233-268

Travaux du Comité français de droit international privé, années 1990-1991, table ronde sur *Le régime de la loi étrangère en France après les arrêts des 11 et 18 octobre 1988*, séance du 23 novembre 1990, S. 19-43

STUDIEN ZUM VERGLEICHENDEN UND INTERNATIONALEN RECHT

Herausgeber: Bernd von Hoffmann, Erik Jayme und Heinz-Peter Mansel

Band 1 Ferdinand Henke: Die Datenschutzkonvention des Europarates. 1986.

Band 2 Peter Czermak: Der express trust im internationalen Privatrecht. 1986.

Band 3 Peter Kindler: Der Ausgleichsanspruch des Handelsvertreters im deutsch-italienischen Warenverkehr. Eine rechtsvergleichende und kollisionsrechtliche Untersuchung. 1987.

Band 4 Wilhelm Denzer: Stellung und Bedeutung des Engineers in den FIDIC-Bauvertragsbedingungen. 1988.

Band 5 Marijan-Maximilian Lederer: Die internationale Enteignung von Mitgliedschaftsrechten unter besonderer Berücksichtigung der französischen Enteignungen 1982. 1989.

Band 6 Rainer Esser: Klagen gegen ausländische Staaten. 1990.

Band 7 Chang Jae-Ok: Auf dem Weg zu einer Materialisierung des Immateriellen? Personen-, Persönlichkeitsschutz und Geldersatz des immateriellen Schadens in rechtsvergleichender Hinsicht am Beispiel des koreanischen und japanischen Zivilrechts unter besonderer Berücksichtigung des deutschen Rechts. 1990.

Band 8 Paul-Frank Weise: Lex mercatoria. Materielles Recht vor der internationalen Handelsschiedsgerichtbarkeit.1990.

Band 9 Werner Born: Der Auftrittsvertrag für Musikgruppen im Bereich der Rock- und Popmusik. 1990.

Band 10 Ralf Erich Jürgens: IPR und Verfassung in Italien und in der Bundesrepublik Deutschland. 1990.

Band 11 Rainer Gildeggen: Internationale Schieds- und Schiedsverfahrensvereinbarungen in Allgemeinen Geschäftsbedingungen vor deutschen Gerichten. 1991.

Band 12 Klaus Grabinski: Die kollisionsrechtliche Behandlung des Durchgriffs bei rechtlich verselbständigten Unternehmen in privater oder öffentlicher Hand. 1991.

Band 13 Dieter Stummel: Konkurs und Integration. Konventionsrechtliche Wege zur Bewältigung grenzüberschreitender Insolvenzverfahren. 1991.

Band 14 Joachim Güntzer: Die Rechtsstellung des Geschäftsführers im spanischen Aktienrecht. Die Neuregelung des spanischen Aktienrechts nach dem Beitritt Spaniens zur EG. 1991.

Band 15 Sabine Isenburg-Epple: Die Berücksichtigung ausländischer Rechtshängigkeit nach dem Europäischen Gerichtsstands- und Vollstreckungsübereinkommen vom 27.9.1968. Untersuchungen zum Anwendungsbereich von Art. 21 EuGVÜ unter schwerpunktmäßiger Behandlung der Frage nach der Bestimmung eines europäischen Streitgegenstandsbegriffs. 1992.

Band 16 Ulrich Nickl: Die Qualifikation der culpa in contrahendo im Internationalen Privatrecht. 1992.

Band 17 Theo Rauh: Leistungserschwerungen im Schuldvertrag. Eine rechtsvergleichende Untersuchung des englischen, US-amerikanischen, französischen und deutschen Rechts unter besonderer Berücksichtigung der gerichtlichen Praxis. 1992.

Band 18 Bernadette Chaussade-Klein: Vorvertragliche "obligation de renseignements" im französichen Recht. 1992.

Band 19 Josef Sievers: Verbraucherschutz gegen unlautere Vertragsbedingungen im französischen Recht. Vom Code civil zum "Code de la consommation" – die Entstehung eines Sonderprivatrechts für Verbraucher. 1993.

Band 20 Achim Schäfer: Grenzüberschreitende Kreditsicherung an Grundstücken, unter besonderer Berücksichtigung des deutschen und italienischen Rechts. 1993.

Band 21 Eugenio Hernández-Breton: Internationale Gerichtsstandsklauseln in Allgemeinen Geschäftsbedingungen. Unter besonderer Berücksichtigung des deutsch-südamerikanischen Rechtsverkehrs (dargestellt am Beispiel Argentinien, Brasilien und Venezuela). 1993.

Band 22 Ingo Reng: Unterhaltsansprüche aufgrund nichtehelicher Lebensgemeinschaft – Internationales Privatrecht und ausländisches materielles Recht. 1994.

Band 23 Stefanie Roloff: Die Geltendmachung ausländischer öffentlicher Ansprüche im Inland. 1994.

Band 24 Katharina Ludwig: Der Vertragsschluß nach UN-Kaufrecht im Spannungsverhältnis von Common Law und Civil Law. Dargestellt auf der Grundlage der Rechtsordnungen Englands und Deutschlands. 1994.

Band 25 Malte Diesselhorst: Mehrparteienschiedsverfahren. Internationale Schiedsverfahren unter Beteiligung von mehr als zwei Parteien. 1994.

Band 26 Manfred Kost: Konsensprobleme im internationalen Schuldvertragsrecht. 1995.

Band 27 Wolff-Heinrich Fleischer: Das italienische Wettbewerbsrecht und die Probleme des selektiven Parfümvertriebs unter Berücksichtigung der Rechtslage in Frankreich und Deutschland. 1995.

Band 28 Angelika Fuchs: Lateinamerikanische Devisenkontrollen in der internationalen Schuldenkrise und Art. VIII Abschn. 2 b) IWF-Abkommen. 1995.

Band 29 Jacques Matthias Aull: Der Geltungsanspruch des EuGVÜ: "Binnensachverhalte" und Internationales Zivilverfahrensrecht in der Europäischen Union. Zur Auslegung von Art. 17 Abs. 1 S. 1 EuGVÜ. 1996.

Band 30 Hartmut Ost: EVÜ und fact doctrine. Konflikte zwischen europäischer IPR-Vereinheitlichung und der Stellung ausländischen Rechts im angelsächsischen Zivilprozeß. 1996.

Band 31 Stefan Wagner: Die Testierfähigkeit im Internationalen Privatrecht. 1996.

Band 32 Wolfgang Jakob Hau: Positive Kompetenzkonflikte im Internationalen Zivilprozeßrecht. Überlegungen zur Bewältigung von *multi-fora disputes*. 1996.

Band 33 Markus Schütz: UN-Kaufrecht und *Culpa in contrahendo*. 1996.

Band 34 Volker Geyrhalter: Das Lösungsrecht des gutgläubigen Erwerbers. Ein "vergessener" Kompromiß und die Auswirkungen auf das heutige deutsche Recht unter besonderer Berücksichtigung des internationalen Sachenrechts. 1996.

Band 35 Andreas Kramer: Abwicklungsstörungen bei Kaufverträgen. Die Lieferung vertragswidriger Sachen im deutschen und italienischen Recht. 1996.

Band 36 Petra Krings: Erfüllungsmodalitäten im internationalen Schuldvertragsrecht. 1997.

Band 37 Tonja Gaibler: Der rechtsgeschäftliche Irrtum im französischen Recht. 1997.

Band 38 Dirk Otto: Rechtsspaltung im indischen Erbrecht. Bedeutung und Auswirkungen auf deutsch-indische Nachlaßfälle. 1997.

Band 39 Gregor W. Decku: Zwischen Vertrag und Delikt. Grenzfälle vertraglicher und deliktischer Haftung dargestellt am Beispiel der Berufs- und Expertenhaftung zum Schutze des Vermögens Dritter im deutschen und englischen Recht. 1997.

Band 40 Ulrike Höpping: Auswirkungen der Warenverkehrsfreiheit auf das IPR unter besonderer Berücksichtigung des Internationalen Produkthaftungsrechts und des Internationalen Vertragsrechts. 1997.

Band 41 Andreas Bartosch: Die vermögensrechtlichen Beziehungen der Ehegatten bei bestehender Ehe im englischen Recht – Eigentum, Besitz, Schuldvertrag. 1997.

Band 42 Helene Boriths Müller: Die Umsetzung der europäischen Übereinkommen von Rom und Brüssel in das Recht der Mitgliedstaaten. Dargestellt am Beispiel Deutschlands und Dänemarks. 1997.

Band 43 Bernd von Hoffmann / Myong-Chang Hwang (eds.): The Public Concept of Land Ownership. Reports and Discussions of a German-Korean Symposium held in Seoul on October 7-9, 1996. 1997.

Band 44 Oliver Heeder: Fraus legis. Eine rechtsvergleichende Untersuchung über den Vorbehalt der Gesetzesumgehung in Deutschland, Österreich, der Schweiz, Frankreich und Belgien unter besonderer Berücksichtigung des Internationalen Privatrechts. 1998.

Band 45 Heinrich Schütt: Deliktstyp und Internationales Privatrecht. Dargestellt an grenzüberschreitenden Problemen der Arzthaftung. 1998.

Band 46 Axel Steiner: Die stillschweigende Rechtswahl im Prozeß im System der subjektiven Anknüpfungen im deutschen Internationalen Privatrecht. 1998.

Band 47 Martina Schulz: Der Eigentumsvorbehalt in europäischen Rechtsordnungen. Rechtsvergleichende Untersuchung des deutschen, englischen und französischen Rechts unter besonderer Berücksichtigung von Erweiterungen und Verlängerungen. 1998.

Band 48 Karin Dreher: Die Rechtswahl im internationalen Erbrecht. Unter besonderer Berücksichtigung des italienischen IPR-Reformgesetzes N. 218 vom 31. Mai 1995. 1999.

Band 49 Giuliano Gabrielli: Das Verhältnis zwischen der Anfechtung wegen Eigenschaftsirrtums und den Gewährleistungsansprüchen im deutschen, österreichischen und italienischen Recht. 1999.

Band 50 Bernd von Hoffmann / Myong-Chan Hwang (eds.): Developments in Land Law. Reports and Discussions of a German-Korean Symposium held in Berlin and Trier on July 21-24, 1997. 1999.

Band 51 Volker Heidbüchel: Das UNCITRAL-Übereinkommen über unabhängige Garantien und Standby Letters of Credit. Vergleiche mit den Richtlinien der Internationalen Handelskammer, dem deutschen, englischen und US-amerikanischen Recht. 1999.

Band 52 Jan Christoph Nordmeyer: Pflichtteilsansprüche und Wiedervereinigung. Eine systematische Analyse der Ausgleichsansprüche nach BGB-Pflichtteilsrecht unter besonderer Berücksichtigung der durch den Wiedervereinigungsprozeß eingetretenen Wertveränderungen. 1999.

Band 53 Bettina Linder: Vertragsabschluß beim grenzüberschreitenden Verbraucherleasing. 1999.

Band 54 Almontasser Fetih: Die zivilrechtliche Haftung bei Vertragsverhandlungen. Eine rechtsvergleichende Studie zum deutschen, französischen, ägyptischen und islamischen Recht. 2000.

Band 55 Sona Rajani: Die Geltung und Anwendung des Gemeinschaftsrechts im Vereinigten Königreich von Großbritannien und Nordirland. Der Grundsatz der Parlamentssouveränität im Wandel. 2000.

Band 56 Joachim Kayser: Gegenmaßnahmen im Außenwirtschaftsrecht und das System des europäischen Kollisionsrechts. Eine Analyse der EU-Abwehrverordnung gegen die Auswirkungen extraterritorialer Rechtserstreckung eines Drittlandes. 2001.

Band 57 Albrecht Conrad: Qualifikationsfragen des Trust im Europäischen Zivilprozeßrecht. 2001.

Band 58 Bernd Borgmann: Die Entsendung von Arbeitnehmern in der Europäischen Gemeinschaft. Wechselwirkungen zwischen Kollisionsrecht, Grundfreiheiten und Spezialgesetzen. 2001.

Band 59 Aleksandar Jaksic: Arbitration and Human Rights. 2002.

Band 60 Islamisches und arabisches Recht als Problem der Rechtsanwendung. Symposium zu Ehren von Professor Emeritus Dr. iur. Omaia Elwan. Veranstaltet vom Institut für ausländisches und internationales Privat- und Wirtschaftsrecht der Universität Heidelberg und der Gesellschaft für Arabisches und Islamisches Recht e.V. Herausgegeben von Herbert Kronke, Gert Reinhart und Nika Witteborg. 2001.

Band 61 Patrick Fiedler: Stabilisierungsklauseln und materielle Verweisung im internationalen Vertragsrecht. 2001.

Band 62 Werner Mangold: Die Abtretung im Europäischen Kollisionsrecht. Unter besonderer Berücksichtigung des spanischen Rechts. 2001.

Band 63 Eike Dirk Eschenfelder: Beweiserhebung im Ausland und ihre Verwertung im inländischen Zivilprozess. Zur Bedeutung des US-amerikanischen discovery-Verfahrens für das deutsche Erkenntnisverfahren. 2002.

Band 64 Bernd Ehle: Wege zu einer Kohärenz der Rechtsquellen im Europäischen Kollisionsrecht der Verbraucherverträge. 2002.

Band 65 Heiko Lehmkuhl: Das Nacherfüllungsrecht des Verkäufers im UN-Kaufrecht. 2002.

Band 66 Jochen Nikolaus Schlotter: Erbrechtliche Probleme in der Société Privée Européenne. IPR-Harmonisierung im einheitlichen Europäischen Rechtsraum. 2002.

Band 67 Konrad Ost: Doppelrelevante Tatsachen im Internationalen Zivilverfahrensrecht. Zur Prüfung der internationalen Zuständigkeit bei den Gerichtsständen des Erfüllungsortes und der unerlaubten Handlung. 2002.

Band 68 Tobias Bosch: Die Durchbrechungen des Gesamtstatuts im internationalen Ehegüterrecht. Unter besonderer Berücksichtigung deutsch-französischer Rechtsfälle. 2002.

Band 69 Ursula Philipp: Form im amerikanischen Erbrecht. Zwischen Formalismus und harmless error. 2002.

Band 70 Christian Stefan Wolf: Der Begriff der wesentlich engeren Verbindung im Internationalen Sachenrecht. 2002.

Band 71 André Fomferek: Der Schutz des Vermögens Minderjähriger. Ein Vergleich des deutschen und des englischen Rechts unter Berücksichtigung des schottischen und irischen Rechts. 2002.

Band 72 nicht erschienen

Band 73 Markus Dreißigacker: Sprachenfreiheit im Verbrauchervertragsrecht. Der Verbraucher im Spannungsfeld zwischen kultureller Identität und Privatautonomie. 2002.

Band 74 Vassiliki Myller-Igknay: Auskunftsansprüche im griechischen Zivilrecht. Auswirkungen im deutsch-griechischen Rechtsverkehr sowie im deutschen internationalen Privat- und Verfahrensrecht. 2003

Band 75 Stefan Bruinier: Der Einfluss der Grundfreiheiten auf das Internationale Privatrecht. 2003.

Band 76 Nika Witteborg: Das gemeinsame Sorgerecht nichtverheirateter Eltern. Eine Untersuchung im soziologischen, rechtsgeschichtlichen, verfassungsrechtlichen, rechtsvergleichenden und internationalen Kontext. 2003.

Band 77 Peter Stankewitsch: Entscheidungsnormen im IPR als Wirksamkeitsvoraussetzungen der Rechtswahl. 2003.

Band 78 Jan Wilhelm Ritter: Euro-Einführung und IPR unter besonderer Berücksichtigung nachehelicher Unterhaltsverträge. Eine Untersuchung mit Blick auf das deutsche, französische und schweizerische Recht. 2003.

Band 79 Wolf Richard Herkner: Die Grenzen der Rechtswahl im internationalen Deliktsrecht. 2003.

Band 80 Ira Ditandy: Internationale Zuständigkeit. Neuregelung durch die LOPJ 1985. Vergleich mit dem europäischen Vorbild und Auswirkungen auf das spanische internationale Zivilverfahrensrecht. 2003.

Band 81 Andrea Verena Schefold: Werbung im Internet und das deutsche Internationale Privatrecht. 2004.

Band 82 Klaus Herkenrath: Die Umsetzung der Richtlinie 93/13/EWG über missbräuliche Klauseln in Verbraucherverträgen in Deutschland, dem Vereinigten Königreich, Frankreich und Italien. Auswirkungen nationaler Umsetzungstechniken auf dem Harmonisierungserfolg. 2003.

Band 83 Alexander Thünken: Das kollisionsrechtliche Herkunftslandprinzip. 2003.

Band 84 Barbara v. Daumiller: Die Rechtswahl im italienischen internationalen Erbrecht: und ihre Auswirkungen im deutsch-italienischen Rechtsverkehr. 2003.

Band 85 Robert Mödl: Macht, Verantwortlichkeit und Zurechnung im Konzern. Eine rechtsvergleichende Untersuchung auf der Grundlage des deutschen, spanischen und US-amerikanischen Rechts. 2003.

Band 86 Ursula Kerpen: Das Internationale Privatrecht der Persönlichkeitsrechtsverletzungen. Eine Untersuchung auf rechtsvergleichender Grundlage. 2003.

Band 87 Barbara Ploeckl: Umgangsrechtsstreitigkeiten im deutsch-französischen Rechtsverkehr. Bestehende internationale und nationale Regelungen und der geplante *europäische Besuchstitel*. 2003.

Band 88 Katrin Wannemacher: Die Außenkompetenzen der EG im Bereich des Internationalen Zivilverfahrensrechts. Der räumliche Anwendungsbereich des Art. 65 EGV am Beispiel der EuGVO und der EheVO. 2003.

Band 89 Maren B. Eilinghoff: Das Kollisionsrecht der ungerechtfertigten Bereicherung nach dem IPR-Reformgesetz von 1999. 2004.

Band 90 Patrick Niehr: Die zivilprozessuale Dokumentenvorlegung im deutsch-englischen Rechtshilfeverkehr nach der deutschen und der englischen Prozessrechtsreform. 2004.

Band 91 Anna Christina Gördes: Internationale Zuständigkeit, Anerkennung und Vollstreckung von Entscheidungen über die elterliche Verantwortung. Die VO(EG) Nr. 1347/2000, ihre geplanten Änderungen und das Verhältnis beider zum Minderjährigen- und Kinderschutzabkommen. 2004.

Band 92 Martin Rädler: Rechtsbehelfe des Käufers eines Unternehmens oder einer unternehmerischen Beteiligung gegen den Verkäufer im deutschen und französischen Recht. 2004.

Band 93 Marc-Yngve Dietrich: Rechtsstellung und Beteiligung der Gläubiger im französischen Insolvenzverfahren. 2004.

Band 94 Katia Niemann: Die rechtsgeschäftliche und organschaftliche Stellvertretung und deren kollisionsrechtliche Einordnung. Deutschland und England im Vergleich. 2004.

Band 95 Daniel Ludwig: Neuregelungen des deutschen Internationalen Insolvenzverfahrensrechts. Eine Untersuchung unter vergleichender Heranziehung der Europäischen Insolvenzverordnung. 2004.

Band 96 Cordelia Faulenbach: Der gemeinschaftsrechtliche Vorbehalt im europäischen Wettbewerbsrecht. Die Herkunftslandanknüpfung der E-Commerce-Richtlinie unter dem Einfluss der Grundfreiheiten. 2004.

Band 97 Ulf Dörner: Der Vertragsgerichtsstand nach dem Protokoll von Buenos Aires. 2004.

Band 98 Martin Schmidhuber: Verhaltenskodizes im nationalen und grenzüberschreitenden elektronischen Geschäftsverkehr. Zur Frage der Integration der Selbstregulierung durch Private in die staatliche Rechtsordnung. 2004.

Band 99 Florian Kienle: Die fehlerhafte Banküberweisung im internationalen Rechtsverkehr. Unter besonderer Berücksichtigung des Artikels 4A US Uniform Commercial Code. 2004.

Band 100 Thomas Alexander Brandt: Die Adoption durch eingetragene Lebenspartner im internationalen Privat- und Verfahrensrecht. 2004.

Band 101 Florian Pulkowski: Subunternehmer und Internationales Privatrecht. Der Subunternehmer als Quasi-Verbraucher im Europäischen Kollisionsrecht. 2004.

Band 102 Ulrich Becker: Grundrechtsschutz bei der Anerkennung und Vollstreckbarerklärung im europäischen Zivilverfahrensrecht. Bestimmung der Grenzen für die Einführung eines europäischen Vollstreckungstitels. 2004.

Band 103 Thomas Badelt: Aufrechnung und internationale Zuständigkeit unter besonderer Berücksichtigung des deutsch-spanischen Rechtsverkehrs. 2005.

Band 104 Florian D. Wagner: Vorvertragliche Aufklärungspflichten im internationalen Franchising. Zur Harmonisierung von Delikts- und Vertragsstatut im internationalen Privatrecht unter besonderer Berücksichtigung der Franchise-Gesetzgebung des US-Bundesstaates Kalifornien. 2005.

Band 105 Vera Heine: Die Umsetzung der *EG-Richtlinie über missbräuchliche Klauseln in Verbraucherverträgen* im englischen und deutschen Recht. 2005.

Band 106 Alexander Franz: Überregionale Effektentransaktionen und anwendbares Recht. Eine kollisionsrechtliche Untersuchung unter besonderer Berücksichtigung der Vorschrift des § 17 a DepotG. 2005.

Band 107 Hanna-Maria Uhlenbrock: Gesetzliche Regelungen für nichteheliche Lebensgemeinschaften in Deutschland und Frankreich. Ein Vergleich des Unterhaltsrechts bei der eingetragenen Lebenspartnerschaft und beim Pacte civil de Solidarité. 2005.

Band 108 Katrin Stieß: Anknüpfungen im internationalen Urheberrecht unter Berücksichtigung der neuen Informationstechnologien. 2005.

Band 109 Hendrik Otto: Der gesetzliche Abschlussprüfer im italienischen Recht. Eine rechtsvergleichende Untersuchung unter besonderer Berücksichtigung der zivilrechtlichen Haftung. 2005.

Band 110 Frauke Stuphorn: Bankhaftung für Kreditauskünfte im deutschen und französischen Recht. 2005.

Band 111 Nina Fürer: Die zivilrechtliche Haftung für Raucherschäden. 2005.

Band 112 Giovanni B. Barillà: *Contratto autonomo di garanzia* e *Garantievertrag*. Categorie civilistiche e prassi del commercio. 2005.

Band 113 Timo Torz: Gerichtsstände im Internationalen Insolvenzrecht zur Eröffnung von Partikularinsolvenzverfahren. 2005.

Band 114 Martina Schmid: Die Grenzen der Auslegungskompetenz des EuGH im Vorabentscheidungsverfahren nach Art. 234 EG. Dargestellt am Beispiel der überschießenden Richtlinienumsetzung. 2005.

Band 115 Stephan Lesage-Mathieu: Dispositives Kollisionsrecht im prozessualen Kontext. 2005.

Kolibri 360 GmbH
Ferdinand-Jühlke-Straße 7
99095 Erfurt, Deutschland
produktsicherheit@kolibri360.de

Druck:
CPI Druckdienstleistungen GmbH
im Auftrag der
Kolibri 360 GmbH
Ferdinand-Jühlke-Str. 7
99095 Erfurt